Tourenübersicht

Ute und Peter Freier

Radtouren im Schwarzwald

40 Tagesrundtouren im Schwarzwald und in der Rheinebene

Mit 92 Fotos, davon 72 in Farbe, 40 Kartenskizzen zu den Touren und einer Übersichtskarte

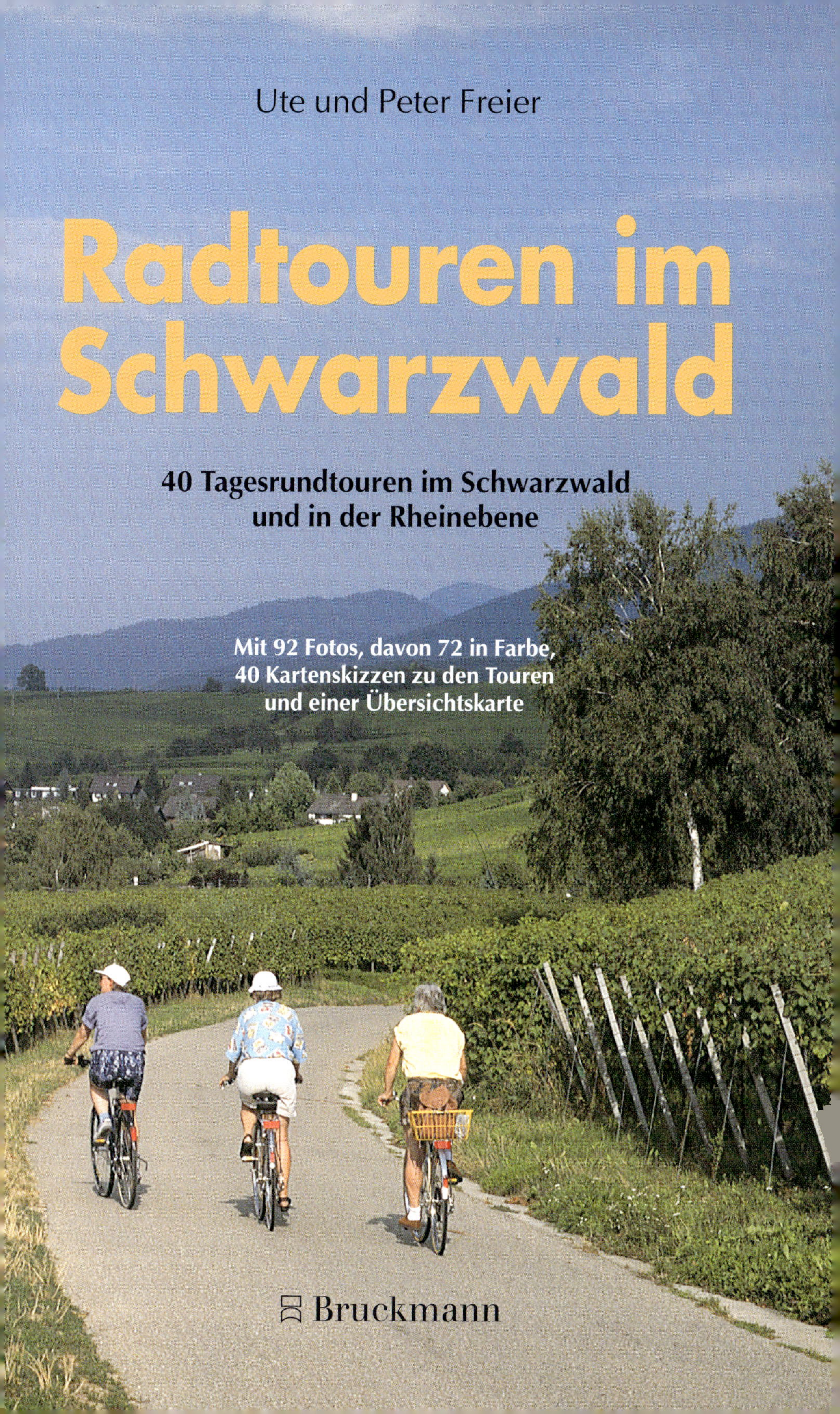

Bruckmann

Umschlag-Titel:
Hochfläche bei Grafenhausen, Südschwarzwald (Tour 34).

Umschlag-Rückseite:
Freilichtmuseum »Vogtsbauernhof«, Gutach (Tour 21).

Innentitel:
Weinberge im Markgräflerland (Tour 36).

Die Kartenskizzen zu den Touren und die Übersichtskarte
wurden vom Ingenieurbüro für Kartographie
Heidi Schmalfuß, München, erstellt.
Die Grafiken für die »Allgemeine Radkunde«
fertigte Georg Sojer, Ruhpolding, an.

Gedruckt auf chlorarm gebleichtem Papier

Die Deutsche Bibliothek – CIP-Einheitsaufnahme

Freier, Ute:
Radtouren im Schwarzwald : 40 Tagesrundtouren im Schwarzwald
und in der Rheinebene / Ute Freier ; Peter Freier. – München :
Bruckmann, 1995
(Erlebnis Wandern)
ISBN 3-7654-2750-0
NE: Freier, Peter:

Gesamtherstellung: Bruckmann, München
Printed in Germany
ISBN 3-7654-2750-0

Inhaltsverzeichnis

Geleitwort

»Ein Buch für Radfahrer, empfohlen vom Schwarzwaldverein, einem Wanderverband – schließt sich das nicht aus?« So mag der eine oder andere fragen, wenn er dieses Buch in die Hand nimmt.

Der Schwarzwaldverein begrüßt es, daß der Bruckmann Verlag ein ausgesprochenes Radwanderbuch für den Schwarzwald herausgibt! Viele unserer Mitglieder sind begeisterte Radfahrer, die mit dem vorliegenden Buch Rundtouren auf wenig befahrenen Straßen und Wirtschaftswegen in schönen Landschaften des Schwarzwalds in die Hand bekommen.

Ausgesprochene Wanderwege werden weitestgehend vermieden und damit das nicht immer konfliktfreie Miteinander von Radfahrern und Wanderern vermindert. Die vielen Hinweise auf besonders zu beachtende Verkehrssituationen, wie starkes Gefälle, scharfe Kurven, Schmalstellen und möglichen Gegenverkehr durch Radfahrer und Wanderer, verhelfen zusätzlich zu rücksichtsvollem und der Situation angepaßtem Verhalten.

Der Schwarzwaldverein unterhält im Schwarzwald ein etwa 23 000 km umfassendes Wanderwegenetz, das auf die Bedürfnisse der Wanderer abgestimmt, ausgeschildert und unterhalten wird. Natürlich nutzen viele Radfahrer diese hervorragend beschilderten Wege. Besonders durch die höhere Geschwindigkeit verursacht der Radfahrer ungewollt, daß so mancher Wanderer erschrocken zusammenfährt, wenn er sich plötzlich einem Radfahrer gegenübersieht oder überholt wird. Gerade in Zentren des Fremdenverkehrs nehmen die Beschwerden von Wanderern zu, die sich gefährdet fühlen und angesichts zunehmender Radfahrer am Wandern keine rechte Freude mehr haben. Neben der Bitte um Rücksichtnahme und gegenseitige Toleranz, halten wir es für wichtig, den Radfahrern attraktive Streckenalternativen anzubieten, die – wie im vorliegenden Buch – Wanderer und Radfahrer weitgehend voneinander trennen. Die gemütliche Wanderung und die Unterhaltung untereinander wird nicht mehr so häufig gestört, und der Radfahrer fühlt sich nicht dauernd genötigt zu klingeln, zu bremsen oder anderweitig Rücksicht zu nehmen.

Um das umweltfreundliche Radfahren zu fördern und gleichzeitig den genannten Konflikt zu vermeiden oder wenigstens zu entschärfen, will der Schwarzwaldverein abseits von den Wanderwegen liegende Radfahrwege ausweisen. Verbote allein sind da wenig hilfreich! In Zusammenarbeit mit dem Fremdenverkehrsverband bereiten wir zur Zeit einen Radweg von Karlsruhe über den Schwarzwald nach Lörrach bzw. Basel vor, der eine Entlastung der Fernwanderwege als auch besonders gefährdeter Naturbereiche bringen wird.

Die im Buch gegebenen Hinweise auf öffentliche Verkehrsmittel, wo

immer deren Benutzung möglich ist, sind wichtig und eröffnen die Möglichkeit, auch beim Radfahren den Anfangs- bzw. Endpunkt der Radtour mit öffentlichen Verkehrsmitteln zu erreichen. Dadurch wird die Mobilität in keiner Weise eingeschränkt und das umweltfreundliche Radfahren durch die umweltfreundliche Anreise ergänzt. Das ist ganz im Sinne unseres Jahresmottos: »Mit Bus und Bahn, das (Rad)Wandervergnügen von Anfang an«. Ganz neu ermöglicht die Einrichtung von Radmitnahme-Buslinien, neben den Schwarzwaldbahnen, Ziele im Schwarzwald anzusteuern, ohne den mühseligen Anstieg selbst leisten zu müssen.

Die einführenden Kapitel über die Landschafts- und Besiedlungsgeschichte des Schwarzwalds sowie historische und heimatkundliche Hinweise bei den einzelnen Radwanderungen runden das Buch so ab, daß der Schwarzwald nicht als Sportplatz, sondern als Natur- und Kulturraum wahrgenommen werden kann. Der Schutz von Natur und Kultur sind traditionelle Ziele des Schwarzwaldvereins. Der Mensch wird aber nur das schützen, was er kennt und für schützenswert hält. Deshalb ist es notwendig, Natur und Kultur des Schwarzwalds kennenzulernen.

Ein großer Teil dieser so natürlich anmutenden Landschaften im Schwarzwald sind ohne den Menschen nicht denkbar. Überall ist sein gestaltendes Wirken sichtbar. Neben den naturnahen, im Sommer meist gemütlich plätschernden Wiesen- oder Waldbächen, die bei Hochwasser zu wilden Gebirgsflüssen werden, den stillen Wäldern und einsamen Seitentälern treten die von der Landwirtschaft freigehaltenen Grünflächen mit Ausblicken in die vielgestaltige Kulturlandschaft. Der Schwarzwald mit seinen berühmten Säge- und Mahlmühlen, den typischen Eindachhöfen, den ehemaligen Bergwerken, Klöstern und anderen Zeugen einer langen Geschichte belohnt den Besucher mit einer Fülle von Eindrücken, wie man sie selten erleben kann. Dazu kommt die von Herzen kommende Freundlichkeit der Schwarzwälder, die nicht nur bei der Einkehr in den Gasthöfen spürbar ist, sondern sich auch im Umgang mit den Einheimischen zeigt.

Mit all den liebevoll zusammengetragenen Details ist das vorliegende Buch sicher geeignet, vielen begeisterten Radfahrern unsere Heimat näherzubringen und sich dafür einzusetzen, daß der Schwarzwald in seiner Schönheit und Einzigartigkeit erhalten bleibt.

In diesem Sinne wünschen wir dem Buch eine weite Verbreitung und dem Leser einen unvergeßlichen Aufenthalt im Schwarzwald.

Eugen Dieterle
Präsident des Schwarzwaldvereins

Besonders reizvoll ist das Radfahren dort, wo man, wie in Hochberg, abgeschiedene Höfe passiert (Tour 32).

Vorwort

»Radfahren im Schwarzwald?!« – Ungläubiges Erstaunen auf Seiten mancher Gesprächspartner bei der Ankündigung dieses Vorhabens, gilt der Schwarzwald doch gemeinhin als klassisches Wanderparadies. Und das läßt auf steile Berge, schweißtreibende Anstiege, unendliche Mühen schließen, die zu Fuß ja gerade noch bewältigt werden können, denen man sich aber nicht, so die oft geäußerte Meinung, mit dem Fahrrad aussetzen könne. Doch konnten diese Bedenken immer aus der Welt geräumt werden, gab man zu bedenken, daß es zwischen den Bergen auch Täler gibt, daß der Osten des Schwarzwalds flacher ist als der Westen, daß der Schwarzwald auf zwei Seiten von der Oberrheinebene umgeben ist, die wir kurzerhand zum Schwarzwald dazugeschlagen haben, und daß man sich außerdem manchmal solch nützlicher Hilfsmittel wie der Eisenbahn und einer Seilbahn bedienen kann. Kurzum, daß der Schwarzwald ja nicht nur aus dem Hochschwarzwald mit Feldberg und Höllenschlucht, aus Hornisgrinde oder Brandenkopf besteht. Da sind ja auch die Täler und Hochflächen im nördlichen Teil, die Weinberge und Obstwiesen in den westlichen Vorbergen, die Rebterrassen des Kaiserstuhls, die sanft auslaufenden Plateaus im Osten.

Ein Gebiet, das eben aufgrund seiner vielfältigen, abwechslungsreichen Landschaft schon lange Touristen anzieht, die hier wandern oder sich per Auto umsehen. So kann es durchaus vorkommen, daß sich an sonnigen Wochenenden Autoschlangen durch das Kinzigtal wälzen oder die Parkplätze am Titisee wegen Überlastung geschlossen werden. Ganz ohne Parkplatzprobleme und in aller Ruhe lassen sich per Rad auf verkehrsarmen Nebensträßchen, auf Waldwegen oder Wirtschaftswegen die stilleren Ecken des Schwarzwalds erkunden: Täler mit behäbigen Schwarzwaldhöfen, kleine Städtchen mit historischen Stadtkernen, blumengeschmückte Dörfer, ursprüngliche Auwälder und, natürlich, dunkle Nadelwälder.

Jederzeit kann man anhalten, um die kunstvolle Dachkonstruktion eines alten Hofes zu bestaunen, ein Mühlrad zu betrachten, um die am Wegrand wachsenden Heidel- oder Brombeeren zu pflücken, in den sonnenbeschienenen Vorbergen zu rasten und den Blick über die Rheinebene schweifen zu lassen, in einem der Seen zu baden. Auch die Kultur kommt nicht zu kurz: romanische Kirchen, Ruinen einst bedeutender Klöster, barocke Residenzen, Museen, die von den typischen Waldberufen erzählen, von Uhrmachern, Glasbläsern, von Flößern und vom nicht immer einfachen Leben der Schwarzwaldbauern.

Nicht ganz mühelos sind manche der Touren – das soll nicht verschwiegen werden. Vor allem bei einigen Strecken im südlichen Schwarzwald gerät man ganz ordentlich ins Schwitzen, doch ist die umgebende Landschaft so reizvoll, daß es auch beim Schieben nicht langweilig wird. Um so begeisternder sind die Ausblicke, wenn endlich der höchste Punkt erreicht ist und die Landschaft sich ausbreitet. So blickt man vom Landwassereck auf grüne Matten und die verstreut liegenden Höfe von Büchern, von der Hohen Flum auf die sich hintereinanderschiebenden Bergrücken des Schwarzwalds, von der Ruine Altwindeck über die Rheinebene bis hin zum Straßburger Münster.

Wen wundert es angesichts dieser Vielfalt, daß der Schwarzwald schon lange Touristengebiet ist und sich hier eine traditionsreiche Gastronomie entwickelt hat. In gepflegten Gasthöfen, häufig mit Terrassen oder Biergärten, werden badische Spezialitäten und die sonnenverwöhnten Weine des Baden-Badener Reblands, des Kaiserstuhls oder eines der anderen badischen Weinanbaugebiete serviert; in den Bergvesperstuben erhält man Deftigeres wie geräuchten Speck und Bauernbrot mit einem Schnaps aus Topinambur oder wilden Pflaumen.

So hat der Schwarzwald für jeden Geschmack etwas zu bieten.

Der Schwarzwald

Die Entstehung des Schwarzwalds

Auf »schwarzdunkle Höh'n«, wie in einem Volkslied besungen, läßt der Name dieses Mittelgebirges schließen, auf abweisenden, dichten Wald und unwegsame Berge. Genau so müssen die Römer und auch die Alemannen dieses 160km lange und bis zu 60km breite Gebirge im deutschen Südwesten erlebt haben, denn sie hielten sich vorwiegend am Rand auf, mieden den »saltus Svarzwald«, wie dieses Waldgebirge in einer Urkunde im Jahr 868 erstmals genannt wird. Seither hat sich jedoch einiges verändert: Der Schwarzwald wurde besiedelt, es wurde gerodet und gepflanzt. Nur aus der Ferne, aus der Rheinebene gesehen, erscheint der Schwarzwald nach wie vor wie eine dunkle, massige Mauer aus sich auftürmenden Bergrücken. Doch macht man sich auf den Weg in den Schwarzwald hinein, bemerkt man schnell, daß die Landschaft in keiner Weise abweisend, sondern einladend und vielfältig ist: weite Täler wechseln ab mit engen Schluchten, dicht bewaldete Hochflächen mit grünen Matten, flache Kuppen mit steilen Gipfeln, flach auslaufende Plateaus im Osten mit stark zertalten Vorbergen im Westen. Diese Vorberge sowie der Oberrheingraben gehören, geologisch gesehen, ebenfalls zum Schwarzwald, wie die folgende vereinfachte Entstehungsgeschichte zeigt.

Vor 200 bis 70 Millionen Jahren

Zu Beginn dieses Erdzeitalters befand sich da, wo sich heute der Schwarzwald und die Vogesen erheben, ein Rumpfgebirge aus Granit und Gneis mit fast ebener Oberfläche. 200–300 Mill. Jahre ist dieses *Grundgebirge* alt und zählt damit zu den ältesten Gebirgen Europas. Auf diesem Sockel, der in einem weiträumigen Binnenbecken lag, lagerten sich über Jahrmillionen von Flüssen herantransportierte braunrote sandige Tone, teilweise vermischt mit Geröll, in dicken Schichten ab: der Buntsandstein. Im Norden, der infolge einer Einsenkung des Beckens tiefer lag, waren diese Ablagerungen bis zu 300m mächtig, im Süden hingegen nur bis zu 10m. Als dieses Becken im südwestdeutschen Raum anschließend vom warmen Jurameer überflutet wurde, lagerten sich Muschelkalk, in einer Verlandungsphase Keuper und, als das Meer zurückkehrte, die Schichten des Schwarzen, Braunen und Weißen Jura ab. So entstand auf dem Sockel aus Granit und Gneis ein bis zu 2000m mächtiges neues Stockwerk: das *Deckgebirge*.

Vor 70 bis 2 Millionen Jahren

In der folgenden Phase der Erdgeschichte, im Tertiär, begannen die Alpen und Pyrenäen sich langsam herauszuheben. Als Folge der tektonischen Bewegungen brach im Gebiet des heutigen Schwarzwalds und der Vogesen ein Teil der Schichten ein, und es entstand ein tiefer, durchschnittlich 35–40km breiter Graben: der *Oberrheingraben*, der den bisherigen Gebirgsblock in die Vogesen und den Schwarzwald teilte. Am Rand des Grabens zerbrachen die Gesteinsplatten in größere und kleinere Schollen, die sich gegeneinander verschoben, die heutigen *Vorberge*.

Im Zusammenhang mit dem Grabeneinbruch wölbte sich auch das Gebiet des heutigen Schwarzwalds nach oben, jedoch nicht gleichförmig, sondern unterschiedlich stark. Im Westen wurde es stärker angehoben, so daß die Schichten wie ein Pult nach Südosten abkippten. Zusätzlich wurde es im Süden höher angehoben als im Norden, weshalb sich heute die höchsten Gipfel, das Feldbergmassiv mit Höhen bis zu 1495m, im Südwesten befinden. Durch diese zahlreichen Hebungen, Senkungen und Faltungen entstand auch eine Mulde im mittleren Schwarzwald, in der sich das Kinzig-Flußsystem entwickeln konnte. Eine weitere direkte Folge des Grabeneinbruchs war der *Vulkanismus* im Oberrheingraben. Der Kaiserstuhl, eine der abgebrochenen Schollen, die über einer schwachen Stelle in der Erdkruste lag, wurde durch austretende Laven und Tuffe vergrößert.

Mit der Heraushebung des Gesteinspakets setzte die Verwitterung ein: Im damals herrschenden tropischen Klima wurde das Gestein durch Sonneneinstrahlung zerrüttet, rollte den Hang hinab, wurde durch Wasser abtransportiert. Je höher die Gebirgslage ist, desto stärker ist das Gestein der Verwitterung ausgesetzt. So verschwanden die jüngeren Schichten des Deckgebirges – Jura, Keuper und Muschelkalk – auf den Bergen des Schwarzwalds vollkommen. Erhalten blieben diese Schichten nur auf den Randschollen des Grabens, in der wesentlich niedrigeren Vorbergzone. Berühmt ist der Isteiner Klotz nahe des Rheins: 60–70 m mächtige Kalksteinbänke aus dem Weißen Jura. Auch der Dinkelberg im Südwesten des Schwarzwalds gehört zu dieser Vorbergzone und besteht aus Keuper und Muschelkalk.

Im höchsten südwestlichen Teil des Gebirges wurde selbst die Buntsandsteindecke abgetragen, so daß hier heute das Grundgebirge aus Gneis und Granit zutage tritt. Im Norden, wo die Buntsandsteinschicht mächtiger war, sowie im Osten, wo durch die Abkippung die Schichten tiefer lagen, ist der Buntsandstein noch vorhanden.

Vor 2 Millionen bis 10 000 Jahren

Das Klima verschlechterte sich, Niederschläge fielen als Schnee, auf den Gipfeln der Alpen entstanden Gletscher. In dieser *Eiszeit* war es jedoch nicht durchgehend kalt, sondern Warm- und Kaltphasen wechselten sich ab. Je nach Grenze des Vordringens der alpinen Gletscher in Richtung Norden werden die Kaltphasen als Günz-, Mindel-, Riß- und Würmeiszeit bezeichnet. In der Rißeiszeit dehnten sich die Gletscher am weitesten nach Norden aus, bis über den heutigen Hochrhein, und auch auf den höchsten Gipfeln des Schwarzwalds bildeten sich Gletscher. Das Feldbergmassiv war von einer geschlossenen Eiskappe bedeckt. Die schürfende Kraft der abfließenden Gletscher bildeten auch hier – wie in den Alpen – trogförmige U-Täler, z. B. das Bärental und das Zastlertal. Wo der Gletscher im Tal infolge höherer Temperaturen zu schmelzen

Die höchsten Gipfel des Schwarzwalds sind die kahlen Kuppen des Feldbergmassivs, glattgeschliffen durch die einstigen Gletscher.

In der Bruchzone zwischen dem abgesackten Oberrheingraben und dem hochgehobenen Gebirgsblock trat Lava aus und bedeckte eine der abgebrochenen Schollen, die Erhebung des Kaiserstuhls entstand.

begann, lagerten sich die Endmoränen ab, die das Schmelzwasser aufstauten. Der Titisee und der Schluchsee blieben aufgrund künstlicher Erhöhung der Endmoräne bis in die heutige Zeit erhalten.

Der deutlich tiefer gelegene mittlere Schwarzwald war von der Vergletscherung nicht betroffen. Auch im nördlichen Schwarzwald gab es keinen flächendeckenden Gletscher, sondern nur kleinere Eisfelder, die in den von der Sonne abgewandten Talschlüssen entstanden. Auch hier bildeten sich unter dem Eis Geländemulden – Kare – und aus dem Abtragungsmaterial am Ende des Eisfeldes Moränen. Die Moränen wirkten in vielen Fällen wie Staumauern, hinter denen Karseen entstanden wie der Mummelsee und der Glaswaldsee.

Die Besiedlung und Nutzung des Schwarzwalds

Vor Tausenden von Jahren kehrten in der Nacheiszeit mit zunehmender Erwärmung die Bäume in den europäischen Raum zurück, so daß bis zum Beginn der Besiedlung im 10./11. Jh. der Schwarzwald beinahe lückenlos bewaldet war: Buche und Tanne waren neben der Fichte die vorherrschenden Bäume.

Kelten, Römer, Alemannen und Franken, sie alle mieden dieses gebirgige, bewaldete Land, siedelten – bis auf wenige Ausnahmen – nur an den Rändern. Die Rodung und Besiedlung des Berglands ging erst von den sogenannten *»Missionsklöstern«* aus, die sich ab dem 8./9. Jh. aus einigen von Wandermönchen bewohnten Einsiedeleien entwickelten. Diese lagen sowohl am westlichen Rande des Schwarzwalds, z. B. in Gengenbach und in Schuttern, als auch in der Waldeinsamkeit wie in St. Trudpert und in St. Blasien. Mit Unterstützung der Grundherren begannen die Mönche im 11. Jh. verstärkt mit Hilfe neuer Landwirtschaftstechnik die mühsame Rodungsarbeit in den nicht allzu steilen Tälern, um Weide- und Ackerland für Neuansiedler zu gewinnen. Diese wurden in Regionen, in denen seit dem 11. Jh. die Bevölkerung zunahm, angeworben, indem ihnen gewisse Erleichterungen wie geringe Abgaben und weniger Frondienst versprochen wurden. Die Erträge des Ackerbaus blieben jedoch aufgrund des rau-

Zwischen dem 14. und 19. Jh. war die Kinzig eine wichtige Wasserstraße, auf der Holz geflößt wurde und an der Städte entstanden wie Wolfach.

hen Klimas und der Bodenbeschaffenheit relativ bescheiden, so daß vorwiegend Viehwirtschaft betrieben wurde.

Aus diesem Grund sahen sich die Siedler auch nach anderen Erwerbsquellen um, so daß sich im Schwarzwald eine Vielfalt an sogenannten *Waldgewerben* entwickelte, die alle auf den Rohstoff Holz angewiesen waren: Köhlerei, Harzerei, Eisen- und Glashüttenbetriebe. Auch die Erzvorkommen wurden mit der Zeit erschlossen und die Wasserkraft zum Betreiben von Mühlen, Sägen, Hammerwerken genützt. Dies führte zu einer Verdichtung der Bevölkerung und zum Entstehen von Siedlungen, die keine agrarische Grundlage hatten, sondern neben Bergwerken angelegt wurden wie Neubulach oder neben Glashütten und Schmieden.

Die Folge war, daß etwa ab dem 13. Jh. der Bedarf an Holz enorm anstieg: für den Bau von Fachwerkhäusern in den anwachsenden Städten, von Schlössern und Kirchen, für den Bergbau und die Glashütten. Auch Brennholz wurde verstärkt benötigt. Und dies nicht nur im Schwarzwald. In den großen deutschen und holländischen Häfen war vor allem langes Eichen- und Buchenholz für den Bau von Schiffen gefragt.

Holz war, so schien es, in unendlicher Menge vorhanden. Das Problem bestand nur darin, dieses aus den Bergen zu den Verbrauchern zu befördern. Straßenbau war in dem unwegsamen Gelände schwierig und teuer. Was lag also näher, als die Flüsse als Transportwege zu benützen. So wurde das Holz geflößt, und zwar auf zweierlei Weise: In den kleineren Bächen wie z. B. der Alb im Nordschwarzwald und der Dreisam im Südschwarzwald wurde das zuvor zersägte Holz ungebunden ins Wasser geworfen und am Bestimmungsort wieder herausgefischt. Diese sogenannte Wildflößerei deckte nur den Brennholzbedarf. Lange Stämme hingegen konnten nur auf den breiten, wasserreichen Flüssen transportiert werden. Zentren der Langholzflößerei entwickelten sich deshalb im nördlichen und mittleren Schwarzwald an der Enz und Nagold, an der Kinzig und Murg.

Die Flößerei, die ab dem 14. Jh. vertraglich geregelt wurde, entwickelte sich zu einem wichtigen Wirtschaftszweig, der die Landschaft prägte, über 400 Jahre lang Arbeitsplätze stellte und Generationen von Familien ernährte. Denn es entstand eine ganze Reihe von speziellen Berufen für die einzelnen Arbeitsabschnitte, die im Zusammenhang mit der Flößerei anfielen. Die Bäume wurden gefällt, das Langholz entweder mit Ochsenkarren oder auf Rutschen zum nächsten Wasserlauf befördert, wo 6 bis 12 Stämme mit verdrehten Weidenruten zu einem Gestör zusammengebunden wurden. Mehrere von diesen wurden wiederum zu einem Floß aneinandergereiht. Dies geschah in den sogenannten Einbindplätzen, vor denen das Wasser zuvor aufgestaut worden war. War das Floß fertig, wurden die Wehre geöffnet, und das Schwellwasser trieb das Floß zu Tal. Die Flößer, die aufrecht auf dem Floß standen, sorgten mit Stangen dafür, daß das Floß sich nicht verfing. Geflößt wurde nur zwischen dem 24. Februar und dem 11. November.

Ab dem 16. Jh. wurde mehr und mehr Holz nach Holland geflößt. Besonders an der dortigen Küste war der Bedarf an Holz groß, denn Holland war auf dem Weg, führende Wirtschaftsmacht zu werden. Schiffe wurden gebaut, Häfen angelegt. Allein Amsterdam wurde auf Tausenden von Holzpfählen errichtet, die aus dem Schwarzwald stammen. Für ihren Schiffsbau kauften die Holländer die längsten und stärksten Nadelbaumstämme, weshalb diese »Holländer« genannt wurden. Diese wurden in kleinen Flößen zum Rhein gebracht, wo sie zusammengebunden wurden. Bis zu 400 m lang und 80 m breit waren die Rhein-Flöße, die den weiten Weg rheinabwärts nicht ohne Last fuhren. Personen – bis zu 800, darunter häufig Auswanderer – fanden darauf ebenso Platz wie Waren: die edleren Hölzer wie Eiche und Buche, Schnittholz, Fässer, Holzkohle.

Um den steigenden Bedarf zu decken, wurden die Flüsse im Schwarzwald für die Flößerei ausgebaut, und im 18. und in der ersten Hälfte des 19. Jh. erreichte die Holzflößerei ihren Höhepunkt. Im Jahr 1856 beispielsweise fuhren über 4000 Flöße den Rhein hinunter. Über viele Jahrzehnte hinweg verdienten Landesherren, Holzbauern, Floßherren und Flößerkompanien daran.

Auf diese Weise wurden diejenigen Teile des Schwarzwalds, die von den Bächen und Flüssen aus zugänglich waren, bis zum Beginn des 19. Jh. weitgehend entwaldet. Größere Bäume wie Eichen und Buchen waren bei dem bedenkenlosen Umgang völlig verschwunden. Aber auch in den abgelegeneren Gebieten des Südschwarzwalds, wo das Holz nicht zu einem nahegelegenen Wasserlauf gebracht oder auf einer Straße abtransportiert werden konnte, wurden Bäume gefällt und das Holz vor Ort in Kohlenmeilern verkohlt. Die Holzkohle wurde dann mit Hilfe von Saumtieren zu Eisen- und Glashütten transportiert, die einen ungeheuren Bedarf an Holz hatten und innerhalb kurzer Zeit riesige Waldflächen verbrauchten. Warnungen einzelner, die bereits Anfang des 19. Jh. die Folgen der Abholzung vorhersahen, wurden in den Wind geschlagen.

Erst im Jahr 1821 wurde eine strenge Forstordnung erstellt, die verbot, die Wälder weiterhin als Viehweide zu benutzen und die die Bevölkerung zur Sparsamkeit beim Holzverbrauch zwang. Erleichternd wirkte sich beim Einhalten dieser Verordnung aus, daß viele Schwarzwaldbewohner nach Amerika auswanderten und so der Bedarf an Brennholz zurückging. Auch der Ausbau der Straßen Mitte des 19. Jh., z. B. der Kinzigtalstraße ab 1862, und, wenige Jahre später, der Eisenbahn führte zu einer weiteren Eindämmung des Holzverbrauchs. Denn die Eisenbahn brachte Kohle in den Schwarzwald, die als Brennmaterial Holz ersetzen konnte, und machte die Flößerei unnötig, so daß diese im Kinzigtal im Jahr 1894, im Enztal im Jahr 1913 endgültig eingestellt wurde. Die beginnende Industrialisierung bot neue Arbeitsplätze, so daß die Zahl derer, die die holzverzehrenden Waldberufe ausübten, zurückging. Außerdem begann die planmäßige Aufforstung durch den Staat, wobei die schnellwüchsige Fichte bevorzugt wurde, so daß heute der Wald durchschnittlich zu 80% aus Nadelholz besteht. Artenreicher Mischwald blieb nur in Bannwäldern an den steilsten Abhängen erhalten.

Heute droht dem Wald jedoch eine ganz

andere Gefahr. Seit den 70er Jahren erschrecken Meldungen über das Sterben der Wälder, vor allem in den Hochlagen, nicht nur die Schwarzwaldbewohner. Mehrere Faktoren, vor allem aber die sich aus den Abgasen von Automobilen und Industriebetrieben bildenden Schadstoffe sind dafür verantwortlich, daß sich die Kronen der Bäume zunächst ausdünnen und die Bäume dann absterben. Um die Abgase zu verringern, wurden in den vielbesuchten Gebieten des Schwarzwalds, z.B. am Belchen und Schauinsland, Beschränkungen für Auto- und Motorradfahrer eingeführt, werden verstärkt »Wanderbusse« eingesetzt wie am Rinken, um den Individualverkehr einzudämmen. Mit dem Rad statt mit dem Auto zu fahren, ist auch ein winziger Beitrag zum Schutz des Waldes.

Heutiges Landschaftsbild

Trotz aller Rodungsmaßnahmen der letzten Jahrhunderte wird das Mittelgebirge »Schwarzwald« heute wieder seinem Namen gerecht und präsentiert sich als Waldgebirge, denn 66% der Gesamtfläche sind zur Zeit von Wald bedeckt. Eine trockene Zahl, die den Eindruck vermittelt, es handele sich um eine gleichförmig bewaldete Landschaft und die nichts darüber verrät, daß jedes Teilgebiet des Schwarzwalds – der nördliche, mittlere und südliche Schwarzwald – durch unterschiedlich starke Bewaldung und andersartige Zusammensetzung des Waldes ein jeweils ganz charakteristisches Gesicht hat. Der Grund dafür ist, daß durch die Entstehung des Schwarzwalds und die seit Jahrmillionen stattfindende Verwitterung der Untergrund nicht überall aus demselben Gestein besteht und deshalb unterschiedliche Wachstumsbedingungen herrschen, die wiederum die Nutzung beeinflussen. Je nach Härte und Wasserdurchlässigkeit des Gesteins haben sich auch unterschiedliche Tal- und Landschaftsformen herausgebildet, an die wiederum die Siedler die Form ihrer Dörfer anpassen mußten.

Im *nördlichen Schwarzwald,* wo der Buntsandstein noch nicht durch Verwitterung vollkommen abgetragen ist, blieben im Westen Bergkämme, im Osten hochflächenartige Plateaus bestehen, und zwar zwischen den Tälern der Nagold, Enz, Alb und Murg, die weitgehend parallel zueinander in Richtung Norden fließen. Da Buntsandstein sich nicht besonders gut zur landwirtschaftlichen Nutzung eignet, erstrecken sich an den Oberläufen dieser Flüsse ausgedehnte, zusammenhängende Waldflächen, die etwa 73% der Fläche des Nordschwarzwalds bedecken und in denen der Nadelbaum mit ca. 86% am häufigsten vertreten ist. In den Tälern entstanden Städte, die aufgrund der geringen Ausdehnungsmöglichkeiten klein geblieben sind, und auf Rodungsinseln auf den Hochflächen planmäßig angelegte Dörfer.

Hochplateaus gibt es im *mittleren Schwarzwald* nicht. Im Gegenteil, hier ist der Kontrast zwischen steilen Bergabhängen und Tälern besonders kraß. Denn als mittlerer Schwarzwald wird die Mulde bezeichnet, die bei den tektonischen Faltungen im Tertiär entstand und in die sich die Kinzig mit all ihren Nebenflüssen eingegraben hat. Die zahlreichen Seitentäler sowie das Kinzigtal selbst sind die Standorte der großen Hofgüter mit ihren stattlichen Wohnhäusern, die sich wie eine Kette die Täler hochziehen, meist im Abstand von 500–600 m. Acker- und Weideland umgibt die Gehöfte und zieht sich die Hänge hinauf, so daß die Waldflächen immer wieder unterbrochen sind und es hier, im Vergleich zum Nordschwarzwald, weniger Wald gibt: Nur 64% der Fläche ist bewaldet.

Noch geringer ist der Waldanteil im *südlichen Schwarzwald,* wo der Wald immer wieder durch Rodungen aufgelockert ist, auf denen Weiler oder Einödhöfe liegen, so daß hier am wenigsten der Eindruck eines »schwarzen Waldes« entsteht. Bedingt ist das allerdings auch dadurch, daß Nadelbäume zugunsten der Buche auf einen Anteil von 72% zurückgedrängt sind. Das Ergebnis ist die »Schwarzwald-Bilderbuchlandschaft«, eine abwechslungsreiche Landschaft mit den höchsten Gipfeln des

Häuser aus den verschiedenen Regionen des Schwarzwalds wurden im Freilichtmuseum Vogtsbauernhof zusammengetragen.

Schwarzwalds, dem Feldbergmassiv (1495 m), und tief in das Grundgebirge aus Granit und Gneis eingekerbten, zahlreichen Tälern.

Aufgrund des großen Waldbestands und der starken Zertalung ist die Bevölkerungsdichte im Schwarzwald wesentlich geringer als im übrigen Baden-Württemberg: Hier leben durchschnittlich 80 Menschen pro km^2, im übrigen Baden-Württemberg 250 pro km^2. Infolge der Oberflächenstruktur des Schwarzwalds ist die Verteilung sehr unterschiedlich. Ballungsräume sind die größeren Städte wie Freiburg und Offenburg und die zahlreichen Kleinstädte, die hauptsächlich am Fuße des Gebirges oder in Tälern liegen. In diesen urbanen Gebieten kann die Bevölkerungsdichte bis auf 120 Personen pro km^2 ansteigen, während im Bergland manchmal nur 10 Menschen pro km^2 leben, denn »auf dem Wald« entstanden wegen der ungünstigen Voraussetzungen nur vereinzelt Städte.

In den Höhen ab 400 m haben sich, angepaßt an die naturgegebenen Verhältnisse, ganz spezielle Siedlungsformen entwickelt: Waldhufendörfer und Streusiedlungen im nördlichen Schwarzwald, Zinken im mittleren, Einödhöfe und Weiler im südlichen Schwarzwald. Wo das Gelände relativ eben war, wie auf den östlichen Hochflächen des Nordschwarzwalds, wurden im 13. Jh. durch die Herren von Calw geplante Siedlungen angelegt, die *Waldhufendörfer*, wo die langen Flurstreifen (Hufe) im rechten Winkel zur Hauptstraße verlaufen. Diese Dörfer hatten zwar eine Kirche, aber keinen eigentlichen Dorfmittelpunkt. Anders bei den *Streusiedlungen*, wo die im Talgrund gelegene Kirche der Mittelpunkt ist, um den sich im Umkreis von 3–4 km die Gehöfte scharen. War der Talgrund zu eng, wurden die Grundstücke wie eine Kette entlang des Baches aufgereiht. In diesen sogenannten *Zinken*, die im mittleren und südlichen Schwarzwald verbreitet sind und deren Namen häufig auf -ach, -bach oder -tal enden, liegen die Höfe manchmal bis zu 600 m auseinander, so daß sich die Siedlung über mehrere Kilometer hinzieht, wie z. B. im Kirnbachtal. In den höchsten Lagen entstanden auf gerodeten Flächen *Weiler*, die meist aus nicht mehr als 6 Gehöften bestehen. Hier gibt es weder eine Kirche noch ein Rathaus oder eine Schule, wie z. B. in Margrutt. Noch abgelegener sind die *Einzelhöfe*, alleinstehende Höfe, deren gesamter Grundbesitz als ein zusammenhängender Block den Hof umgibt und die deshalb auch als Einödhöfe (= einheitliches Gut) bezeichnet werden.

Je nach Landschaft und dem zur Verfügung stehenden Baumaterial entwickelten sich in den drei Teilgebieten verschiedene *Haustypen*: Typisch für den Nordschwarzwald ist die Verwendung des Buntsandsteins als Baumaterial und, bedingt durch den Holzreichtum, die Verschindelung der Außenwände. Walmdächer, die als so charakteristisch für das Schwarzwaldhaus gelten, sind Bestandteile der Häuser im mittleren und südlichen Schwarzwald. Hier haben sich sieben verschiedene Haustypen entwickelt, die jedoch einige gemeinsame Merkmale haben. So sind sie alle Eindachhäuser, was bedeutet, daß Wohnräume, Viehställe und Scheune unter einem Dach liegen. Das Haus ist quergeteilt: Im vorderen Teil befindet sich im 1. Stockwerk die Stube mit einer Reihe schmaler Sprossenfenster, meist über Eck, und die Küche, darüber die Kammern, vor denen häufig ein Balkon verläuft. Im hinteren Teil schließen sich die Ställe an, darüber der Heuboden, der bei bestimmten Haustypen von der Bergseite her zugänglich ist. Diese mit ihren mächtigen Walmdächern oft gedrungen und trutzig wirkenden Eindachhäuser sind meist umgeben von einer Reihe kleinerer Gebäude mit unterschiedlichen Funktionen: Kapelle, Mühle, Säge, Backofen, Leibgeding (Altenteil), Speicher, in dessen steinernem Unterbau Brot, Most, Obst aufbewahrt wurde. Da die Höfe oft weit entfernt von der nächsten Kirche lagen, kam im Barock die Sitte auf, Hofkapellen zu errichten, deren Glöcklein die Mahlzeiten und das Ende der Arbeit verkündeten. Häufig wurde auch statt einer separaten Kapelle nur ein Türmchen auf das Dach des Wohnhauses gebaut, in dem ebenfalls eine Glocke diese Aufgabe übernahm. Umgeben sind die Höfe von ausgedehnten Weide- und Waldflächen, denn weitgehend ist »auf dem Wald« bis heute die Sitte erhalten, den Besitz nur einem Nachkommen zu übertragen (Anerbenrecht).

Anders in der *Oberrheinischen Tiefebene.* Nach dem Tode des Bauern wurde der Besitz gleichmäßig unter den Erben aufgeteilt (Realteilung), so daß die landwirtschaftlichen Betriebe mit der Zeit immer kleiner wurden und die Haufen- und Straßendörfer, vor allem die Winzerdörfer, heute eng bebaut sind. Die *Vorbergzone* und die sich bis zur Rheinaue anschließende Ebene, die sogenannte *Niederterrasse,* sind aufgrund des fruchtbaren Bodens und des milden Klimas bereits in den ersten Jahrhunderten n. Chr. durch Alemannen und Franken besiedelt worden. Dies ist das wärmste Gebiet Deutschlands, denn die Gebirge auf beiden Seiten halten kalte Winde ab, und durch die Burgundische Pforte, einem Einschnitt zwischen den Vogesen und dem Schweizer Jura, strömt warme Luft aus dem Mittelmeerraum, so daß hier wärmeliebende Pflanzen angebaut werden können. Verantwortlich für die günstigen Anbauverhältnisse ist auch der in der während der Eiszeiten vom Wind herangetragene Löß, der heute als Lößlehm durchweg als meterhohe, fruchtbare »Staubschicht« die Vorberge bedeckt.

Bis zu 30 m mächtig ist diese Lößschicht am Kaiserstuhl, wo zudem die jährliche Niederschlagsmenge gering (ca. 700 mm jährlich gegenüber 800–1000 mm an den Westhängen des Schwarzwalds) und die Anzahl der Sonnenscheinstunden hoch ist, so daß hier wie am Tuniberg und in der Ortenau Spitzenweine wachsen. Diese ausgedehnten Weinanbaugebiete, die Obstwiesen und Edelkastanienwälder verleihen den Vorbergen einen südlichen Charakter.

In der Ebene wechseln je nach Beschaffenheit des Bodens Wald, Felder und Grünland ab. Mais, selbst Tabak gedeiht auf der Niederterrasse, die unweit des Rheins mit einer ca. 15 m hohen Stufe, dem Hochgestade, endet. Hier beginnt das eigentliche Flußbett des Rheins, die 8–10 km breite *Rheinaue.* Denn der Oberrheingraben ist ja kein durch den Rhein geschaffenes Tal, sondern ein etwa 30–50 km breiter Graben, dessen Einbruch vor Millionen von Jahren einen zusammenhängenden Gebirgsblock in zwei Teile trennte, den Schwarzwald und die Vogesen. In diesem abgesenkten Bereich, in den vor Millionen von Jahren zeitweilig wieder das Meer eindrang, lagerten sich gewaltige Sedimentmassen ab, die bis zu 3500 m mächtig waren. In diese Schotter grub sich nach der Eiszeit der mäandernde Rhein bis zu 15 m tief ein und bildete so sein eigentliches Flußbett. Bis zur Begradigung des Rheins im 19. Jh. bedeckten urwüchsige Auwälder dieses Gebiet, das in unregelmäßigen Abständen überschwemmt wurde. Nur nördlich des Kaiserstuhls hat sich bis heute diese Flußauen-Landschaft erhalten, die für Mitteleuropa einmalig ist.

Eine Folge der einstigen tektonischen Faltungen und Senkungen und des im Verlauf damit auftretenden Vulkanismus sind die *Thermalquellen* im Oberrheingraben. Versickerndes Wasser wird in dieser Bruchzone, wo die Temperatur in Richtung Erdmittelpunkt gegenüber den üblichen Werten – alle 33 m um 1 °C – schneller steigt, erhitzt und tritt als Therme, d. h. mit einer ganzjährigen Temperatur von mindestens 20 °C, wieder aus bzw. wird angebohrt. Wie aufgereiht liegen deshalb die Heilbäder am Westrand des Schwarzwalds, vor allem im südlichen Teil: Baden-Baden, Bad Krozingen, Badenweiler, Bad Bellingen.

Erläuterungen zu den Streckenbeschreibungen

Entfernungsangaben: Die im Text angegebenen Entfernungen sind auf- bzw. abgerundet und nur ungefähre Anhaltspunkte.

Anstieg: sämtliche Höhenmeter, einschließlich der kleineren »Aufs und Abs«.

Abkürzungen: Es bedeuten: AP = Ausgangspunkt; EP = Endpunkt; HP = höchster Punkt; RT = Ruhetag; TK = Topographische Karte; NSG = Naturschutzgebiet; Ww = Wegweiser.

Karte: Angegeben ist das jeweilige Blatt der Reihe »Wanderkarte mit Radwanderwegen«, 1:50 000, des Landesvermessungsamtes Baden-Württemberg in Zusammenarbeit mit dem Schwarzwaldverein bzw. dem Schwäbischen Albverein.

Nördlicher Schwarzwald

Der nördliche Schwarzwald, das ist derjenige Teil dieses Mittelgebirges, der seinem Namen am ehesten gerecht wird. Ausgedehnte, manchmal etwas düster wirkende Nadelwälder bedecken die Talhänge, Bergkämme und Hochflächen. Forstwirtschaft steht hier im Vordergrund, denn der Untergrund, der mittlere Buntsandstein, ist ein nährstoffarmes Gestein, das sich nicht für den Ackerbau eignet, da ein großer Teil der Niederschläge gleich in den Spalten des Gesteins versickert.

Das bedeutet, daß wenig Wasser auf der Oberfläche abläuft, weshalb hier weniger Täler entstanden sind als im südlichen Schwarzwald. Da das Versickern des Wassers auch dessen Erosionskraft reduziert, haben sich die Täler der Alb, Enz und Nagold, die nach Norden abfließen, nicht sehr stark eingetieft. Anders die Murg, die die Schichten des Buntsandsteins bis auf das wasserundurchlässige Grundgebirge durchschnitten hat, wo sich die Niederschläge zu einem kräftigen Fluß sammeln, der zu intensiver Erosion führt (Tour 7).

Die höchste Erhebung des nördlichen Schwarzwalds liegt mit der Hornisgrinde (1166 m) im Westen. Die Bergkämme zwischen den Tälern sind im Westen dicht bewaldet, ausgenommen die höchsten Gipfel, und kaum besiedelt. Im Osten hingegen, wo die oberste Schicht des Buntsandsteins, eine tonhaltige und dadurch wasserstauende Schicht, noch nicht durch Verwitterung abgetragen wurde, finden sich auf der Hochfläche zwischen den Tälern der Nagold und Enz (Tour 9) gerodete Flächen im ausgedehnten Wald. Auf diesen Rodungsinseln, die in der Gegend um Calw auf Veranlassung der Grafen von Calw im Mittelalter angelegt wurden, entstanden geplante Dörfer, die sogenannten Waldhufendörfer (Tour 9). Die im 18. Jh. in kleinen Weilern inmitten des Waldes angesiedelten Waldarbeiter, Köhler und Pottaschebrenner hingegen waren als Tagelöhner tätig und unterhielten nur kleine Landwirtschaften.

Wesentlich früher haben sich Menschen in den Tälern niedergelassen, wovon die romanischen Kirchen Zeugnis ablegen: so die Aureliuskirche (838) in Hirsau und die ehemalige St. Candiduskirche in Kentheim (um 1000), beide im Nagoldtal gelegen (Tour 10), die ehemalige Benediktinerklosterkirche (1085) in Klosterreichenbach im Murgtal (Tour 7) und die Kirche des ehemaligen Zisterzienserklosters (Mitte des 12. Jh.) in Bad Herrenalb im Albtal (Tour 6). Da die Bedingungen für Landwirtschaft in den Tälern jedoch sehr ungünstig waren, suchten sich die Bewohner andere Erwerbsquellen: In Enzklösterle beispielsweise lebten sie hauptsächlich von Waldgewerben wie der Köhlerei, in Calw vom textilen Handwerk, in Gernsbach von der Flößerei, in Bad Wildbad und Bad Herrenalb später vom Badetourismus. Aufgrund der geringen Ausdehnungsmöglichkeiten sind die Städte bis heute klein geblieben und haben sich häufig ihr mittelalterliches Stadtbild bewahrt wie Gernsbach (Tour 6 und 7) und Altensteig (Tour 11).

Eine vollkommen andere Entwicklung nahmen die Städte am westlichen Rand des Gebirges: In der Oberrheinebene konnten sich die Städte Karlsruhe, Ettlingen, Rastatt und Baden-Baden ausdehnen. Diese Weite war es auch, die die badischen Markgrafen im Zeitalter des Absolutismus, als hochgelegene Burgen nicht mehr den gestiegenen Ansprüchen entsprachen, veranlaßte, ihre neuen, prachtvollen Residenzen hier zu erbauen: die Markgrafen von Baden-Durlach in Karlsruhe (Tour 1), die von Baden-Baden in Rastatt (Tour 2).

Für den Radfahrer ergeben sich aufgrund dieser Vielfalt Touren ganz unterschiedlichen Charakters. Wer den »Schwarzen Wald« sucht, der sollte die Radtouren wählen, die den Flüssen talabwärts folgen: der Murg (Tour 7), der Enz (Tour 8), der Nagold (Tour 10 und 11). Da bei diesen Touren keine großen Anstiege zu bewältigen sind, sind sie leicht zu fahren und eignen sich, da sie häufig durch Wald führen, auch für heiße Tage. Steigen die Touren aber aus den Tälern an zur Hochfläche (Tour 9) oder zu einem Sattel, von dem aus die Abfahrt in das benachbarte Tal erfolgt (Tour 6), ist schon mehr Kondition erforderlich. Weniger Anstrengung erfordern die Touren, die auf den flachen, meist waldlosen Ausläufern des Schwarzwalds östlich von Freudenstadt verlaufen (Tour 12 und 13). Ganz anderen Charakter haben die Touren auf der westlichen Schwarzwaldseite: Sie führen über flaches, dichter besiedeltes Gelände, durch die ehemaligen Residenzstädte der badischen Grafen (Tour 1 und 2) und den traditionsreichen Badeort Baden-Baden (Tour 3), an den sich nach Süden die Weinberge in den hügeligen, schattenlosen Vorbergen anschließen (Tour 4).

Auf einem vorbildlich angelegten Radwegenetz lassen sich die Naherholungsgebiete von Karlsruhe erkunden.

1 Karlsruhe – einstige Residenz im Rheintal

Parkplatz an der Europahalle – Neues Schloß – Rheinstrandbad – Neuburgweier – Mörsch – Ettlingen – Karlsruhe

Tourencharakter: Ausgedehnte, aber leichte Rundtour in ebenem Gelände; Stadtverkehr in Karlsruhe; hauptsächlich auf Rad- und Waldwegen, deshalb gut geeignet für Familien; viele Spielplätze.

Länge der Tour: 47 km.

Ob Karlsruhe schon zum Schwarzwald zählt, darüber läßt sich streiten, liegt diese Großstadt doch in der Rheinebene und ist von hier aus der Schwarzwald nur zu erahnen. Trotzdem bietet sie sich gerade als Ausgangspunkt am Anfang eines Radführers

Im Neuen Schloß von Karlsruhe residierten bis 1918 die Großherzöge von Baden.

Schwarzwald an, ist Karlsruhe doch die Geburts- und Sterbestadt des Erfinders des Laufrads Karl Friedrich von Drais (1785–1851), dessen »Draisine« der Vorläufer unseres heutigen Fahrrads war. Diesem prominenten Bürger macht Karlsruhe heute alle Ehre: Durch die Stadtmitte und die zahlreichen Grünanlagen führen gut ausgebaute Radwege, auf denen sich sicher und bequem die Stadt sowie die Umgebung »erradeln« lassen.

»Carolsruhe« nannte Markgraf Karl Wilhelm von Baden-Durlach die Stadt, die er im Jahr 1715 dort, wo es zuvor nur Wald gab, als neue Residenz gründete. Der Legende nach soll ihn ein Traum, den er während eines Jagdausflugs bei einem Nickerchen unter einem Baum an der Stelle der heutigen Stadt hatte – daher der Name –, dazu bewogen haben, hier einen neuen prachtvollen Wohnsitz zu planen. In Wirklichkeit werden es ganz handfeste Gründe gewesen sein. Zum einen gab es hier genügend Baustoff, nämlich Holz, weshalb der erste Schloßbau auch ein Holzbau war, zum anderen war der Widerstand gegen einen Schloßneubau in der Bevölkerung im nahen Durlach, wo die Markgrafen von Baden-Durlach bis dahin residiert hatten, so groß, daß Karl Wilhelm einen anderen Standort für seine ehrgeizigen Pläne wählen mußte. Dieser Standort in der Ebene entsprach außerdem der Tendenz zu repräsentativen Schloß- und Stadtanlagen im Barockzeitalter. Denn sein Schloß sollte, wie die Schlösser der absolutistischen französischen Könige, so angelegt werden, daß es das Zentrum der Stadt bildete, von dem aus 32 Straßen gleich den Strahlen einer Sonne ausgingen. Da aber nur der südliche Teil des Systems bebaut wurde, bekam die Stadt die Form eines Fächers. Nördlich des Schlosses wurde um 1760 eine ausgedehnte Parkanlage im englischen Stil angelegt, unmittelbar vor dem Schloß eine barocke Gartenanlage nach französischem Vorbild.

Die Residenzstadt wurde ständig erweitert. Besonders prägend waren die klassizistischen Bauten, die Anfang des 19. Jh. durch den vom Großherzog Karl Friedrich (1746–1811) beauftragten Baumeister Friedrich Weinbrenner errichtet wurden: An der Karl-Friedrich-Straße, einer Art »Via triumphalis«, legte er den Rondellplatz an mit dem Verfassungsobelisken und den Marktplatz mit dem Rathaus, der Evangelischen Stadtkirche, auffällig durch ihre Säulenvorhalle, und der Pyramide, die anstelle einer barocken Kirche über dem Grab des Stadtgründers errichtet wurde. Das Schloß, Mitte des 18. Jh. umgebaut, blieb Residenz bis 1918. Im Zweiten Weltkrieg wurde es, ebenso wie etwa ein Drittel der Stadt, zerstört, aber nach alten Plänen wieder aufgebaut. Heute befindet sich in den Räumen des Schlosses das Badische Landesmuseum.

Die Radtour führt von Karlsruhe nach Ettlingen. Zwischen beiden Städten verlief nach der Aufteilung der Markgrafschaft Baden im Jahr 1535 eine Grenze: Karlsruhe war Residenz der Markgrafen von Baden-Durlach, Ettlingen lag innerhalb der Grenze der Markgrafschaft Baden-Baden. Um seine Macht zu demonstrieren, ließ das Baden-Badener Haus im 16. Jh. in Ettlingen an der Stelle einer mittelalterlichen Burg einen prachtvollen Schloßpalast errichten, der jedoch Ende des 17. Jh. mitsamt der Stadt niedergebrannt wurde. Die Markgräfin Sibylla Augusta (1675–1733), die Witwe des »Türkenlouis«, ließ das Schloß im Jahr 1727 als ihren Witwensitz wiederherstellen und im barocken Stil ausstatten. Auch die Stadt wurde wieder aufgebaut, der mittelalterliche Grundriß erhalten. Durch eine fußgängerfreundliche Umgestaltung der Altstadt in jüngster Zeit läßt sich hier angenehm einkaufen und in einem der zahlreichen Straßencafés einkehren. Das restaurierte Schloß beherbergt heute mehrere Museen.

Streckenbeschreibung

Vom Parkplatz an der Europahalle in Karlsruhe folgen Sie der Hermann-Veit-Straße, kreuzen den Zubringer, auf dem Sie von der Autobahn nach Karlsruhe gelangten, und fahren entlang der Ebertstraße zum *Hauptbahnhof*, an dem Sie sich nach links wenden in die Straße Am Stadtgarten. Der Eingang zum Stadtgarten mit Zoo liegt zur Linken. Entlang des Stadtgartens erreichen Sie die Ettlinger Straße, auf der Sie nach links (Rad-Ww. Stadtmitte) in die Fußgängerzone in der Karl-Friedrich-Straße und auf den *Schloßplatz* gelangen (3,5 km).

Am Schloßplatz halten Sie sich 200 m nach links in Richtung Botanischer Garten und Staatliche Kunsthalle, biegen nach rechts ab auf das Schloß zu, passieren das Bundesverfassungsgericht und gelangen durch einen Durchlaß zwischen dem Haupttrakt und dem Westflügel des Schlosses in den *Schloßgarten*, eine ausgedehnte Parkanlage. Sie halten sich nach rechts, fahren an der Rückseite des Schlosses vorbei und folgen nach links einem breiten Weg, der, an einem Ententeich vorbei, in den Ahaweg einmündet. Diese schmale Ringstraße führt nach links durch ein zum Schloßgarten gehöriges Waldstück und mündet in die Linkenheimer Landstraße ein. Nach nur wenigen Metern auf dieser Straße biegen Sie nach rechts ab in die Moltkestraße, die Sie nach 700 m, an der Akademie der Bildenden Künste, nach links verlassen. Nach 1 km durch die Reinhold-Frank-Straße folgen Sie der Kriegsstraße nach rechts zum *Weinbrennerplatz* (8 km), den Sie nach links überqueren. Ein Kiesweg führt entlang einer Straßenbahnlinie durch eine langgestreckte Grünanlage zur *Europahalle.* Rechts an der Halle vorbei folgen Sie nun einem asphaltierten Rad- und Fußweg und überqueren nach einigen hundert Metern das Flüßchen Alb (9 km).

Auf diesem Rad- und Fußweg folgen Sie der Alb nach rechts durch die *Günter-Klotz-Anlage*, wechseln dort, wo der Weg für Radfahrer gesperrt ist, kurzzeitig auf die rechte Bachseite hinüber und stoßen auf die Straße Kornweg. Hier fahren Sie rechts, vorbei an der ehemaligen Appenmühle, überqueren erneut die Alb und passieren einen Sportplatz (14 km).

An der folgenden Gabelung halten Sie sich nach rechts und steigen leicht an zur Willi-Egler-Straße, der Sie nach links – über die Alb und die Rheinhafenstraße hinweg – in Richtung Rheinstrandbad folgen. Wo der Radweg endet, fahren Sie auf der Willi-Egler-Straße geradeaus entlang der Siedlung *Daxlanden* und ab dem Ortsrand auf einem Radweg an Sportplätzen und Kleingartenanlagen vorbei. Im Wald stoßen Sie auf die Hermann-Schneider-Allee, der Sie geradeaus folgen. Sie überqueren eine Schlinge des Altrheins und gelangen 200 m nach der Straßenbahnhaltestelle Altrheinbrücke an ei-

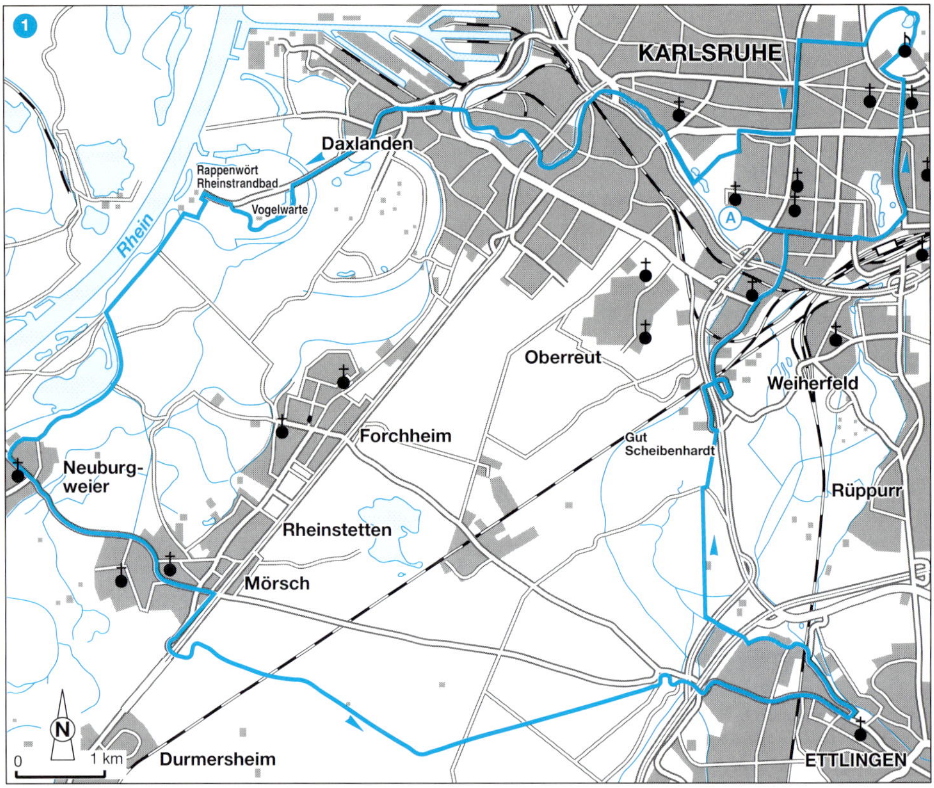

nen links der Straße gelegenen Parkplatz (17 km).

Am Parkplatz – rechts der Ententeich mit Grillstelle und Rasthütte – beginnt ein mit einer Schranke abgesperrter Kiesweg, der an einem ehemaligen Baggersee, dem sog. Ententeich, entlang und in das Vogelschutzgebiet *Rappenwört* hineinführt. Wenig später erreichen Sie ein Wildgehege, auf dessen Höhe ein rechts abzweigender breiter Waldweg und, kurz darauf, ein Querweg zu weiteren Wildgehegen führen. Dieser Weg mündet wieder in die Hermann-Schneider-Allee, die unmittelbar vor dem *Rheinstrandbad* in einem Parkplatz endet (18 km).

Sie queren den Parkplatz nach links, gelangen an ein Naturfreundehaus und halten sich nach rechts entlang einem Altwasserarm des Rheins. Diesen überqueren Sie nach 250 m (Ww. Ettlingen) und folgen einem Dammweg unweit des Rheins durch einen Auwald. An einer deutlich sichtbaren Orientierungstafel (20,5 km) biegen Sie nach links ab (Ww. Neuburgweier) und gelangen entlang des Ufers eines unter Naturschutz stehenden Sees an einen Badeplatz am Südzipfel des Sees. Das hier beginnende Sträßchen führt nach *Neuburgweier* (22,5 km).

Gleich am Ortsrand folgen Sie der Radmarkierung nach rechts in die Marienstraße, die in die quer verlaufende Rheinstraße einmündet, auf der Sie (Ww. Mörsch) Neuburgweier durchfahren. Ein Radweg entlang der Straße bringt Sie nach *Mörsch*. Auf der Hauptstraße, durch den Ort hindurch, stoßen Sie auf die B36, Karlsruhe–Rastatt. Ein Radweg neben der Bundesstraße führt nach rechts in Richtung Rastatt 1 km weit bis zu einer Ampelkreuzung, an der Sie die Bundesstraße überqueren (Ww. Ettlingen) und einem Wirtschaftsweg folgen. Dieser mündet wenig später in einen Querweg ein, an dem Sie sich rechts halten.

Nach Überqueren der Bahnlinie Karlsruhe–Rastatt erreichen Sie den *Hardtholzer Wald* (Rastplatz) und folgen einem schnur-

Fußgängerfreundlich ist der Altstadtkern von Ettlingen, wo die historischen Gebäude bewahrt wurden.

gerade verlaufenden Waldweg. An einer Wegkreuzung (30 km) wenden Sie sich nach links (Ww. Ettlingen, Albtal) und gelangen nach 3 km an einen Querweg, der in die Straße Ettlingen – Forchheim einmündet. Ein Radweg führt nach rechts unter der A5, Karlsruhe–Basel, hindurch. Unmittelbar nach der Autobahnunterführung überqueren Sie die B36 nach links (nicht der Ausschilderung »Ettlingen« nach rechts folgen!) und erreichen auf der Mörscher Straße, durch ein Industriegebiet sowie ein Wohngebiet hindurch, die Altstadt von *Ettlingen* (37 km).

Auf derselben Straße kehren Sie wieder zurück bis zur Straßenbahnhaltestelle »Ettlinger Wasen«. Kurz danach biegen Sie rechts ab in die Bulacher Straße, der Sie 1 km weit folgen, ehe die Ausschilderung »Malsch, Karlsruhe« nach links weist. Sie unterqueren eine Bahnlinie, halten sich am Rand einer Wohnsiedlung und biegen nach 100 m links ab. Die Hohenwiesenstraße, die in einem weiten Bogen durch die Siedlung führt, verlassen Sie nach 700 m wieder – links zweigt der Buchenweg ab – nach rechts auf einem Rad- und Fußweg, der als Siedlersteg an der Böschung eines Schallschutzdamms ansteigt und über die A 5 hinwegführt. Kurz danach überqueren Sie die Stadtautobahn und gelangen an eine Gabelung, an der Sie sich nach links in den Wald wenden. Schon nach 50 m halten Sie sich nach rechts und erreichen auf einem schnurgeraden Waldweg nach 1,5 km einen Querweg, dem Sie 30 m nach rechts (Ww. Ettlingen über Rüppurr), dann nach links folgen. Während der markierte Radweg kurz darauf nach rechts abschwenkt, halten Sie sich geradeaus entlang eines Golfplatzes. Auf Höhe des *Guts Scheibenhardt* folgen Sie einer Straße entlang der oben schon erwähnten Stadtautobahn. Die Straße unterquert die Stadtautobahn, führt nach rechts entlang dieses Zubringers und mündet in die Straße Karlsruhe – Weiherfeld, auf der Sie nach rechts ansteigen. Parallel zur Stadtautobahn überqueren Sie eine Bahnlinie und erreichen die ersten Häuser des Stadtteils *Bulach*. Sie halten sich nun immer geradeaus, unterqueren auf der Litzenhardtstraße eine Bahnlinie, überqueren die Bulacher Albbrücke und stoßen im Stadtteil *Beiertheim* auf die breite Ebertstraße, der Sie nach links zu Ihrem Ausgangspunkt folgen.

Nützliche Informationen

Ausgangsort: Karlsruhe, in der Rheinebene gelegene Großstadt (290000 E.). JH.
Anfahrt: Station an der Bahnlinie Köln – Basel. PKW: A5, Frankfurt – Basel, Ausfahrt Karlsruhe-Süd. Auf Zubringer in Richtung Stadtmitte. Am Beginn des Stadtzentrums nach links (Ww. Europahalle) in die Hermann-Veit-Straße und zu Parkplätzen bei der Europahalle.
Höhen: AP = EP 115 m; HP 130 m; Anstieg 50 m.
Etappen: Stadtmitte – Günter-Klotz-Anlage 9 km – Rheinstrandbad 9 km (18 km) – Ettlingen 19 km (37 km) – Karlsruhe 10 km (47 km).
Einkehr unterwegs: Gartenlokale (14 km und 15,5 km); Lokal am Rheinstrandbad (18 km); Naturfreundehaus mit Garten (18,5 km, RT Mi.); Gasthäuser in Neuburgweier (22,5 km), Mörsch (27 km) und Ettlingen (37 km).
Grillplatz: Am Ententeich Rappenwört.
Bademöglichkeiten: Ententeich Rappenwört; Rheinstrandbad; See vor Neuburgweier.
Sehens- und Wissenswertes: • *Stadtgarten mit Zoo*: See mit Booten, Abenteuer-Spielplatz; Eintrittsgebühr; geöffnet Mai bis Sept. 8–18.30, ansonsten 9–17.30 Uhr. • *Badisches Landesmuseum im Schloß*, geöffnet Di., Fr.–So. 10–17 Uhr, Mi. 10–20 Uhr; Eintritt frei. • *Staatliche Kunsthalle und Orangerie*, eine der größten Gemäldesammlungen in Süddeutschland, in der Nähe des Schlosses, geöffnet Di.–Fr. 10–17 Uhr, Sa. und So. 10–18 Uhr; Eintritt frei. • *Schloß Ettlingen* mit dem Karl Albiker-Museum, dem Karl Hofer-Museum, dem Albgaumuseum; geöffnet Di.–So. 10–17 Uhr.
Fahrradverleih: Am Hauptbahnhof, Tel. (07 21) 1 34 54 54.
Auskunft: Verkehrsverein Karlsruhe, Bahnhofplatz 6, 76137 Karlsruhe, Tel. (07 21) 3 55 30.
Karte: TK 1:50 000, Blatt 1 Karlsruhe – Pforzheim.

2 Von Rastatt zum Rhein – Barockstadt und Fachwerkdörfer

Rastatt – Schloß Favorite – Hauen-eberstein – Sandweier – Iffezheim – Wintersdorf – Plittersdorf – Rastatt

Tourencharakter: Einfache Rundtour in der Rheinebene ohne nennenswerte Steigungen; je zur Hälfte auf Schotterwegen und verkehrsarmen Straßen.
Länge der Tour: 35 km.

An einer Flußschleife der Murg entstand eine Fischer- und Flößersiedlung, die Anfang des 15. Jh. das Marktrecht erhielt: Rastatt. Der Rhein, der heute einige Kilometer entfernt vorbeifließt, war damals noch nicht korrigiert und teilte sich in mehrere Arme auf. An einem längst versandeten Rheinarm legten Handelsschiffe an, und das Dorf entwickelte sich zu einem wichtigen Umschlagplatz für Wein, Holz, Harz, Hanf, Salz und Eisenwaren. Doch erst im Jahr 1700 wurde es zur Stadt erhoben, als der damalige Markgraf von Baden-Baden, Ludwig Wilhelm I. (1655–1707), genannt Türkenlouis, Residenz und Sitz der Regierung von Baden-Baden nach Rastatt verlegte. Ähnlich wie später der Markgraf von Baden-Durlach plante er eine großzügige Schloßanlage nach dem Beispiel des französischen Schlosses Versailles, und dazu benötigte er einen Standort in der Ebene. Der bisherige Wohnsitz, das Schloß in Baden-Baden, war aufgrund seiner Lage auf einem Bergsporn dafür nicht geeignet. Türkenlouis, der sich zwar 1691 im Kampf gegen die türkische Invasion militärische Ehren verdient hatte, dessen Hoffnungen auf Rangerhöhung und mehr politische Macht sich jedoch nicht erfüllt hatten, wollte mit dem Bau dieser Anlage, die gleichzeitig eine Festung sein sollte, seinen Ruhm dokumentieren und sicherstellen, daß er bei künftigen politischen Entscheidungen nicht mehr unberücksichtigt blieb.

In nur fünf Jahren wurde das Schloß von einem italienischen Architekten erbaut und war ab 1705 bis zum Aussterben der baden-badischen Linie der Markgrafen im Jahr 1771 Wohnsitz der Familie. Rastatt blieb allerdings eine der kleinsten deutschen Residenzstädte des 18. Jh., denn diese Periode war sehr kurz und das Geld außerdem zu knapp, so daß die großzügigen Ausbaupläne nicht durchgeführt werden konnten. Überraschend gewaltig wirkt deshalb auch heute das Schloß neben der relativ kleinen Altstadt mit ihren Barockbauten.

Die Witwe des Türkenlouis, Markgräfin Sibylla Augusta (1675–1733), ließ sich wenige Jahre nach dem Tod ihres Mannes einige Kilometer von Rastatt entfernt die Sommerresidenz Favorite erbauen, ausgestattet mit wertvollem Inventar und umgeben von einem herrlichen Park. Da die Ausstattung in ihrem Originalzustand erhalten ist, vermittelt ein Besuch im Schloß Favorite einen hervorragenden Eindruck von der Lebensweise des damaligen Adels.

Eingemeindet nach Rastatt wurden die Dörfer im Ried: Plittersdorf, Ottersdorf und Wintersdorf. Auffällig an den einstöckigen Fachwerkhäusern sind die schmalen Wetterschutzdächer an der westlichen Giebelseite. Diese sollten den Regen abhalten und damit verhindern, daß die Lehmriegelwände ausgewaschen werden.

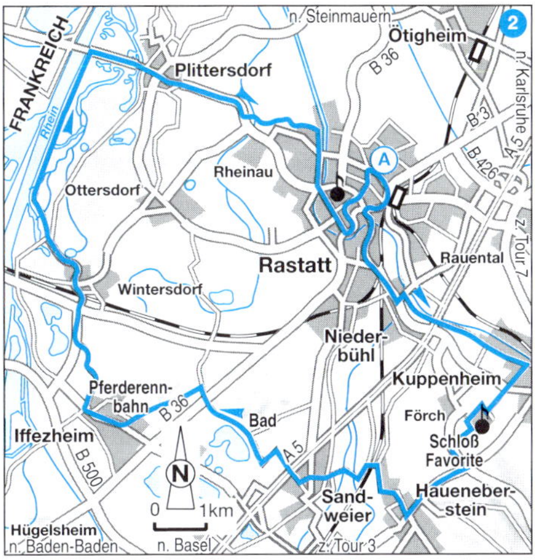

Streckenbeschreibung

Vom Parkplatz in der Ludwig-Wilhelm-Straße in Rastatt fahren Sie zum Friedhof, biegen unmittelbar vor dem Friedhof nach rechts ab und gelangen durch die Bahnhofsanlage, einen Park, zur Bahnhofstraße, der Sie nach rechts folgen in Richtung Stadtmitte. Nach einigen hundert Metern biegen Sie an einer Ampelkreuzung in die Karlstraße nach links ab in Richtung Kuppenheim, überqueren die Murg und folgen der Straße (Ww. Niederbühl) zu einer breiten Querstraße, die nach Kuppenheim führt. Auf einem Radweg nach links erreichen Sie *Niederbühl* und stoßen im Ort auf die querlaufende Baulandstraße, der Sie 100 m nach links folgen. Unmittelbar nach Überqueren des Gewerbekanals, noch vor der Murgbrücke, wenden Sie sich nach rechts. Das Sträßchen führt entlang des Kanals, unterquert die A5 und verengt sich zu einem alleeartigen Dammweg, der zwischen Wiesen und Feldern nach *Kuppenheim* führt. Auf der Bannstraße, dann für 30 m auf der Herrenackerstraße nach links und auf der querlaufenden Favoritstraße nach rechts durchfahren Sie den Ort, kreuzen am Ortsrand die Straße Kuppenheim – Niederbühl und erreichen auf einem Wirtschaftsweg *Schloß Favorite* (7 km).

Von der barocken Gartenanlage an der Vorderseite des Schlosses führt ein breiter, asphaltierter Weg auf der Längsachse der Schloß- und Gartenanlage geradeaus weiter durch ein zum Schloßpark gehöriges Waldstück. Der am Waldrand verlaufenden Straße Förch – Haueneberstein folgen Sie auf einem Radweg nach links zu einer Straßenkreuzung, an der Sie sich nach rechts halten. Wo der Radweg endet, kreuzen Sie die Straße, steigen auf einem Wirtschaftsweg am Fuß der Ausläufer des Schwarzwalds einige Meter leicht an und gelangen nach *Haueneberstein* (9,5 km).

Im Ort stoßen Sie auf eine Querstraße, auf der Sie nach rechts zur Durchgangsstraße gelangen. Zunächst halten Sie sich nach links in Richtung Ortsmitte, wenig später biegen Sie rechts ab in die Bahnhofstraße. Wo sich im Industrie- und Gewerbegebiet die Straße gabelt, wenden Sie sich nach rechts und folgen der Braunmattstraße zum

Ortsrand. Hier überqueren Sie die Bahnlinie Rastatt – Achern und wenden sich scharf nach links. Ein schmales Sträßchen verläuft entlang der Bahnlinie und zwischen Wiesen und Feldern nach *Sandweier* (12,5 km).

Durch eine Wohnstraße erreichen Sie die B 3, innerörtlich Sandweier Straße benannt. Sie wenden sich nach links, biegen jedoch wenig später rechts in die Rieder Straße ab. Die Ausschilderung »Badestrand« leitet Sie an den Ortsrand, über eine Autobahnbrücke und, 1,5 km nach der Autobahn, zu einer Kreuzung am Rand eines ehemaligen Militärgeländes. Das asphaltierte Sträßchen nach links führt an einem Baggersee mit dem Strandbad Sandweier vorbei (15,5 km). Im Wald überqueren Sie eine Wegkreuzung, kreuzen anschließend die B 36, Rastatt – Hügelsheim, und biegen nach 100 m links auf einen Wirtschaftsweg ab, der nach *Iffezheim* führt (17,5 km).

Am Ortsrand passieren Sie die bekannte Pferderennbahn – hier trifft sich alljährlich die internationale Welt des Pferderennsports bei den Galopprennen im Mai und Ende August – und folgen der Durchgangsstraße nach rechts durch den Ort hindurch zu einem Kreisverkehr am westlichen Ortsrand. Hier halten Sie sich rechts auf einem für den Kfz-Verkehr gesperrten Sträßchen, das in die Straße Iffezheim – Wintersdorf einmündet. Ein Wirtschaftsweg entlang der Straße führt nach rechts und über einen Kreisverkehr in die Ortsmitte von *Wintersdorf*. Während die Durchgangsstraße nach rechts abknickt, halten Sie sich geradeaus und biegen nach nur wenigen Metern, unmittelbar vor dem Rathaus, nach links ab in die Sandbachstraße (22 km). Wo diese in die Straße In der Heizenau einmündet, halten Sie sich noch 25 m auf einem schmalen Weg geradeaus und folgen nach rechts einem schmalen Kiesweg,

Deutlich erkennbar ist in Rastatt die Idee der absolutistischen Herrscher um 1700, daß das Schloß der Mittelpunkt der Stadt zu sein hat.

Die wichtigste Wasserstraße Europas ist heute der Rhein, der seit dem 19. Jh. durch Dämme in ein festgelegtes Bett gezwungen wird.

der am Ortsrand entlang einem Altwasser des Rheins verläuft und in eine Wohnstraße einmündet. Nach links überqueren Sie einen Bach und fahren nun auf einem breiten Kiesweg durch einen unter Naturschutz stehenden Auwald zum Rhein (24 km). Auf dem Dammweg rheinabwärts – der Belag aus Flußkieseln macht das Radfahren hier streckenweise recht mühsam – erreichen Sie die Anlegestelle der *Rheinfähre Plittersdorf* (27,5 km), an der sich ein Rastplatz und eine Gaststätte befinden.

Auf einem Radweg entlang der Straße gelangen Sie nach *Plittersdorf*, durchqueren, stets geradeaus, den Ort auf der Fährstraße und folgen einem Radweg entlang der Straße in Richtung Rastatt. Am Waldrand, schon kurz vor Rastatt, halten Sie sich auf einem Wirtschaftsweg nach links entlang des Waldrands, kreuzen am Stadtrand eine Umgehungsstraße (31,5 km) und folgen der Plittersdorfer Straße in die Stadt zur Rheinauer Brücke über die Murg. Unmittelbar nach der Brücke biegen Sie nach rechts ab in die Steinmauerner Straße. Wo diese nach links abknickt, folgen Sie einem Radweg geradeaus. Nur einige Meter weiter mündet der Radweg in die Kinkelstraße. Entlang der Murg, vorbei an der Hindenburgbrücke, erreichen Sie die Kaiserstraße, die direkt auf die Fußgängerzone zwischen dem Rathaus und der Katholischen Stadtkirche im Zentrum der Altstadt zuführt. Durch die Schloßstraße gelangen Sie vor das Schloß, folgen nach rechts der Herrenstraße (Radweg entgegen des Einbahnverkehrs) und erreichen nach links durch die als Fußgängerzone eingerichtete Poststraße den Schloßpark. Vorbei an der Rückfront des Schlosses stoßen Sie auf die Lyzeumstraße, die, am Schloßpark entlang, zur Ludwig-Wilhelm-Straße führt.

Nützliche Informationen

Ausgangsort: Rastatt (44 000 E.), am Fuße des Schwarzwalds an der Murg gelegen.
Anfahrt: Station an der Bahnlinie Karlsruhe – Basel. PKW: A 5, Karlsruhe – Basel, Ausfahrt Rastatt; auf der B 462 und B 3 nach Rastatt. Parkmöglichkeit in der Ludwig-Wilhelm-Straße, die den Schloßpark mit dem Friedhof verbindet.
Höhen: AP = EP 125 m; HP 140 m; Anstieg 50 m.
Etappen: Rastatt – Schloß Favorite 7 km – Iffezheim 10 km (17 km) – Rheinfähre Plittersdorf 10,5 km (27,5 km) – Rastatt 7,5 km (35 km).
Einkehr unterwegs: In Niederbühl; am Schloß Favorite (RT Mo. und Di., 7 km); in Haueneberstein (9,5 km); in Sandweier (12,5 km); in Iffezheim (17,5 km); in Wintersdorf (22 km); bei der Rheinfähre Plittersdorf (27,5 km); in Plittersdorf.
Bademöglichkeiten: Hallenfreibad in Rastatt; Baggersee mit Strandbad zwischen Sandweier und Iffezheim.
Sehens- und Wissenswertes: • *Schloß Favorite*, geöffnet Mitte März bis Ende Sept. täglich außer Mo. 9–17 Uhr, 1.10.–15.11. 9–16 Uhr; nur zugänglich bei Führungen, die stündlich beginnen; Eintrittsgebühr; Park frei zugänglich. • *Schloß Rastatt*, Besichtigung nur bei Führungen (Dauer ca. 1 Std.) möglich, geöffnet ganzjährig Di.–So. 9.30–16.15 Uhr; Eintrittsgebühr. Führungen durch die barocke Schloßkirche nur Sa. 11 und 14 Uhr. Im Schloß ein Wehrgeschichtliches Museum und Freiheitsmuseum, geöffnet Di.–So. 9.30–17 Uhr; Eintritt frei. • *Stadtmuseum* in Rastatt, Herrenstr. 11 (gegenüber Schloß), Mi., Fr., So. und feiertags 10–12 und 15–17 Uhr; Eintritt frei.
Fahrradverleih: Bhf., Tel. (07222) 33037.
Auskunft: Stadtinformation in der Badner Halle, Kapellenstr. 20–22, Tel. (07222) 972462.
Karte: TK 1:50000, Blatt 2 Baden-Baden – Hornisgrinde.

3 Baden-Baden – Kurstadt mit Charme

Bhf. Baden-Baden/Oos – Weingut Fremersberg – Kloster Lichtental – Stadtzentrum Baden-Baden – Oos

Tourencharakter: Leichte Tour mit kurzem, steilem Anstieg und weiterem leichten Auf und Ab am bewaldeten Talhang; auf Radweg in das Stadtzentrum von Baden-Baden.
Länge der Tour: 22 km.

Vornehm und elegant, so wirkt in Baden-Baden auch heute noch das Viertel rund um das Kurhaus: die Lichtentaler Allee mit den gepflegten Parkanlagen, das Kurhaus, in dem sich eines der schönsten Spielcasinos der Welt befindet, die dezenten Klänge des Kurorchesters, die Trinkhalle mit imposantem Säulengang, die stilvollen »Grand Hotels«. Alles erinnert an die »belle époque«, an Baden-Badens große Zeit im letzten Jahrhundert, als es das führende Bad, die »Sommerhauptstadt« Europas war und sich hier die Begüterten und Adligen aus Frankreich, England und Rußland trafen. Hier konferierten europäische Fürsten, tagten Kaiser Franz Josef von Österreich, Napoleon III. und der russische Zar Alexander II. Kaiser Wilhelm I. verbrachte vier Jahrzehnte lang regelmäßig in Baden-Baden seine Kuraufenthalte, und prominente Künstler wie Dostojewski und Richard Wagner erholten sich hier.

Das Baden in heißen Quellen stand damals allerdings weniger im Vordergrund. Trinkkuren wurden in der im Jahr 1842 eröffneten Trinkhalle gemacht; bei Kutschfahrten und Spaziergängen in der Lichtentaler Allee wurde die Luft genossen, die angeblich gegen die damals im Osten Europas wütende Cholera helfen sollte, man traf sich beim Glückspiel, machte Bekanntschaften, hielt beim »bal paré« im Kurhaus Ausschau nach möglichen Heiratspartnern. Mit dem Krieg im Jahr 1870/71 war diese Glanzzeit zu Ende, die Spielbank wurde geschlossen. Nun erst besann man sich wieder auf die heißen Quellen, in denen sich schon zu römischer Zeit Legionäre kurierten, als der Ort noch Aquae Aureliae hieß. Nach dem Vorbild römischer Bäder, deren Ruinen einige Jahre zuvor wieder aufgefunden worden waren, wurde das Friedrichsbad erbaut, in das täglich rund 800000 Liter des bis zu 70 °C heißen Wassers sprudeln, das aus 2000 Metern Tiefe in rund 20 Quellen zutage tritt. Auch heute noch gilt es nach stilgetreuer Renovierung und Ausstattung mit moderner Technik als eines der schönsten Badehäuser Europas.

Vom Kurviertel führt die Lichtentaler Allee, mehr eine Parkanlage entlang des Flusses Oos denn eine Straße, zur Zisterzienserinnen-Abtei Lichtental. Mauern umschließen diese beeindruckende Klosteranlage vollkommen, in der seit der Gründung im Jahr 1235 ununterbrochen Nonnen lebten, die seit Anfang des 19. Jh. auch Schüler unterrichten. Es ist damit eines der wenigen innerhalb des ehemaligen Deutschen Reiches existierenden Klöster, das die durch Napoleon angeordnete Auflösung der geistlichen Gebiete im Jahr 1803 überstand. Der Grund dafür war, daß das Kloster mitsamt seinen Gütern dem Markgrafen Karl Friedrich von Baden zugesprochen wurde, der zwar die Güter übernahm, das Kloster selbst jedoch nicht auflöste. Denn eine Markgräfin von Baden hatte das Kloster einst gegründet, und jahrhundertelang waren Mitglieder des badischen Hauses in der Fürstenkapelle ihres Hausklosters zu Grabe gelegt worden. So gruppieren sich heute beinahe unverändert die im 18. Jh. entstandenen Gebäude – der Konventbau, das Abtei-Gebäude, die Wirtschaftsgebäude – um den Klosterhof mit dem Marienbrunnen (1602). Auch in der einschiffigen, schlichten Klosterkirche wird seit dem Jahr 1248 täglich Gottesdienst abgehalten. Aus der Gründungszeit sind nur noch wenige Bauteile erhalten – einige romanische Rundbogenfenster sowie zwei vermauerte Eingänge –, denn die Kirche wurde um 1300 gotisiert. An die Kirche schließt sich die Fürstenkapelle an, die im Jahr 1288 als Grablege für die badischen Markgrafen gestiftet und als solche auch genutzt wurde, deren heutige Fassade aber neugotisch ist.

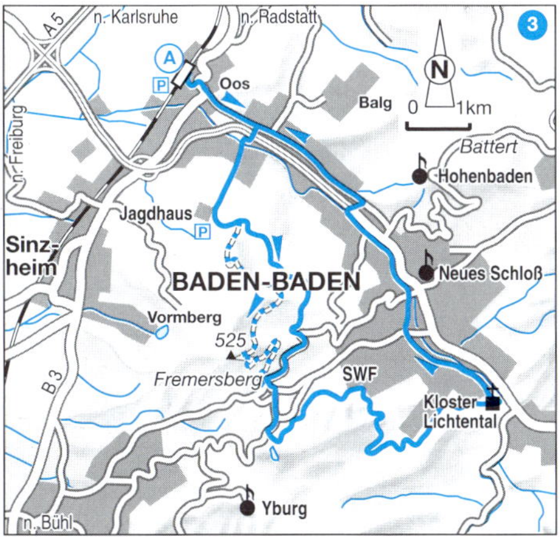

Streckenbeschreibung

Vom *Bahnhof in Oos* fahren Sie auf derjenigen Straße, auf der Sie zum Bahnhof gelangten, zurück, biegen vor der Post nach rechts ab (Radwegmarkierung), wenden sich aber nach 30 m nach links, überqueren die B 3 und folgen einem Rad- und Fußweg entlang des Oosbachs durch eine Parkanlage. Nach Unterqueren der B 500 biegen Sie unmittelbar nach einem langgestreckten Fabrikgebäude rechts ab und gelangen zur Schwarzwaldstraße, die Sie überqueren. In der schnurgeraden Hubertusstraße (Ww. Jagdhaus) steigen Sie anfangs zwischen Häusern, dann im Jagdhäuserwald knapp 1,5 km recht steil an zum *Jagdhaus* (3,5 km), einem kleinen Palais, das die Kommandantur der französischen Streitkräfte beherbergt.

Vor dem Jagdhaus halten Sie sich nach links und biegen nach 100 m, am Eingangstor zum Jagdhaus, erneut links ab. Ein breiter Kiesweg, der *Droschkenweg*, zieht sich in langgezogenen Anstiegen und ebensolchen Gefällstrecken am bewaldeten Nordosthang des Fremersbergs entlang. Dabei überqueren Sie nach 500 m eine erste Wegekreuzung, stoßen an der Bildeiche auf eine zweite Kreuzung, an der Sie sich auf dem breiten Droschkenweg leicht nach rechts halten, und folgen an einer dritten Kreuzung dem Droschkenweg, der hier als Naturlehrpfad eingerichtet ist, geradeaus. An der folgenden Gabelung fahren Sie geradeaus, leicht bergab, und stoßen auf einen Waldparkplatz. Kurz danach mündet der Weg beim *Hofgut*

Fremersberg in die Straße Baden-Baden–Gallenbach (6,5 km), auf der Sie nach rechts ansteigen. Diese Straße mündet in eine weitere, an Wochenenden stark befahrene Straße, die von Baden-Baden heraufführt. Sie halten sich geradeaus und biegen nach 200 m – rechts steigt die Straße zum Aussichtsturm Fremersberg an – nach links ab in Richtung Yburg (knapp 8 km).

Diese ruhige Waldstraße durchquert einen *Golfplatz* und mündet in die Straße Baden-Baden – Varnhalt. Sie halten sich geradeaus und steigen auf einem mit einer Schranke abgesperrten Kiesweg leicht an. Nach 100 m gabelt sich der Weg: Sie wenden sich nach links. An einer weiteren Gabelung halten Sie sich erneut nach links und folgen nun dem Sauersbergsträßle, das sich mit langgezogenen An- und Abstiegen am bewaldeten Hang hinzieht.

An einem mit einem Staketenzaun umgebenen Anwesen am Waldrand (10,5 km) halten Sie sich nach rechts (Ww. Lichtentaler Allee) entlang des Zauns, folgen aber wenig später an einer Weggabelung der Yburgstraße nach rechts, an einer kurz darauf folgenden Gabelung nach links dem Leisbergweg in Richtung Lichtental. An einer dritten Gabelung wenden Sie sich nach rechts bergab in das Tal des Gunzenbachs. Auf etwa gleicher Höhe bleibend, setzen Sie Ihre Fahrt am anderen Talhang fort.

Eine Lichtung, von der aus Baden-Baden und das Alte Schloß (Hohenbaden) am Hang des felsigen Bergrückens Battert zu überblicken sind, zeigt den Beginn der Abfahrt nach Lichtental an. Sie passieren die ersten Häuser von *Lichtental* und folgen an einer Gabelung (13,5 km) einem Kiesweg geradeaus (nicht der Voglerstraße nach links bergab folgen!). Am Waldrand stoßen Sie auf die Frankreichstraße, auf der Sie sich nach links wenden und steil bergab fahren. Zwischen Wohnhäusern hindurch erreichen Sie die *Lichtentaler Allee* auf dem Talgrund. Nur wenige Meter zu Ihrer Rech-

Elegante Geschäfte unweit des Kurhauses verleiten in Baden-Baden ebenso zum Geldausgeben wie das Casino.

Gepflegte Kuranlagen, stilvolle Hotels, eine reizvolle Landschaft – es ist nicht verwunderlich, daß sich im 19. Jh. die internationale Welt des Adels und des Geldes in Baden-Baden traf.

ten befindet sich das Kloster Lichtental (gut 14 km).

Auf der Lichtentaler Allee wenden Sie sich nach links und folgen talabwärts einem Radweg (gegen die Fahrtrichtung der Einbahnstraße) ca. 2 km weit durch eine langgestreckte Parkanlage. Sie passieren die Staatliche Kunsthalle und das Theater am Goetheplatz, das als »Kleinod« unter den deutschen Theatern gilt. Am Goetheplatz (16,5 km) – jetzt befinden Sie sich schon auf Höhe der Altstadt von Baden-Baden – verlassen Sie den Park, passieren nacheinander das zu Ihrer Linken gelegene Kurhaus mit dem Casino und die Trinkhalle, zu Ihrer Rechten einige der großen Hotels.

Wenn Sie die *Altstadt* besichtigen möchten, wenden Sie sich auf Höhe des Kurhauses nach rechts. Allerdings empfiehlt es sich wegen der Fußgängerzonen und zahlreicher Treppen, das Fahrrad abzustellen und sich zu Fuß auf Besichtigungstour zu begeben: Über den Leopoldsplatz und die Gernsbacher Straße erreichen Sie den Römerplatz mit der Spitalkirche und der Caracalla-Therme. Unter dem Römerplatz befinden sich die restaurierten römischen Badruinen. Halten Sie sich vom Römerplatz aus nach links, gelangen Sie zum Marktplatz mit Friedrichsbad und Stiftskirche. Oberhalb der Altstadt liegt das Neue Schloß, ehemalige Residenz der Markgrafen von Baden (15.–17. Jh.); heute ist hier das Zähringer Museum untergebracht. Von der Schloßterrasse (mit Café) bietet sich ein schöner Blick auf Baden-Baden.

Vom Kurhaus folgen Sie der Kaiserallee 500 m weit bis kurz vor den Hindenburgplatz, biegen nach links ab in die Kapuzinerstraße und folgen der sich anschließenden Albrecht-Dürer-Straße zum Robert-Schumann-Platz. Auf der Langen Straße erreichen Sie eine kleine Parkanlage (17,5 km), an der Sie sich zunächst nach links wenden, nach dem Park sofort nach rechts und kurz darauf wiederum nach links in die Eisenbahnstraße. Entlang des Oosbachs gelangen Sie an die querlaufende Jagdhausstraße, der Sie nach rechts folgen, den verkehrsreichen Ebertplatz (18,5 km) überqueren und auf der

Langen Straße und, in ihrer Fortsetzung, auf der Rheinstraße Baden-Baden verlassen. Sie halten sich stets geradeaus und gelangen in Oos an die B3. Ihr folgen Sie nach links und biegen kurz darauf zum Bahnhof nach rechts ab.

Nützliche Informationen

Ausgangsort: Baden-Baden (50000E.), international bekanntes Heilbad in der Rheinebene, am Fuß des Schwarzwalds. JH.
Anfahrt: Station Baden-Baden/Oos an der Bahnlinie Frankfurt – Basel; PKW: A5, Karlsruhe – Basel, Ausfahrt Baden-Baden. Auf der B500 in Richtung Baden-Baden; nach 2,5km abbiegen nach Oos. Parkplatz am Bahnhof.
Höhen: AP=EP 130m; HP 310m; Anstieg 280m.
Etappen: Oos – Hofgut Fremersberg 6,5km – Lichtental 7,5km (14km) – durch Baden-Baden nach Oos 8km (22km).
Einkehr unterwegs: Zahlreiche Möglichkeiten in Baden-Baden.
Bademöglichkeiten: Bertholdbad, Hallen- und beheiztes Freibad unweit der Lichtentaler Allee; Caracalla-Therme, gilt als schönste Thermenbadelandschaft Europas, beh. Freibecken, Hallenbad, Sauna (Besuch sowohl zu Therapiezwecken als auch nur zum »Badevergnügen« möglich), geöffnet 8–22 Uhr.
Sehens- und Wissenswertes: • *Kloster Lichtental*, Klosterhof und Kirche immer zugänglich; Fürstenkapelle und Klostermuseum nur bei Führungen, werktags und sonntags 15 Uhr; am 1. So. im Monat geschlossen; Besichtigung ab 7 Personen.
• *Römische Badruinen*, unter dem Römerplatz, geöffnet Karfreitag bis 31.10. täglich 10–12 und 13.30–16 Uhr; Eintrittsgebühr.
• *Zähringer Museum* im Neuen Schloß, Besichtigung nur im Rahmen einer Führung: Mai bis Sept. Mo.–Fr. 15 Uhr.
Fahrradverleih: Bhf. Baden-Baden/Oos, Tel. (07221) 61445.
Auskunft: Bäder- und Kurverwaltung, Augustaplatz 8, 76530 Baden-Baden, Tel. (07221) 2750.
Karte: TK 1:50000, Blatt 2 Baden-Baden – Hornisgrinde.

Die Fürstenkapelle des Klosters Lichtental war die Grablege der Markgrafen von Baden-Baden.

Streckenvariante

Einbeziehung des Aussichtsturms auf dem Fremersberg

Gesamte Länge: 25km; Anstieg: 440m.
Strecke: Sie folgen der Wegbeschreibung bis zur Angabe »Jagdhaus, 3,5km« und fahren auf dem Droschkenweg 500m weit zur ersten Wegekreuzung. Hier biegen Sie nach rechts ab und steigen, streckenweise recht steil, am bewaldeten Nordhang an. Unweit des Gipfels mündet der Weg in die Zufahrtsstraße, auf der Sie ein Gasthaus und den Aussichtsturm erreichen. Der Straße folgen Sie bergab (Vorsicht: enge Kehren!), kreuzen die Straße Baden-Baden – Gallenbach und folgen einer breiten Waldstraße in Richtung Yburg. Zur Fortsetzung der Tour siehe Wegbeschreibung ab der Angabe »knapp 8km«.

4 Durch das Baden-Badener Rebland

Bühl – Burg Altwindeck – Untertal – Neuweier – Varnhalt – Steinbach – Affental – Bühl

Tourencharakter: Nicht ganz mühelose Rundtour auf schattenlosen, asphaltierten Wegen und Sträßchen durch Winzerdörfer in den Vorbergen des Schwarzwalds; langgezogener Anstieg zu Beginn, ständiges Auf und Ab im weiteren Streckenverlauf.

Länge der Tour: 28 km.

Das Heilbad Baden-Baden wird wohl nicht in erster Linie mit Weinbau in Verbindung gebracht, und doch ist die Stadt eine der größten Weinbaugemeinden Baden-Württembergs – dank der Gemeindereform von 1972, als die Winzerorte Neuweier, Steinbach, Umweg und Varnhalt eingemeindet wurden. Hier beginnt die sich nach Süden fortsetzende Ortenau, eine heitere, vom Wein- und Obstanbau geprägte Landschaft mit kleinen Winzerorten. Zahlreiche Bäche untergliedern den Schwarzwaldhang in enge Täler und steile Vorberge, an deren nach Süden geneigten Abhängen aufgrund des milden Klimas schon seit einigen Jahrhunderten Weinbau betrieben wird. Bis auf das 16. Jh. kann der Weinbau in Neuweier zurückverfolgt werden, und der Winzerort, einer der größten im Rebland, ist bekannt für seinen Riesling, der auf den Rebterrassen des Mauerbergs wächst. Am Fuß desselben steht eine ehemalige Wasserburg, urkundlich erwähnt im 12. Jh. und vermutlich eine der ältesten im südwestdeutschen Raum erhaltenen Tiefburgen, in der sich heute ein Restaurant befindet. Einem einstigen Schloßherrn, einem Bischof aus Würzburg, der klassischen Gegend des Bocksbeutels, verdanken die heutigen Winzer das Recht, ihre besten Rieslinge ebenfalls in Bocksbeutelflaschen abfüllen zu können. Eine Flasche ganz anderer Art hat den Affentaler Rotwein bekannt gemacht: ein goldener Affe schmückt die Flasche, obwohl weder der Name des Dorfes noch die Auswirkungen des Weines etwas mit einem Affen zu tun haben. Ave-Tal hieß früher der Ort, ein Name, der wahrscheinlich auf eine Kapelle zurückgeht, denn die Nonnen aus dem benachbarten Kloster Lichtental betrieben hier seit dem 12. Jh. Weinbau. Sie waren es auch, die die Burgunderrebe aus einem Kloster in Arbois in das Baden-Badener Rebland gebracht hatten. Nicht durch Wein, sondern durch Zwetschgen wurde Bühl bekannt: In der Umgebung wachsen auf unzähligen Bäumen die Bühler Frühzwetschgen, die bereits im Juli/August geerntet werden.

Über Weinbergen und Obstwiesen thronen, weithin sichtbar, die Burgen Altwindeck und Yburg, einst Sitz berüchtigter Raubritter. Die Burg Altwindeck, von wo aus sich an klaren Tagen die Rheinebene bis hin nach Straßburg überblicken läßt, wurde nur rund 300 Jahre lang (13.–16. Jh.) von denen von Windeck bewohnt. Dann verfiel sie, bis in den 60er Jahren in privater Initiative der Untere Burghof sowie umgebende Gebäude restauriert und ein Restaurant eingerichtet wurden.

Streckenbeschreibung

Vom Parkplatz bei den Sportanlagen in *Bühl* kehren Sie zurück zur B 3, kreuzen sie und folgen einem Radweg neben der Straße ent-

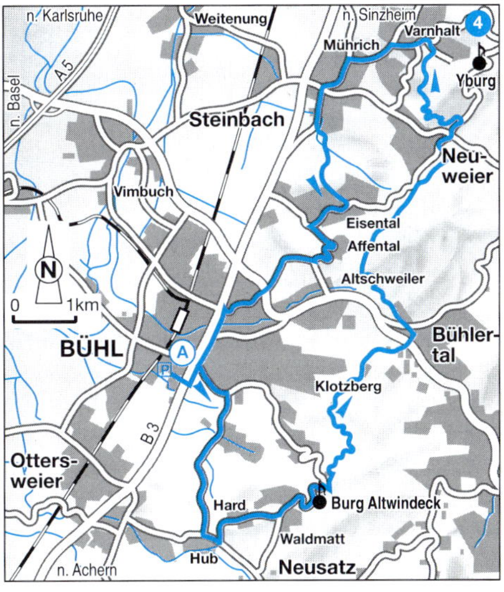

lang des Ortsrands in Richtung Rittersbach. Nach 1 km biegen Sie vor einem Krankenhaus nach rechts ab, durchfahren *Rittersbach* und steigen zwischen Weinbergen und Obstplantagen leicht an. Am Ortsrand von *Hub* (3,5 km) folgen Sie einer ansteigenden Querstraße nach links in Richtung Neusatz. Wenig später biegen Sie erneut nach links ab (Ww. Kappelwindeck) und steigen auf einer schmalen Straße durch den Weiler Hard nach *Waldmatt* steil an. Je mehr Sie an Höhe gewinnen, desto umfassender wird der Ausblick auf die stark gegliederten, mit Weinstöcken bepflanzten Vorberge des Schwarzwalds und die Rheinebene.

Am Ortsende von Waldmatt halten Sie sich an einer Gabelung an die breitere, geradeaus führende Straße, die zunächst im Wald, später zwischen Weinfeldern ansteigt zu einer Straßengabelung, von wo aus Sie nach rechts zur *Burgruine Altwindeck* gelangen (knapp 6 km).

Vom Parkplatz an der Burg folgen Sie nach links einem breiten Kiesweg (Ww. Ortenauer Weinpfad), der in zahlreichen Windungen zunächst entlang des Waldrands, dann im Wald stetig leicht ansteigt und wieder fällt. An derjenigen Stelle, an der der Ortenauer Weinpfad links abbiegt (8,5 km), halten Sie sich weiter geradeaus und erreichen *Klotzberg*. Auf der Straße Jägerweg nach links, anschließend auf der Klotzbergstraße zwischen Weinfeldern hindurch, erreichen Sie nach steiler Abfahrt *Untertal* (10,5 km).

Auf der Durchgangsstraße wenden Sie sich nach links, nach nur 50 m wieder nach rechts, überqueren eine Kreuzung und passieren die Kirche. Sie kreuzen die Straße nach Liehenbach und folgen der Sessgasse (Ww. Winzerpavillon) zu einer Gabelung am Ortsende, wo Sie, erneut der Ausschilderung »Winzerpavillon« folgend, zwischen einigen Bauernhöfen hindurchfahren und sich am Fuß der Weinberge nach links wenden. Nach 100 m im Weinberg biegen Sie scharf rechts ab und steigen steil an zu einer Gabelung, an der Sie sich nach links halten. Nachdem der steile Anstieg beendet ist, folgen Sie, ohne Abzweigungen zu beachten, dem asphaltierten Wirtschaftsweg in leichtem Auf und Ab zu einer Wegkreuzung (knapp 14 km), an der der Ortenauer Weinpfad nach links abbiegt. Sie steigen nach rechts entlang eines Wäldchens wenige Meter an, ehe Sie wieder nach links abbiegen. Kurz danach treffen Sie auf einen *Grill- und Spielplatz*.

An diesem Rastplatz halten Sie sich nach links (Ww. Fatima, Kneippanlage) und gelangen zwischen Weinfeldern – in Fahrtrichtung ist die Yburg zu sehen – zu einer Kapel-

Auf Hunderten von Obstbäumen reifen im August die Frühzwetschgen, für welche die Gegend um Bühl bekannt ist. Ohne Erlaubnis des Eigentümers sollte man sich allerdings nicht bedienen.

Immer wieder ein Grund zum Anhalten: Der Blick über die Weinberge des Baden-Badener Reblands.

le und einem Brunnen (gut 14 km). An der Kapelle wenden Sie sich nach rechts, biegen aber nach nur 25 m links ab und schieben Ihr Rad 30 m weit auf einem mit einem Geländer versehenen Pfad steil bergauf. Sie überqueren ein Sträßchen und bleiben nun in den Weinbergen – jetzt wieder auf dem *Ortenauer Weinpfad* – auf ungefähr gleicher Höhe, nur einige Meter oberhalb der Straße Müllenbach – Neuweier. Am Ortsrand von *Neuweier* folgen Sie einem querlaufenden Sträßchen nach links bergab und stoßen auf die eben genannte Straße, auf der Sie in die Ortsmitte von Neuweier gelangen (16,5 km).

An der Kirche überqueren Sie die nach Steinbach führende Straße, folgen der St.-Michael-Straße (Ww. Yburg), biegen aber schon nach 50 m in die Bocksbeutelstraße rechts ab und steigen zum Ortsrand an, wo Sie sich an einer Gabelung nach links wenden, einige Gebäude passieren und in die Weinberge gelangen. Hier folgen Sie der Markierung des Ortenauer Weinpfads (Weinrebe in roter Raute) zunächst auf einem Querweg nach links, dann an einer Gabelung nach rechts steil bergauf und, ohne Abzweigungen zu beachten, geradeaus zu einer Gabelung am Ortsrand von *Varnhalt*. Nach links bergab gelangen Sie in die Ortsmitte (19 km).

Auf der Durchgangsstraße, vorbei an der Kirche, fahren Sie nach links durch den Ort bergab und stoßen nach kurzer Zeit auf eine Querstraße, auf der Sie nach links, durch Mührich hindurch, *Steinbach* erreichen.

In der Ortsmitte (20,5 km) durchqueren Sie die Fußgängerzone und gelangen auf der Steinbacher Straße zum Ortsrand, wo Sie nach links auf eine schmale Straße abbiegen. Nach Überqueren eines niederen Hügelrückens mit Obstplantagen und Weinfeldern erreichen Sie *Eisental* (gut 22 km). Im Ort kreuzen Sie die Straße nach Müllenbach, passieren die Kirche und folgen der Straße in Richtung Affental. Diese mündet in die Straße Müllenbach – Altschweier, auf der Sie nach links, leicht ansteigend, in die Ortsmitte von *Affental* gelangen (24,5 km).

Auf der stetig ansteigenden Straße in Richtung Altschweier verlassen Sie Affental. Nach wenigen hundert Metern beschreibt die Straße eine scharfe Linkskurve. Hier folgen Sie einem breiten Wirtschaftsweg (Ww. Aussichtsturm), der geradeaus führt und zwischen Weinfeldern zunächst leicht ansteigt, auf Höhe des zur Rechten gelegenen Aussichtsturms (Abstecher hin und zurück 400 m) aber zu fallen beginnt. Auf dem sich verengenden Weg, der streckenweise zu einem Hohlweg wird, unterqueren Sie die Straße Bühlertal – A 5, passieren am Ortsrand von Bühl ein Kloster (26,5 km) und stoßen auf eine die Altstadt von *Bühl* umlaufende Ringstraße, der Sie nach rechts zur B 3 folgen. Auf dieser Hauptstraße wenden Sie sich nach links, durchfahren die Ortsmitte und erreichen am südlichen Ortsrand diejenige Kreuzung, von der Sie nach rechts zu Ihrem Parkplatz an der Schwarzwaldhalle gelangen.

Nützliche Informationen

Ausgangsort: Bühl, Kleinstadt (25 500 E.) am Fuß der Vorberge; Innenstadt mit historischen Gebäuden.
Anfahrt: Station an der Bahnlinie Frankfurt – Basel. PKW: A 5, Karlsruhe – Basel, Ausfahrt Bühl. 4 km zur B 3; auf der B 3 durch Bühl hindurch zum Ortsrand und der Ausschilderung »Schwarzwaldhalle, Hallenfreibad« zu einem Parkplatz folgen.
Höhen: AP = EP 140 m; HP 380 m; Anstieg 360 m.
Etappen: Bühl – Burg Windeck 6,5 km – Untertal 4 km (10,5 km) – Neuweier 6 km (16,5 km) – Steinbach 4 km (20,5 km) – Bühl 7,5 km (28 km).
Einkehr unterwegs: Restaurant in der Burgruine Altwindeck, Terrasse, schöner Ausblick (RT Di., 6,5 km); in Untertal (10,5 km), Neuweier (16,5 km), Varnhalt (19 km), Steinbach (20,5 km) und Affental (24,5 km).
Grillplatz: Zwischen Untertal und Neuweier (14 km).
Bademöglichkeiten: Hallenfreibad in Bühl, Freibad in Steinbach.
Sehens- und Wissenswertes: Ruine Altwindeck, geöffnet April bis September 9–20 Uhr, Oktober bis März 9–17 Uhr.
Fahrradverleih: Firma Fahrrad-Götz, Hauptstr. 120b, Bühl, Tel. (072 23) 839 00.
Auskunft: Fremdenverkehrsamt, Hauptstr. 41, 77815 Bühl, Tel. (072 23) 28 32 09.
Karte: TK 1:50 000, Blatt 2 Baden-Baden – Hornisgrinde.

5 Über den Rhein ins elsässische Sessenheim

Moos – Grauelsbaum – Fähre nach Frankreich – Sessenheim – Fähre nach Deutschland – Greffern – Schwarzach – Moos

Tourencharakter: Einfache Rundtour in der Rheinebene; vorwiegend auf ruhigen Straßen.
Länge der Tour: 42 km.

Von den Vorbergen des Schwarzwalds führt die Radtour über die weite Rheinebene zur Rheinfähre Greffern, einem Übergang nach Frankreich, der schon benutzt wurde, als die ganz in der Nähe gelegene Abtei Schwarzach im Jahr 817 erstmals als ein dem Benediktinerorden angeschlossenes Kloster erwähnt wurde. Grabungen unter der heutigen Abteikirche aber erbrachten Hinweise, daß die Abtei bereits im 8. Jh. bestand. In dieser Zeit begann die zaghafte Besiedlung des Schwarzwalds durch sogenannte Missionsklöster: durch Schuttern, am Fuß des Schwarzwalds gelegen, durch Gengenbach im unteren Kinzigtal, durch St. Trudpert und St. Blasien, die beide in der Einsamkeit bewaldeter Täler lagen. Ungewöhnlich ist demgegenüber die Lage des Klosters Schwarzach auf einer flachen Erhebung inmitten der Rheinebene, mehrere Kilometer vom Schwarzwald entfernt, scheinbar schutzlos. Doch sah die Rheinebene in jener Zeit ganz anders aus: zahlreiche Nebenarme des Rheins durchzogen die Ebene, dichter Wald umgab die Abtei.

Die ehemalige Klosterkirche St. Peter und Paul gilt heute als eine der eindrucksvollsten Kirchen des Hochmittelalters am Oberrhein. Erst in den letzten Jahrzehnten wurde sie durch eine umfassende Restaurierung – durch den Bau der Seitenschiffe und zweier Apsiden sowie der Erneuerung der nachweislich im Mittelalter vorhandenen Farbgebung der Wände und der Säulenkapitelle – in ihrer ursprünglich spätromanischen Form

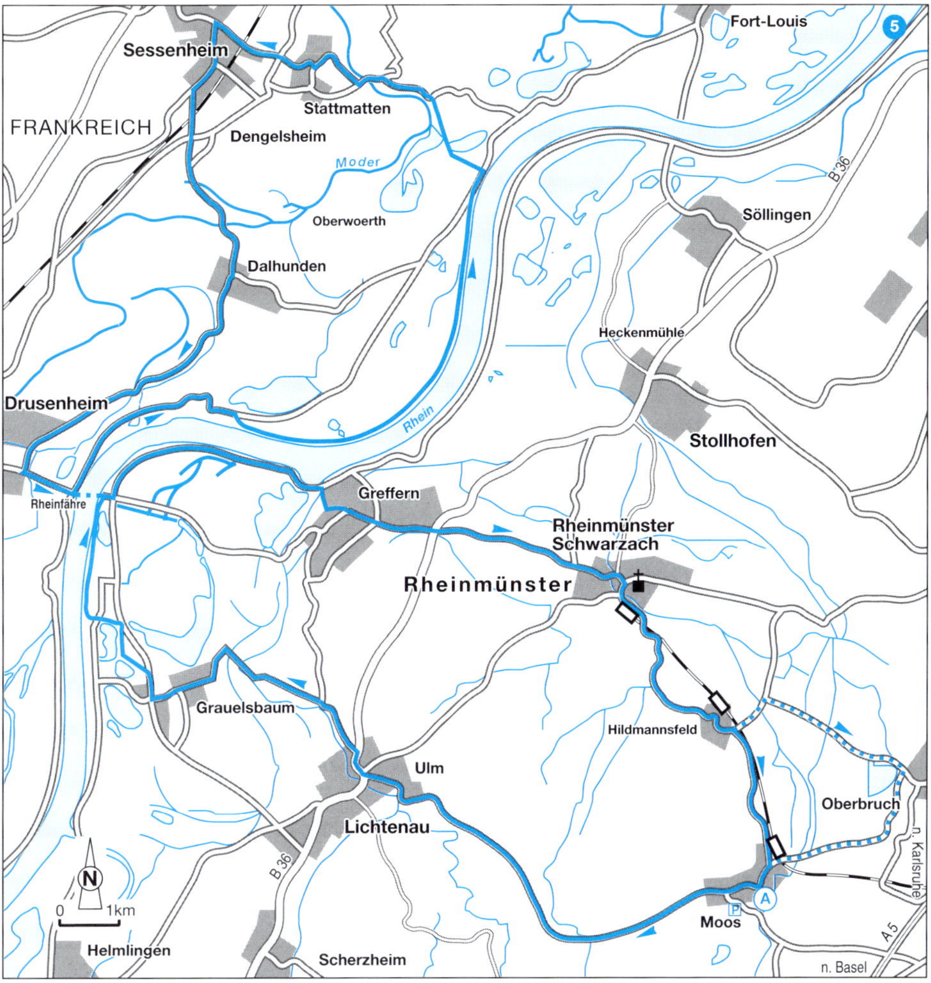

(13.–14. Jh.) wiederhergestellt. Diese war durch Umbauten und Ausstattung im barocken Stil im 18. Jh. verlorengegangen.

Ziel der Radtour ist Sessenheim im Elsaß, ein kleiner Ort nur, ein paar Fachwerkhäuser, die sich um die Kirche gruppieren. Daß es aus dieser Bedeutungslosigkeit herausgehoben wurde, verdankt Sessenheim Johann Wolfgang von Goethe (1749–1832), dem großen deutschen Klassiker, der sich, als er in Straßburg Jura studierte, in Friederike Brion, die Tochter des Pfarrers in Sessenheim, verliebte. Ihr widmete er einige Lieder und machte sie unsterblich, obwohl die Liebe nicht lange bestand und Goethe sich bald anderen Frauen zuwandte, während Friederike unverheiratet blieb.

Streckenbeschreibung

Von Ihrem Parkplatz am Sportgelände in *Moos* fahren Sie zurück zur Durchgangsstraße, der Sie nach links folgen in Richtung Lichtenau. Ab dem Ortsende fahren Sie auf einem Wirtschaftsweg neben der Straße, an Feldern, Wiesen und kleineren Waldstücken vorbei nach *Ulm* (4 km), wo Sie in der Ortsmitte auf die B 36, Rastatt – Kehl, stoßen. Sie wenden sich nach rechts in Richtung Rastatt, biegen aber kurz vor dem Ortsende nach links ab in die Grefferner Straße und gelangen entlang der Acher zu einer Gabelung, an der Sie sich geradeaus in Richtung Grauelsbaum halten. Sie überqueren die Acher und erreichen wenige hundert Meter weiter einen Hochwasserdamm, dem Sie nach links folgen. Vor einem Gewerbegebiet am Ortsrand von *Grauelsbaum* gabelt sich die Straße. Hier halten Sie sich nach links, fahren auf der Austraße durch das Dorf und erreichen eine breite Straße, die nach rechts zur Rheinfähre führt.

Wenn Sie eine Badepause einlegen möchten, überqueren Sie die Straße und folgen der Industriestraße (Ww. Badesee) zu einem Baggersee (Abstecher hin und zurück 1 km).

Von der Straße zur Rheinfähre biegen Sie in einem Auwald auf die erste nach links abzweigende Straße ab. Kurz darauf, die Straße knickt am Rheindamm nach links ab, steigen Sie die wenigen Meter auf den *Rheindamm* hoch und folgen nun dem Kiesweg auf der Dammkrone rheinabwärts zur Anlegestelle der *Rheinfähre Greffern* (11 km).

Auf elsässischer Seite passieren Sie die ehemalige Zollstation und biegen nach rechts auf eine breite, verkehrsarme Straße ein, die entlang des Rheindamms flußabwärts verläuft. Auf Höhe eines Kieswerks gabelt sich die Straße. Sie halten sich nach rechts, umfahren das Kieswerk und erreichen ein weiteres Kieswerk (gut 19 km). Hier biegen Sie links ab auf eine breite, rampenartige Zufahrt zum Werk, durchqueren das Werksgelände und folgen nun einer ruhigen Straße entlang des Flusses Moder.

Unmittelbar nach Überqueren des Flusses wenden Sie sich an einer Gabelung nach rechts in Richtung *Stattmatten*. Am Ortsbeginn (22 km) verlassen Sie diese Straße nach links, folgen der Rue Principale, erneut nach links, zur Schule, an der Sie nach rechts abbiegen (Ww. Sessenheim) und sowohl die Straße Auenheim – Drusenheim als auch eine Bahnlinie kreuzen. Wenig später gelangen Sie zur Kirche in der Ortsmitte von *Sessenheim* (23 km). Gegenüber der Kirche befindet sich eine Goethe-Gedenkstätte mit

Typisch für die Fachwerkhäuser beiderseits des Rheins sind, wie hier in Sessenheim, die Wetterdächlein, die die einstigen Lehmwände vor Auswaschung durch den Regen schützen sollten.

einem Ausstellungsraum, in einem Restaurant links der Kirche ein kleines Goethe-Museum.

An der Hauptkreuzung halten Sie sich in Richtung Dalhunden, kreuzen am Ortsrand die Straße Stattmatten – Drusenheim, überqueren die ruhig fließende Moder und erreichen nur wenige hundert Meter später *Dalhunden* (25,5 km). Auf der Durchgangsstraße halten Sie sich immer geradeaus und gelangen nach *Drusenheim* (gut 28 km). Nachdem Sie eine ausgedehnte Wohnsiedlung passierten, wenden Sie sich an einer quer verlaufenden Straße nach links in Richtung Greffern und kommen wenig später zur Anlegestelle der *Rheinfähre* (30 km).

Auf deutscher Seite halten Sie sich unmittelbar nach der Anlegestelle auf dem Dammweg nach links und erreichen den Bootshafen *Greffern* und, nach Überqueren der Acher, den Ortsrand von Greffern (33 km). Hier wenden Sie sich nach rechts und stoßen auf die Verbindungsstraße Greffern – Rheinfähre. Nach links folgen Sie der Straße durch den Ort, gelangen auf einem Wirtschaftsweg neben der Straße an die B 36, kreuzen sie und erreichen *Schwarzach* (37 km).

Vor dem Münsterplatz wenden Sie sich nach rechts und folgen der kurvenreichen Straße nach *Hildmannsfeld* (39 km). Am Ortsende gabelt sich die Straße. Sie halten sich nach links entlang der Bahngleise und erreichen Moos.

Nützliche Informationen

Ausgangsort: Moos, Stadtteil von Bühl mit dörflichem Charakter.
Anfahrt: PKW: A 5, Karlsruhe – Basel, Ausfahrt Bühl; über Oberbruch 4 km nach Moos. Parkmöglichkeit am Sportplatz.
Höhen: AP = EP 130 m, HP 135 m, Anstieg 30 m.
Etappen: Moos – Rheinfähre Greffern 11 km – Sessenheim 12 km (23 km) – Rheinfähre Greffern 7 km (30 km) – Schwarzach 7 km (37 km) – Moos 5 km (42 km).
Einkehr unterwegs: In Ulm, an der Rheinfähre, in Sessenheim, Dalhunden, Drusenheim, Greffern und Schwarzach.
Bademöglichkeiten: Baggersee bei Grauelsbaum sowie bei Oberbruch (s. Wegvariante).
Sehens- und Wissenswertes: • *Rheinfähre Greffern,* verkehrt März bis Oktober 6–20 Uhr, an Wochenenden 6–22 Uhr. • *Goethe-Gedenkstätte* in Sessenheim, ganzjährig geöffnet, Eintritt frei. • *(Privates) Goethe-Museum* in Sessenheim im Restaurant »Au Bœuf« (RT Mo. und Di.).
Fahrradverleih: Firma Fahrrad-Götz, Hauptstr. 120b, Bühl, Tel. (07223) 83900.

Kostenlos transportiert die Rheinfähre bei Greffern Passagiere und Räder hinüber ins Elsaß.

Auskunft: Fremdenverkehrsamt, Hauptstr. 41, 77815 Bühl, Tel. (07223) 283209.
Karte: TK 1:50000, Blatt 2 Baden-Baden – Hornisgrinde.

Streckenvariante
Abstecher zu einem Badesee bei Oberbruch
Länge: Zusätzlich 2,5 km.
Strecke: Obige Streckenbeschreibung bis zur Straßengabelung am Ortsende von Hildmannsfeld (39 km). Hier wenden Sie sich nach links, überqueren die Bahngleise und stoßen nach 500 m auf die Straße Schwarzach – Bühl, der Sie nach rechts zu einem Baggersee folgen, in dem Baden erlaubt ist. Am Nordostzipfel des Sees biegen Sie rechts ab und folgen der Straße nach Moos.

6 Vom Murgtal ins Albtal

Gernsbach – Loffenau – Plotzsägmühle bei Zieflensberg – Bad Herrenalb – Moosbronn – Michelbach – Sulzbach – Gernsbach

Tourencharakter: Anstrengende Rundtour mit zwei Anstiegen, wovon der erste lang und stellenweise recht steil ist; vorwiegend auf Straßen.
Länge der Tour: 37 km.

Vom unteren Murgtal führt die Radtour steil und anstrengend, aber mit schönem Ausblick und durch Wald bergauf zur Plotzsägmühle, unweit der die Alb entspringt. Entlang der Alb fahren Sie hinunter nach Bad Herrenalb, nach nochmaligem Anstieg durch ein Hochtal und zurück in das Murgtal. Der Reiz dieser Tour liegt in den unterschiedlichen Ortsbildern: Gernsbach, eine Kleinstadt mit historischem Altstadtkern; Loffenau, ein hübsches Dorf, umgeben von grünen Wiesen; Bad Herrenalb, ein gepflegter Kurort mit den malerischen Ruinen einer ehemaligen Zisterzienserabtei; die Dörfer Michelbach und Sulzbach mit zahlreichen Fachwerkhäusern.

Sowohl im Murg- als auch im Albtal wurde zwischen dem 13. und 19. Jh. Holz geflößt, denn der Bedarf an Bau- und Brennholz stieg enorm an, als sich im 13./14. Jh. im Schwarzwald immer mehr Siedler niederließen, die einem Waldgewerbe nachgingen. In den höheren Lagen war genügend Holz vorhanden, nur der Transport war ein Problem, denn Straßenbau war in dem unwegsamen Gebirge äußerst schwierig und die Beförderung per Wagen daher zu langwierig und unrentabel. So wurde auf der Murg, einem der größten Flüsse im nördlichen Schwarzwald, ab dem 14. Jh. Langholz geflößt. Schon im 15. Jh. schlossen sich alle, die an der Flößerei beteiligt waren – Waldeigentümer, Sägemühlenbesitzer, Säger, Flößer, auch Schiffer genannt – zu einer Genossenschaft zusammen, der Murgschifferschaft, um die notwendigen Aufgaben, wie z.B. den Ausbau des Flusses, gemeinsam zu bewältigen. Ihren Sitz hatte diese Gesellschaft von 1488 bis 1876 in Gernsbach, was der Stadt zu beträchtlichem Wohlstand verhalf. Das ehemalige Rathaus am Marktplatz ist heute noch sichtbarer Ausdruck dafür. Dieses mit Erkern und Voluten verzierte Gebäude, das als eines der schönsten Bauwerke der Spätrenaissance in Süddeutschland gilt, hatte sich der Murgschiffer Johann Jakob Kast als Wohnhaus erbauen lassen (1617). So groß war der Reichtum von Kast, der jahrzehntelang den Floßhandel beherrschte und allein 26 Sägemühlen besaß, daß er sich überlegte, ob er sein Haus mit Silbertalern decken lassen sollte.

Auf den kleineren Wasserläufen wie der Alb konnte nur kurzes Holz geflößt werden, das dann als Brennholz diente. So wurde das gehauene Holz nahe der Quelle zersägt, wurden die Scheithölzer ins Wasser geworfen und am Bestimmungsort wieder herausgefischt. Unweit der Quelle der Alb steht heute noch die Plotzsägmühle, eines der ältesten Zweckgebäude des Schwarzwalds, in dem ab dem 13. Jh. Holz aus dem Loffenauer Wald, der damals im Besitz des Klosters Herrenalb war, zersägt wurde.

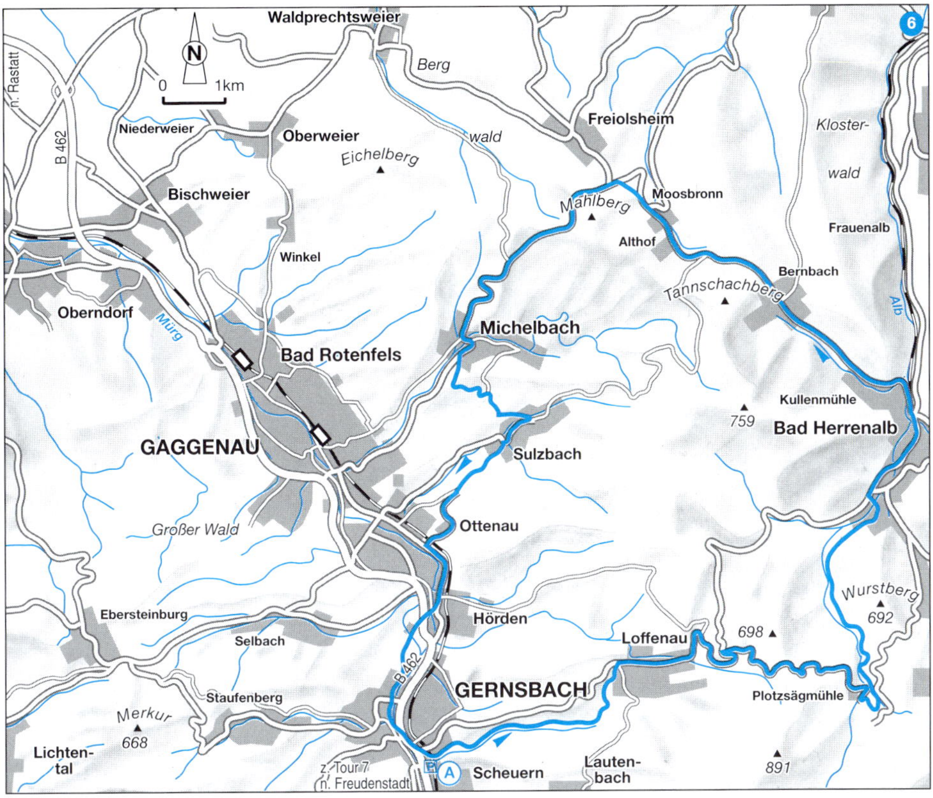

Streckenbeschreibung

Vom Parkplatz am Kurpark in *Gernsbach* steigen Sie in der Hildastraße in Richtung Freibad im engen Tal des Igelbachs an. Die Straße führt durch den Kurpark und endet nach einigen hundert Metern am Freibad. Ein weiterhin auf der Talsohle ansteigender Wirtschaftsweg – am Weg eine Kneippanlage und ein Kinderspielplatz – gabelt sich (1,5 km): Sie halten sich geradeaus (Ww. Loffenau) entlang des Igelbachs und erreichen den in einem flachen Hochtal gelegenen Ort *Loffenau* (4 km). Am Ortsrand stoßen Sie auf die ansteigende Straße Gernsbach – Bad Herrenalb, folgen ihr nach rechts durch Loffenau hindurch und steigen am Talschluß in zahlreichen Kurven steil an.

Nach wenigen hundert Metern im Wald biegen Sie scharf nach rechts ab (7 km) und folgen der Ausschilderung »Höhengasthaus Teufelsmühle« weiter bergauf zu einem Parkplatz mit der *Rißwasserhütte*, einer Schutzhütte (8,5 km). Während die Straße zur Teufelsmühle rechts abbiegt, halten Sie sich geradeaus und fahren auf der schmalen, kurvenreichen Straße noch einige hundert Meter weit bergan, ehe am Hang des Albtals die Gefällstrecke zur *Plotzsägmühle* folgt. An der Sägemühle (10,5 km) durchqueren Sie eine seichte Furt, steigen hinter der Mühle nach links an zu einer Gabelung und folgen, erneut nach links, der Ausschilderung »Albtalweg«. Entlang der Alb führt der Weg am rechten Hang des engen, steilwandigen Tals hinunter nach *Bad Herrenalb*.

Im Ortszentrum (15 km) stoßen Sie auf die stark befahrene Straße Gengenbach – Ettlingen, der Sie talabwärts folgen, vorbei an Thermalbad und Kurpark, und die Sie am Ortsende (gut 16 km) nach links verlassen in Richtung Gaggenau. Zunächst verläuft die Straße noch im Albtal, schwenkt aber bald nach links um und steigt in einem Seitental recht steil an zur Ortsmitte von *Bernbach* (19,5 km).

Auf der weiterhin zwischen Wiesen und Feldern ansteigenden Straße erreichen Sie einen niederen Sattel, von dem aus Sie hinabfahren zu den in einem Hochtal gelegenen Weilern *Althof* und *Moosbronn* (22 km). Hier halten Sie sich kurz nach der Kirche – die Straße beschreibt hier eine Rechtskurve – auf einem Wirtschaftsweg geradeaus, der nach einem kurzen, steilen Anstieg wieder in die Straße einmündet. Nach links in Richtung Gaggenau fahren Sie in langgezogenen Kurven und mit bis zu 12% Gefälle talwärts nach *Michelbach* (27 km).

200 m nach einer scharfen Rechtskurve in der Ortsmitte biegen Sie nach links in Richtung Sulzbach ab und steigen zwischen Wiesen und Obstwiesen leicht an zu einer Wegkreuzung mit einem Bildstock. Nach links folgen Sie der »Schmalen Straße«, halten sich an einer Gabelung erneut nach links und erreichen *Sulzbach* (29,5 km). Auf der Dorfstraße passieren Sie die Kirche und steigen kurzzeitig steil zum Ortsrand an, wo ein Wirtschaftsweg geradeaus weiterführt. Für wenige hundert Meter durch Wald – an einer Gabelung halten Sie sich nach links –, anschließend zwischen Obstwiesen fahren Sie stetig bergab, erreichen den Ortsrand von *Ottenau* (32 km) und folgen, am linken Rand einer Wohnsiedlung, zunächst der Straße Am Neufeld, dann dem Rißweg auf den Grund des breiten Murgtals.

Hier stoßen Sie auf die quer verlaufende Haydnstraße, wenden sich nach rechts, überqueren nach wenigen Metern die Bahngleise und folgen einer weiteren Querstraße nach links. Zwischen der Bahnlinie und der Murg gelangen Sie an den Ortsrand von *Hörden* (33 km). Sie halten sich weiter entlang der Murg, wenden sich nach rechts (Ww. Sportplatz) und überqueren sowohl einen Seitenarm der Murg als auch die B 462.

Auf der Weinauer Straße durchfahren Sie eine Wohnsiedlung, überqueren am Ortsende die Murg und folgen der schmalen Straße zu den ersten Häusern von *Gernsbach* (35 km). Kurz danach kreuzen Sie die Straße nach Staufenberg und erreichen den Färber-

In einem Hochtal, umgeben von grünen Wiesen, liegt das Fachwerkdorf Loffenau.

Auf dem Marktplatz von Gernsbach, Mittelpunkt der einst geschäftigen Flößerstadt, läßt sich am Ende der Tour gemütlich einkehren.

torplatz am Rand des alten Stadtkerns von Gernsbach (36 km). Durch die Altstadt hindurch, über die Murgbrücke und auf der B 462 nach rechts gelangen Sie zurück zum Parkplatz am Kurpark.

Nützliche Informationen

Ausgangsort: Gernsbach, Kurort (15 000 E.) mit historischer Altstadt: altes Rathaus, Liebfrauenkirche (um 1390).
Anfahrt: Station an der Murgtalbahn Rastatt – Freudenstadt. PKW: A 5, Karlsruhe – Basel, Ausfahrt Rastatt; auf der B 462 über Gaggenau nach Gernsbach; kleiner Parkplatz am Kurpark.
Höhen: AP = EP 180 m, HP 580 m, Anstieg 590 m.
Etappen: Gernsbach – Loffenau 4 km – Plotzsägmühle 6,5 km (10,5 km) – Bad Herrenalb 4,5 km (15 km) – Moosbronn 7 km (22 km) – Michelbach 5 km (27 km) – Gernsbach 10 km (37 km).
Einkehr unterwegs: In Loffenau; in der Plotzsägmühle (RT Mo.); in der Spechtschmiede in Zieflensberg (2 Min. vom Weg entfernt); in Bad Herrenalb, Moosbronn, Michelbach, Sulzbach, Ottenau und Hörden.
Bademöglichkeiten: Freibad in Gernsbach und Bad Herrenalb, dort auch Thermalbad.
Sehens- und Wissenswertes: • *Ehemaliges Zisterzienserkloster* in Bad Herrenalb, Mitte des 12. Jh. erbaut; größte Bedeutung im 15. Jh., als die Abtei Reichsabtei wurde; Beschädigungen durch Kriege im 16. und 17. Jh.; von den spätromanischen Gebäuden nur die Vorhalle, das sogenannte Paradies, sowie die Sakristei der Kirche und eine Zehntscheuer erhalten. • *Spielzeugmuseum* in Bad Herrenalb, geöffnet Di.–Sa. 14.30–17.30 Uhr, So. 10–12 und 14.30–17.30 Uhr.
Fahrradverleih: Auskunft im Verkehrsamt oder bei Gabi Großmann, Sandweg 10, Tel. (0 72 24) 75 67.
Auskunft: Verkehrsamt, Hauptstr. 32, 76593 Gernsbach, Tel. (0 72 24) 6 44 44.
Karte: TK 1:50 000, Blatt 1 Karlsruhe – Pforzheim.

7 Im Murgtal abwärts

Baiersbronn – Klosterreichenbach – Schönmünzach – Forbach – Langenbrander Schlucht – Weisenbach – Gernsbach

Tourencharakter: Vorwiegend bergab auf Radwegen und Straßen durch das Murgtal; durchgehend markiert. Anfahrt mit der Bahn.

Länge der Tour: 42 km.

Es ist nicht erstaunlich, daß das Murgtal als eines der reizvollsten Täler des Nordschwarzwalds gilt, hat sich doch die Murg, im Gegensatz zu den anderen Flüssen des Nordschwarzwalds, bis in das wasserundurchlässige Grundgebirge aus Granit und Gneis eingegraben. Dort, wo sie noch in den Schichten des Buntsandsteins verläuft, von der Quelle bis auf Höhe von Schönmünzach, ist das Talbett breit und flach. Hier liegen die Orte Baiersbronn und Klosterreichenbach, das aus einem im 11. Jh. gegründeten Kloster hervorging. Anschließend fließt die Murg bis Forbach durch eine enge Schlucht, in der auf dem Talboden kaum Raum ist für Straße und Eisenbahn, geschweige denn für Siedlungen. Dies ist der schönste Teil des Murgtals, und eine Rast am Bachbett, in dem eindrucksvolle Felsblöcke liegen, bietet sich an. Geradelt wird hier auf der alten Murgschifferstraße. Murgschiffer, das waren all diejenigen, die über Jahrhunderte hinweg an der Flößerei auf der Murg beteiligt waren.

Auf Höhe von Forbach und Gausbach weitet sich das Tal. Hier steigt der Radweg, um die große Straßenbrücke im Tal zu umgehen, am rechten Talhang an. Auffällig sind hier die kleinen Heuhütten, in denen während des Sommers das Heu aufbewahrt wurde – eine Besonderheit, die nur im Nordschwarzwald anzutreffen ist, wo diese Art der Heuaufbewahrung im 17./18. Jh. von Holzfällern aus Tirol eingeführt wurde. Von hier oben ergibt sich ein Blick in das tief eingeschnittene Murgtal, bevor der Radweg in

In allen Zügen der Bundesbahn, außer den Inter-Regio-Zügen, können Räder ohne vorherige Anmeldung mitgenommen werden, so daß es sich anbietet, in manchen Tälern, wie z. B. dem Murgtal, mit dem Zug talaufwärts und mit dem Rad talabwärts zu fahren.

die enge Langenbrander Schlucht absteigt. Dort haben sich im Bachbett riesige Felsblöcke abgelagert, die frühere Hochwasser einst herantransportierten. Dieses Geröll wurde zu Zeiten der Flößerei auf der Murg immer wieder beiseite geräumt, bis ein gewaltiges Hochwasser das Bachbett in der Schlucht beinahe zuschüttete und die Flößerei im Jahr 1824 in diesem Abschnitt eingestellt werden mußte. Heute liegt das Flußbett hier oft trocken, da das Wasser oberhalb von Forbach gestaut wird.

Diese ausgezeichnet markierte Radstrecke, die »Tour de Murg«, ist bei Radfahrern so beliebt, daß die Bahn den »Murgtäler Radel-Expreß« einrichtete: ein Zug, der an allen Sonn- und Feiertagen zwischen Ende Mai und Anfang Oktober auf der Strecke Karlsruhe – Baiersbronn verkehrt und Platz für 270 Reisende und ebenso viele Fahrräder bietet.

Streckenbeschreibung

Vom *Bahnhof Gernsbach* fahren Sie mit der Bahn (Radtransport) im Murgtal aufwärts bis Baiersbronn, von wo aus die an allen Abbiegungen angebrachten Rad-Wegweiser mit der Aufschrift »Tour de Murg« Sie talabwärts leiten.

Vom *Bahnhof Baiersbronn* folgen Sie der stark befahrenen B 462 durch das Ortszentrum talabwärts in Richtung Klosterreichenbach bis auf Höhe einer Sportanlage, wo Sie nach links in Richtung Kohlwald abbiegen (1,5 km). Nach einigen hundert Metern, unmittelbar nach der Brücke über den Tonbach, biegen Sie nach rechts auf einen Wirtschaftsweg ab, der entlang der Murg verläuft.

In *Klosterreichenbach* (knapp 4 km) – Abstecher nach rechts zur ehemaligen Klosterkirche in der Ortsmitte knapp 1 km hin und zurück – folgen Sie der Röter Straße, passieren eine Wassertretanlage sowie einen Steinbruch (knapp 6 km) und fahren nun entlang der Bahnlinie nach *Röt* (7,5 km). Am Ortsende überqueren Sie die Gleise und erreichen auf einem Kiesweg, der zwischen der Bahnlinie und der Murg verläuft, ein Sägewerk. Wenig später queren Sie die Gleise wieder nach links.

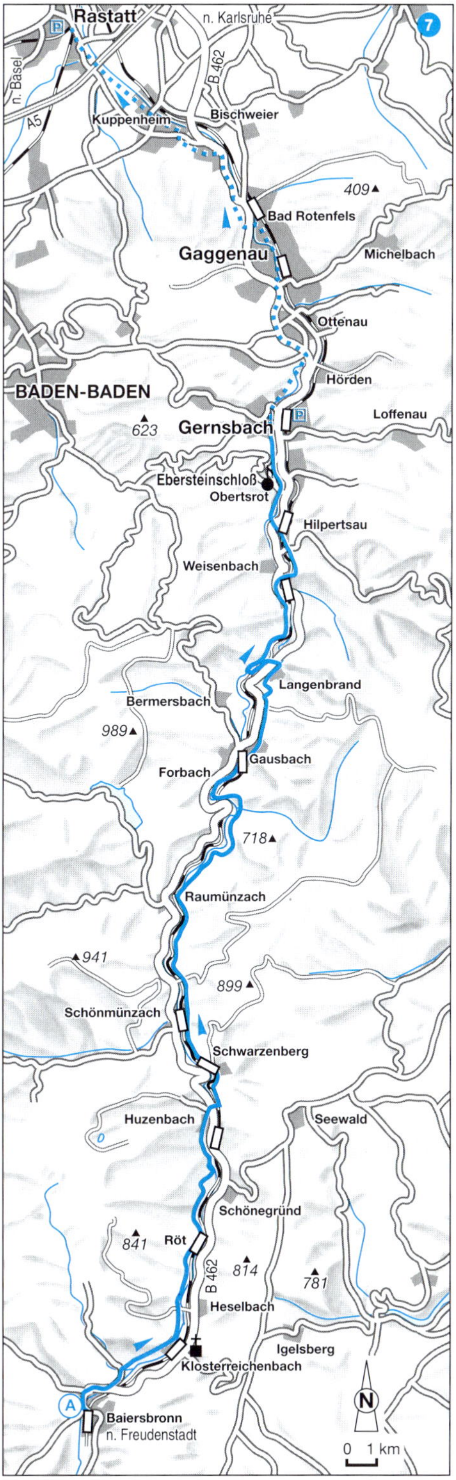

Die freitragende, überdachte Holzbrücke bei Forbach, die größte ihrer Art in Europa, wurde nach Originalplänen restauriert.

Auf Höhe der am rechten Talhang gelegenen Ortschaft Schönegründ passieren Sie eine weitere Wassertretanlage und steigen am bewaldeten Hang des Röter Kopfs 500m weit an zu einer Wegkreuzung, an der Sie nach rechts dem kurvenreichen Weg wieder auf die Talsohle folgen. Vorbei an einem Grillplatz mit einer Schutzhütte (12km), stoßen Sie kurz darauf in *Huzenbach* auf die Bundesstraße, die Sie erst nach etwa 2km auf Höhe von *Schwarzenberg* (gut 14km) wieder verlassen (nicht der Markierung am Ortsende von Huzenbach nach rechts folgen, da teilweise nur schmaler Pfad!).

Sie überqueren die Murg sowie die Bahnlinie und folgen einem Fahrweg entlang der Bahnlinie, wobei Sie *Schönmünzach* (15,5km) und einen Rastplatz (17km) passieren. Auf Höhe der Ortschaft *Kirschbaumwasen* durchfahren Sie ein Felsentor (18km) und befinden sich nun auf der alten Murgtalstraße, der sogenannten Schifferstraße, die oberhalb der Bahnlinie verläuft.

Stellenweise ist das Murgtal so eng, daß Eisenbahn und Autostraße auf den Talhang ausweichen müssen.

Nach einer Abzweigung nach Raumünzach (20km, Ww. Hotel-Restaurant Wasserfall; Abstecher hin und zurück 500m) folgt ein Streckenabschnitt entlang der Murg, der zu Picknick- und Badepausen einlädt: Zwischen abgeschliffenen Felsplatten und riesigen gerundeten Felsbrocken befinden sich Wasserlöcher, in denen Sie sich erfrischen können.

An derjenigen Stelle, wo von rechts das Tal des Sasbachs in das Murgtal einmündet (24,5km), verbreitert sich der Weg, der, vorbei an einem Aussichtspunkt mit Blick auf das enge und steilwandige Murgtal, auf eine Gabelung stößt. Geradeaus, auf etwa gleicher Höhe bleibend, erreichen Sie den Ortsbeginn von *Forbach* (25,5km). Linker Hand ist die gedeckte Holzbrücke über die Murg zu sehen, die im Jahr 1954 nach dem Original aus dem Jahr 1776 wieder aufgebaut wurde.

Sie passieren den Bahnhof Forbach-Gausbach (27km) und folgen 100m weit der Bundesstraße, die Sie nach dem Ortsschild *Gausbach* nach rechts verlassen. Auf der

Dorfstraße fahren Sie bis zur Post, biegen zuerst nach rechts, dann gleich wieder nach links ab und steigen im Ort recht steil an. An einer Weggabelung kurz nach dem Ort steigen Sie nach links weiter leicht an – von hier oben bietet sich erneut ein schöner Ausblick auf das Tal – und fahren auf der folgenden sanften Gefällstrecke von 2 km Länge nach *Langenbrand* (31 km).

Kurz unterhalb der Kirche folgen Sie der Dorfstraße nach links – in Fahrtrichtung ist die Straßenbrücke über die Langenbrander Schlucht gut zu sehen –, kreuzen die Bundesstraße, überqueren die Bahnlinie und fahren auf die Talsohle hinab. Unmittelbar nach der Murgbrücke steigen Sie auf einer schmalen Straße kurzfristig steil an, nähern sich der Brücke über die Schlucht (nicht dem Weg nach rechts folgen, der die Brücke unterquert!) und gelangen nach leichtem Auf und Ab am steilen Hang nach *Au* im Murgtal (35 km). Sie durchfahren den verwinkelten Ort, indem Sie immer auf gleicher Höhe bleiben, passieren am Ortsende eine Mariengrotte und erreichen wenig später *Weisenbach.*

Auf Höhe der Kirche (36,5 km) überqueren Sie die Murg und folgen nun der stark befahrenen Bundesstraße entlang dem Ortsrand von *Hilpertsau.* Nach knapp 2 km biegen Sie in Hilpertsau (38 km) links ab in die Ortsmitte von *Obertsrot.* Oberhalb des Ortes liegt das Ebersteinschloß.

Sie folgen der alten Straße weiter entlang der Murg, passieren eine Grillstelle (40 km) und erreichen die ersten Häuser von *Gernsbach,* kurz darauf den Rand der Altstadt (41 km; s. Tour 5). Sie überqueren sowohl die Murgbrücke als auch die B 462, halten sich geradeaus in eine schmale Straße und wenden sich nach links zum Bahnhof.

Nützliche Informationen

Ausgangsort: Baiersbronn, Kurort (8000 E.) im oberen Murgtal, zusammen mit den Teilorten größte Feriengemeinde des Schwarzwalds.
Anfahrt: PKW: A 5, Karlsruhe – Basel, Ausfahrt Rastatt; auf der B 462 über Gaggenau nach Gernsbach. Gebührenpflichtiger Parkplatz am Bahnhof (Parkschein am Fahrkartenschalter erhältlich). Mit der Murgtalbahn in ca. 1 Stunde nach Baiersbronn. An Sonntagen verkehrt der Murgtäler Radel-Expreß, Abfahrt gegen 10 Uhr in Gernsbach. Aber auch an Werktagen werden Räder transportiert, allerdings nur in beschränkter Anzahl. Zusätzlich zum Fahrpreis ist eine Radkarte zu lösen. Auskunft über Fahrzeiten am Bhf. Gernsbach, Tel. (0 72 24) 29 16.
Höhen: AP = HP 580 m; EP 170 m; Anstieg 180 m, Abstieg 590 m.
Etappen: Baiersbronn – Röt 7,5 km – Schönmünzach 8 km (15,5 km) – Forbach 10 km (25,5 km) – Weisenbach 11 km (36,5 km) – Gernsbach 5,5 km (42 km).
Einkehr unterwegs: In Huzenbach, Gausbach, Langenbrand, Au, Weisenbach, Obertsrot.
Grillplätze: Vor Huzenbach (12 km) und Gernsbach (40 km).
Bademöglichkeiten: Freibad in Klosterreichenbach; in der Murg zwischen Raumünzach und Forbach; Freibäder in Obertsrot und Gernsbach.
Sehens- und Wissenswertes: • *Klosterkirche St. Gregor* in Klosterreichenbach; im 11. Jh. als Benediktinerpriorat von Hirsau aus gegründet; romanisches Schiff mit Portal und Fenstern sowie Westflügel des ehem. Klostergebäudes erhalten.
Fahrradverleih: Bhf. Baiersbronn, Tel. (0 74 42) 22 14, geöffnet täglich 6.30–19.15 Uhr.
Auskunft: Kurverwaltung, Postfach 1249, 72257 Baiersbronn, Tel. (0 74 42) 25 70.
Karte: TK 1:50 000, Blatt 3 Bad Wildbad – Freudenstadt.

Streckenvariante

Verlängerung der Tour bis Rastatt
Gesamte Länge: 61 km; Abstieg 650 m.
Strecke: Von Gernsbach weiter entlang der Murg nach Hörden, dann entlang der B 462 bis Gaggenau. Durch Gaggenau, wieder entlang der B 462 und von Oberndorf über Kuppenheim und Niederbühl nach Rastatt.
Anfahrt: PKW: A 5, Karlsruhe – Basel, Ausfahrt Rastatt. Auf der B 462 und B 3 nach Rastatt. Parkmöglichkeiten nahe des Bahnhofs in der Ludwig-Wilhelm-Straße, die den Schloßpark mit dem Friedhof verbindet.

8 In den Tälern der Großen und der Kleinen Enz

Calmbach – Kleinenzhof – Rehmühle – Enzklösterle – Bad Wildbad – Calmbach

Tourencharakter: Ruhige, schattige Rundtour in bewaldeten Tälern; langgezogener Anstieg von 400 Höhenmetern; zum größten Teil auf Kieswegen; gut für Familien geeignet.

Länge der Tour: 42 km.

Von Calmbach aus, das am Zusammenfluß der Kleinen und der Großen Enz liegt, verläuft die Tour abseits der Durchgangsstraße talaufwärts durch das bewaldete Tal der Kleinen Enz, überquert einen Bergrücken zwischen den beiden Tälern und führt hinunter nach Enzklösterle, einem Luftkurort und Standort eines ehemaligen Klosters an der Großen Enz. Diesem Tal folgt die Tour vorwiegend im Wald mit geringem Gefälle abwärts, wobei Bad Wildbad durchfahren wird.

Ein angeschossener Eber soll es der Sage nach gewesen sein, der die wohltuende Wirkung der warmen Quelle zu schätzen wußte, diese als »Wildbad« benutzte und so die Aufmerksamkeit darauf lenkte, daß hier aus den Tiefen des Gesteins 35–41 °C warmes Thermalwasser austrat. Ob der zu Beginn dieses Jahrhunderts entdeckte Brunnenschacht in der Nähe der heutigen Kuranlagen bereits im 13. Jh. von den Mönchen von Hirsau als Badequelle genutzt wurde, muß Spekulation bleiben. Sicher ist jedoch, daß der württembergische Graf Eberhard der Greiner im Jahr 1367 hier von den Grafen von Eberstein und Wunnenstein überfallen und zur Flucht gezwungen wurde. Dieser Vorfall hielt jedoch die folgenden württembergischen Grafen, in deren Besitz der Ort Anfang des 14. Jh. gekommen war, nicht davon ab, sich hier aufzuhalten. Wildbad erfreute sich der Gunst der Landesherren und wurde im Laufe der Jahrhunderte zu einem Badeort ausgebaut, in dem es Badehäuser für alle gesellschaftlichen Gruppen gab: für Fürsten, Bürger, Bauern, Frauen, selbst für arme Badegäste wurde ein Spital eingerichtet. Eleganter ging es dann im 19. Jh. zu, als Wildbad, das immer wieder von Bränden und Hochwassern zerstört worden war, zum württembergischen Staatsbad ausgebaut wurde und sich im luxuriösen Graf-Eberhard-Bad (1838–1847) und im prunkvollen König-Karl-Bad (1892) die Fürsten trafen. Dem Land Baden-Württemberg gehören auch heute noch die Kureinrichtungen und die beiden Badehäuser. Im König-Karl-Bad befindet sich das »Haus des Kurgastes«, im Graf-Eberhard-Bad ein Erlebnisbad.

Streckenbeschreibung

Vom Parkplatz an der Enzhalle in *Calmbach* kehren Sie zurück zur Straße, die nach Bad Wildbad führt. Sie halten sich nach rechts, biegen nach 50 m links in die Hauptstraße ab, die entlang der Kleinen Enz verläuft und in die B 294, Pforzheim – Freudenstadt, einmündet. Auf der Bundesstraße fahren Sie

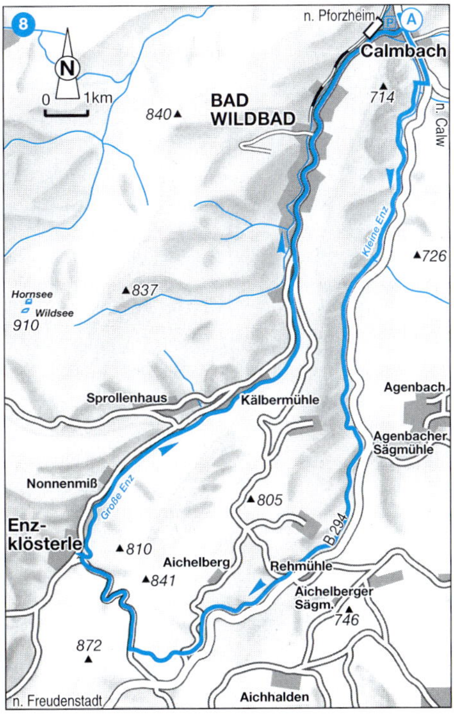

durch den Ort hindurch, folgen am Ortsende der Ausschilderung »Freibad« nach rechts über die Kleine Enz und stoßen auf einen breiten Kiesweg, der, vorbei am Freibad, auf der Talsohle talaufwärts führt. Nach wenigen hundert Metern queren Sie an einem Parkplatz die Talsohle nach links in Richtung Straße, biegen in einen Kiesweg nach rechts ein und wechseln wenig später wieder auf die andere Seite des Baches hinüber. Sie passieren den Campingplatz Kleinenzhof (6 km) und gelangen am Holzwiesenbrunnen zu einem Rastplatz. Weiter entlang des Baches führt der Weg an einigen Teichen, anschließend einer weiteren Rasthütte (9,5 km) vorbei und mündet bei der Agenbacher Sägmühle in einen Querweg ein, dem Sie nach rechts folgen, den Sie aber nach 100 m wieder nach links verlassen.

Der Weg, jetzt Enztalsträßle genannt, passiert das etwas unterhalb des Weges gelege-

Im nördlichen Schwarzwald führen die Radtouren häufig durch bewaldete Täler wie das der Kleinen Enz.

Den Vorstellungen von »schwarzdunklen Höhen« entspricht am ehesten der nördliche Schwarzwald.

ne *Gasthaus Rehmühle* (15 km) und einen weiteren Campingplatz. Einer quer verlaufenden Straße folgen Sie nach rechts, biegen aber am Fuß des Talhangs wieder nach links auf einen Kiesweg ein. Nachdem Sie die Straße nach Aichelberg kreuzten (20 km), steigen Sie steiler an zur Wilhelm-Maurer-(Schutz-)Hütte, queren eine Schotterstraße und stoßen auf die Straße Simmersfeld–Enzklösterle (21,5 km).

Nach rechts steigen Sie auf der Straße weiter an zum höchsten Punkt der Tour (ca. 840 m). In mehreren Kurven und mit einem Gefälle von bis zu 13% führt die Straße nach *Enzklösterle* (25 km) im Tal der Großen Enz hinab.

Auf der Talstraße halten Sie sich talabwärts und biegen nach 200 m am Hotel Hirsch nach rechts ab (Ww. Aichelberg). Am Hang eines Seitentals steigen Sie zu einer Wegkreuzung an, an der Sie sich scharf nach links wenden und einem breiten, leicht fallenden Weg folgen, der vor dem Ort *Nonnenmiß* wieder auf dem Talgrund anlangt (28 km).

Vor einer Brücke über die Große Enz wenden Sie sich nach rechts (Ww. Pforzheim, Bad Wildbad), passieren die kleine Ortschaft *Sprollenhaus* (30 km) und einen Campingplatz bei der Kälbermühle (31,5 km). Auf der Talsohle entlang des Waldrands, stetig leicht bergab, stoßen Sie auf eine Wegkreuzung (knapp 33 km). Sie halten sich geradeaus, steigen am Hang für wenige hundert Meter an und stoßen nach einer längeren, sanften Abfahrt an der Gulden Brücke (35 km) auf die Straße Enzklösterle – Bad Wildbad. Nach nur 50 m entlang der Straße steigt ein Weg nach rechts leicht an, kreuzt die Straße Aichelberg – Bad Wildbad und mündet am Ortsbeginn von *Bad Wildbad* in die Talstraße ein (37 km).

Da die Wege durch den Kurpark für Radfahrer gesperrt sind, empfiehlt es sich, auf der Hauptstraße (Kernerstraße) zu bleiben. Sie fahren durch das Ortszentrum hindurch (Einbahnstraßenverkehr), vorbei an Marktplatz und Pfarrkirche (1746–48) mit Rokokofassade, überqueren eine Brücke über die Große Enz und fahren in der König-Karl-Straße, vorbei am Bahnhof, zurück in Richtung Stadtmitte. An einem Kreisverkehr wenden Sie sich scharf nach rechts und biegen in die Paulinenstraße ab. Am Ortsende gabelt sich die Straße. Sie folgen nach rechts der alten Calmbacher Straße und gelangen entlang der Bahnlinie zurück nach Calmbach. Durch die Richard-Wagner-Straße gelangen Sie in die Ortsmitte und zurück zum Parkplatz.

Nützliche Informationen

Ausgangsort: Calmbach, Luftkurort im Enztal und Ortsteil von Bad Wildbad; früher Flößerort.
Anfahrt: Station an der Bahnlinie Pforzheim – Bad Wildbad. PKW: A 8, Karlsruhe – Stuttgart, Ausfahrt Pforzheim-Ost oder -West; durch Pforzheim hindurch und auf der B 294 in Richtung Bad Wildbad über Neuenbürg nach Calmbach. Parkplatz in Calmbach bei der Enztalhalle.
Höhen: AP = EP 400 m; HP 840 m; Anstieg 500 m.
Etappen: Calmbach – Kleinenzhof 6 km – Rehmühle 9 km (15 km) – Enzklösterle 10 km (25 km) – Kälbermühle 6,5 km (31,5 km) – Ortsmitte Bad Wildbad 7,5 km (39 km) – Calmbach 5 km (44 km).
Einkehr unterwegs: Gaststätte Kleinenzhof (RT Di.); Rehmühle; mehrere Gasthöfe in Enzklösterle und Bad Wildbad.
Bademöglichkeiten: Thermal-Bewegungs-Hallenbad und Freibad in Wildbad; Waldfreibad in Calmbach.
Sehens- und Wissenswertes: • *König-Karl-Bad* in Wildbad, früher prunkvolles Badehaus, heute »Haus des Gastes«, Besichtigung gegen Eintrittsgebühr möglich.
• *Zahnradbahn zum Sommerberg;* verkehrt von der Stadtmitte aus jede halbe und volle Stunde, Fahrtdauer 7 Min.; auf dem Sommerberg Hotel mit Aussichtsterrasse (RT Mo.) • *Heimat- und Flößermuseum* in Calmbach, geöffnet So. 14–17 Uhr.
Fahrradverleih: Autohaus Pauly, Calmbach, Tel. (0 70 81) 51 23.
Auskunft: Reise- und Verkehrsbüro Wildbad, Büro Calmbach, Lindenplatz 5, 75323 Bad Wildbad, Tel. (0 70 81) 1 02 88.
Karte: TK 1:50 000, Blatt 1 Karlsruhe – Pforzheim und Blatt 3 Wildbad – Freudenstadt.

9 Auf der Hochfläche zwischen Nagold- und Enztal

Calw – Neubulach – Martinsmoos – Neuweiler – Würzbach – Rötenbach – Zavelstein – Calw

Tourencharakter: Aufgrund der Länge und mehrerer Anstiege eine recht anstrengende Rundtour; je zur Hälfte auf befestigten Wegen und Straßen; zwei kurze Abschnitte auch auf stark befahrener Straße.

Länge der Tour: 47 km.

Von der Fachwerkstadt Calw führt die Radstrecke im bewaldeten Nagoldtal parallel zu bzw. auf der Bundesstraße kaum merklich aufwärts, steigt aber zum ehemaligen Silberbergwerk und Bergbaustädtchen Neubulach durch Wald recht steil an. Leichter wird es auf der bewaldeten Hochfläche, wo mehrere Dörfer auf ausgedehnten Lichtungen liegen. Nach mehreren kürzeren Anstiegen wird das idyllische Zavelstein erreicht, einst die kleinste Stadt Baden-Württembergs. Von hier aus verläuft die Tour vorwiegend bergab nach Calw.

Einige der auf der Hochfläche liegenden Dörfer, die auf der Tour durchfahren werden – Neuweiler, Würzbach, Rötenbach –, sind sogenannte Waldhufendörfer, im 11./12. Jh. inmitten eines ausgedehnten Waldgebiets von den Herren von Calw planmäßig angelegt. Diese Dörfer bestanden ursprünglich aus 15–20 Höfen, die sich in einem Abstand von 50–100 m an einer Straße aufreihten. Hinter jedem Haus erstreckte sich das dazugehörige Grundstück (Hufe) als 700–1000 m langer Streifen, der sich bis zum Wald hinzog und auf dem sich Garten, Wiesen, Felder aneinanderreihten. Aufgrund der späteren Aufteilung der Grundstücke durch Erbteilung ging diese klare Einteilung verloren.

Zur »schönsten Stadt« zwischen Bremen und Neapel, zwischen Wien und Singapur hat der Nobelpreisträger für Literatur, Hermann Hesse, Calw erklärt. Hesse, der im

Neubulach wurde im 13. Jh. als Siedlung für die Bergarbeiter des nahegelegenen Silberbergwerks gegründet.

Jahr 1877 in Calw in einem Haus am Marktplatz geboren wurde, würdigte auf diese Weise die Stadt, in der er einige Jahre seiner Jugend verbrachte und an die er sich in einigen seiner frühen Romane erinnert.

Hesses Lieblingsplatz in Calw war die Nagoldbrücke, von wo aus er als Jugendlicher stundenlang seine Angel ins Wasser hielt. Hier steht auch das Wahrzeichen der Stadt, die Brückenkapelle St. Nikolaus (um 1400). Zwei Heiligenfiguren, die einst ihren Platz in den Nischen über dem Portal hatten, wurden durch Figuren ersetzt, die die Berufe repräsentieren, durch die Calw in vergangenen Jahrhunderten zu einigem Wohlstand kam: Flößer und Weber.

Streckenbeschreibung

Vom Parkplatz am alten Bahnhof in Calw fahren Sie auf der B463, Nagold – Calw, in Richtung Stadtmitte, biegen nach 200 m links ab, überqueren die Nagold und folgen der Straße Walkmühleweg nach links, talaufwärts entlang der Nagold, unter der Bahnlinie Pforzheim – Nagold hindurch und an den wenigen Gebäuden von Tanneneck vorbei (2,5 km), bis diese Straße in die stark befahrene, breite Bundesstraße einmündet. Sie wenden sich nach rechts, verlassen die Straße aber nach 700 m kurz vor einer Fabrikanlage bei Kentheim auf dem ersten nach links abzweigenden Weg.

Wenn Sie sich die sehenswerte romanische Candiduskirche (s. Tour 10) anschauen möchten, bleiben Sie bis Kentheim auf der Bundesstraße (Abstecher hin und zurück 800 m).

Sie überqueren die Nagold, halten sich nach rechts und steigen auf einem Kiesweg entlang des bewaldeten Talhangs leicht an. Der schmalen Straße Stammheim – Bahnhof Bad Teinach folgen Sie nach rechts. Wieder auf der Talsohle angelangt, unterqueren Sie die Bundesstraße, passieren den *Bahnhof Bad Teinach*, überqueren die Brücke über die Bahnlinie und wenden sich nach links auf die Zufahrt zur Bundesstraße. Der stark befahrenen Bundesstraße folgen Sie 2 km weit zur Rechtsabzweigung nach *Kohlerstal* (knapp 8 km). Ein Sträßchen entlang der Häuserzeile von Kohlerstal, anschließend unmittelbar entlang der Nagold, führt an der *Talmühle* vorbei (9 km), wenig später zwischen den wenigen Häusern von *Seitzental* hindurch und gabelt sich auf Höhe eines Wildgeheges. Sie halten sich nach links (Ww. Besucherbergwerk), steigen im engen, steilwandigen Tal des Ziegelbachs steil an, passieren die Lochsägmühle und erreichen einen Parkplatz, von dem aus Sie nach rechts zu einem ehemaligen *Silberbergwerk* gelangen (Abstecher hin und zurück 1 km).

Vom Parkplatz weiter ansteigend zur Hochfläche, halten Sie sich nach 200 m an einer Straßengabelung nach rechts und gelangen in die Altstadt von *Neubulach* (13 km), ein im Zusammenhang mit dem Silberbergbau im 13. Jh. gegründetes Städtchen mit Fachwerkbauten und Resten der Stadtbefestigung.

Durch das Silbertor – vom Marktplatz aus nach links – verlassen Sie die Altstadt, biegen nach 30 m links ab, kreuzen die Straße Liebelsberg – Oberhaugstett und folgen auf

Verglichen mit den Tälern des Südschwarzwalds sind die Täler im Norden, wie z. B. das Nagoldtal, wesentlich weniger tief eingekerbt und meist bewaldet.

Rötenbach, auf der bewaldeten Hochfläche zwischen Enz- und Nagoldtal gelegen, ist ein im Mittelalter planmäßig angelegtes Waldhufendorf.

einer Hochfläche einem Wirtschaftsweg (Ww. Martinsmoos). An zwei kurz aufeinanderfolgenden Wegkreuzungen halten Sie sich geradeaus (Ww. Martinsmoos), kreuzen ein Sträßchen (15,5 km) und biegen an der Straße Oberhaugstett – Martinsmoos nach rechts in den Wald ab (Ww. Martinsmoos). Der im Wald verlaufende, leicht ansteigende Weg (Steinweg) passiert eine Rasthütte und mündet kurz vor Martinsmoos in die von Oberhaugstett kommende Straße, auf der Sie kurz danach *Martinsmoos* erreichen (19 km).

50 m nach der Kirche biegen Sie nach rechts ab auf den leicht fallenden Neuweiler Weg, halten sich an einer Kreuzung im Waldgebiet Moos nach links und stoßen auf einem asphaltierten Weg (Ww. Neuweiler) auf eine Gabelung an der Drei-Tannen-(Schutz-)Hütte. Geradeaus (Ww. Neuweiler) erreichen Sie die Straße Martinsmoos – Neuweiler (22 km), der Sie nach rechts bergab folgen in die Talsenke der noch sehr jungen Teinach, und steigen – rechts ein Grill- und Spielplatz – nach *Neuweiler* (23 km) an.

Sie überqueren die Kreuzung in der Ortsmitte, folgen einem am Waldrand quer verlaufenden Weg nach links und steigen entlang des Waldrands, kurz danach im Wald (Ww. Agenbach) leicht an zur Wegkreuzung *Neuweiler Eck* (gut 25 km) und gelangen nach einer bequemen Abfahrt zur *Viehstelle*, einem Grillplatz mit einer Rasthütte (27 km). Wenig später mündet der Weg in ein Sträßchen ein (Roter Wasen), auf dem Sie nach rechts ansteigen zur Straße Agenbach – Oberkollwangen (28 km), der Sie nur 30 m nach rechts folgen. Ein nach links abzweigender Weg mündet in die Straße Agenbach – Würzbach ein (30 km) – hier befinden Sie sich bei 740 m auf dem höchsten Punkt der Tour –, auf der Sie sich nach rechts wenden, sie aber nach nur 50 m nach rechts verlassen. Nach 1,5 km kreuzt ein markierter Wanderweg. Hier wenden Sie sich nach links, halten sich an den zwei folgenden Wegekreuzungen geradeaus und erreichen auf dem Simmersfelder Weg das Waldhufendorf *Würzbach* (33,5 km).

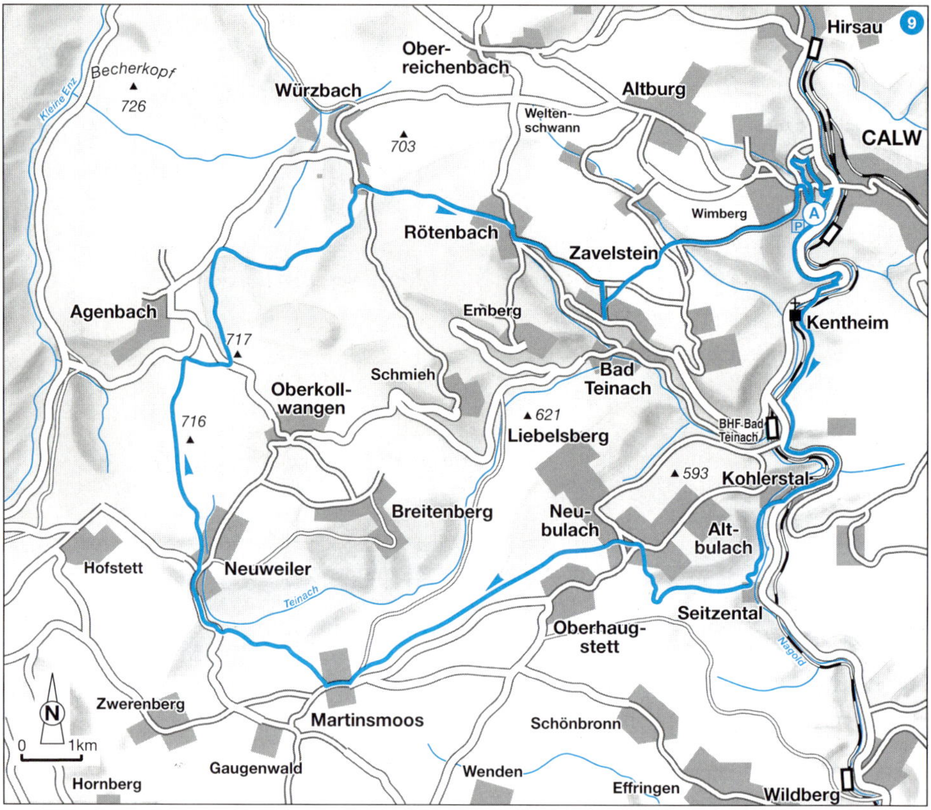

Gleich am Ortsbeginn folgen Sie nach rechts der Straße in Richtung Rötenbach, steigen wenige hundert Meter an und fahren nach *Rötenbach* hinunter (36 km), wo Sie auf die quer verlaufende Wildbader Straße stoßen. Nach rechts bergab gelangen Sie an eine Gabelung, an der Sie sich nach links wenden. Kurz darauf, unmittelbar vor dem Schild, das das Ortsende anzeigt, wenden Sie sich erneut nach links (Ww. Zavelstein), steigen in einer Wohnstraße, anschließend im Wald recht steil an, verlassen den Wald und folgen einer Straße nach rechts bergab in die Ortsmitte von *Zavelstein* (39 km).

Auf derselben Straße fahren Sie wenige hundert Meter zurück bis zu einer Gabelung mit einem Brunnen. Hier biegen Sie nach rechts ab (Ww. Wanderheim). Nach kurzem, steilem Anstieg kreuzen Sie ein Sträßchen – rechts der Straße erstreckt sich das Naturschutzgebiet Zavelsteiner Krokuswiesen – und fahren auf einem Wirtschaftsweg durch Wald äußerst steil(!) in das Tal des Rötelbachs hinunter, wobei Sie die Straße Speßhardt – Sommenhardt kreuzen. Sie überqueren die Zavelsteiner Brücke und folgen der Straße nach Wimberg, die kurzzeitig steil ansteigt. Ab einer Schutzhütte des Schwarzwaldvereins fahren Sie bis Calw nur noch bergab. Vorbei an Wimberg erreichen Sie die stark befahrene Straße Wimberg – Calw, der Sie nach rechts folgen.

Nach 800 m, kurz vor einer Rechtskehre der Straße, biegen Sie rechts ab (Ww. Polizei, Amtsgericht) und gelangen auf der Altburger Straße in die Stadtmitte von *Calw* (46 km). Sie überqueren den Marktplatz und erreichen über den Hermann-Hesse-Platz die Nikolauskapelle auf der Nagold-Brücke.

Sie bleiben am diesseitigen Ufer der Nagold, fahren geradeaus durch die Badstraße und überqueren die Nagoldbrücke nahe des alten Bahnhofs, wo Sie Ihre Rundtour begonnen haben.

Nützliche Informationen

Ausgangsort: Calw, Stadt (13500 E.) mit historischem Marktplatz und zahlreichen Fachwerkhäusern. JH.
Anfahrt: Station an der Bahnlinie Pforzheim – Horb. Pkw: A 8, Karlsruhe – Stuttgart, Ausfahrt Pforzheim-West oder -Ost. Durch Pforzheim hindurch und auf der B 463 über Bad Liebenzell nach Calw. In Calw der Ausschilderung Wildberg/Nagold folgen. Parkmöglichkeiten am alten Bahnhof (Ortsende in Richtung Nagold).
Höhen: AP = EP 350 m; HP 740 m; Anstieg 660 m.
Etappen: Calw – Kentheim 3,5 km – Seitzental 6 km (9,5 km) – Neubulach 3,5 km (13 km) – Martinsmoos 6 km (19 km) – Viehstelle 8 km (27 km) – Würzbach 6,5 km (33,5 km) – Zavelstein 5,5 km (39 km) – Calw 8 km (47 km).
Einkehr unterwegs: In Seitzental, Neubulach, Martinsmoos, Neuweiler, Würzbach, Rötenbach, Zavelstein.
Grillplatz: Vor Neuweiler (22,5 km); Viehstelle (27 km).
Sehens- und Wissenswertes: • *Hermann-Hesse-Museum* in Calw, Marktplatz 30, ganzjährig geöffnet Di.–Sa. 14–17 Uhr, So. 11–17 Uhr. • *Museum der Stadt Calw*, Bischofstraße 48, geöffnet Ostern bis Ende Okt. Mi. 14–16 und So. 10–12 Uhr.
• *Ehemaliges Silberbergwerk* in Neubulach, geöffnet April bis Okt. Mo.–Sa. 10–17 Uhr, So. 9.30–17 Uhr; Führungen durch den 400 m langen Hella-Glück-Stollen. • *Mineralienmuseum* in Neubulach, gegenüber dem Rathaus, geöffnet 1.4. bis 31.10. Mo.–Fr. 10–12 und 14–16 Uhr, Sa./So. 10–12.30 und 13.30–17 Uhr. • *Heimatmuseum* in Neuweiler, im ehem. Rathaus, Besichtigung nach Vereinbarung, Tel. (07055) 7318. • *Zavelstein*, auf einem Bergsporn gelegene Kleinstadt; bestand einst nur aus einer Straße sowie einer Burg (12. Jh., heute Ruine), frei zugänglich; bekannt für die Krokusblüte im Frühjahr.
Auskunft: Verkehrsamt, Aureliusplatz 10, 75365 Calw, Tel. (07051) 5671.
Karte: TK 1:50000, Blatt 3 Bad Wildbad – Freudenstadt.

10 Kultur-Tour durch das Nagoldtal

Nagold – Wildberg – Kentheim – Calw – Hirsau – Bad Liebenzell

Tourencharakter: Einfache, kulturhistorisch interessante Streckentour durch das Nagoldtal abwärts; nur geringe Anstiege; auf Wirtschaftswegen und Straßen, streckenweise auf stark befahrener Bundesstraße. Anfahrt mit der Bahn.
Länge der Tour: 33 km.

Die Radstrecke folgt ab Nagold dem bewaldeten Nagoldtal, wobei die Städte Wildberg und Calw, beide mit sehenswertem Ortsbild, passiert werden wie auch mehrere romanische Kirchenbauten, die eine Besichtigung lohnen: die Remigiuskirche in Nagold, die Candiduskirche in Kentheim und das ehemalige Benediktinerkloster in Hirsau.

Zeit nehmen sollte man sich für den Besuch von Hirsau, den man, um dem Verlauf der Geschichte gerecht zu werden, mit der Besichtigung der Aureliuskirche beginnen sollte. Diese romanische Basilika (1059) mit den beeindruckenden Säulen – seit 1955 nach einigen Jahrhunderten des Verfalls restauriert und als Kirche genutzt – war die erste Klosterkirche in Hirsau. Da das Kloster auf der rechten Nagoldseite zu klein wurde, errichteten die Benediktinermönche Ende des 11. Jh. den Klosterneubau auf einem Hügel links der Nagold mit der gewaltigen Basilika Sankt Peter und Paul. Mit einer Länge von 97 m war sie damals die größte Kirche im schwäbisch-fränkischen Raum und blieb es bis zum Bau des Ulmer Münsters. Weit reichte die Macht dieses Klosters im 12. Jh., denn Hirsau wurde Ausgangspunkt für die Klosterreform in Deutschland, die vom burgundischen Cluny eingeleitet worden war. Um der zunehmenden Verweltlichung der Klöster entgegenzuwirken, wurde die Rückkehr zur ursprünglichen Lehre des hl. Benedikt verlangt, eine Lehre, die von den Mönchen Gehorsam, Verzicht auf Eigentum, Askese forderte, aber auch die Freiheit des Klosters von weltlicher Macht und die unbeschränkte Gewalt des Abtes über den klösterlichen Bereich hinaus propagierte. Vor allem dieser Aspekt der Klosterreform, der sich über 100 Klöster anschlossen, führte, langfristig gesehen, zu der folgenden Konfrontation zwischen Papsttum und Kaiser und der beherrschenden Stellung des Papsttums im 13. Jh. Auch in wirtschaftlicher Hinsicht war Hirsau die mächtigste Abtei im Schwarzwald: Sie besaß Dutzende von Fronhöfen, Mühlen, Ländereien und Wäldern.

Doch weder Ruhm noch Reichtum blieben bestehen: Mißwirtschaft und Trägheit des Konvents führten im 13. und 14. Jh. dazu, daß Hirsau seine Vormachtstellung verlor. Erst Mitte des 15. Jh. erlangte die Abtei nochmals größere Bedeutung, was sich in umfangreichen Um- und Ausbaumaßnahmen im gotischen Stil äußerte, u. a. im Neubau des Kreuzgangs mit der Brunnenkapelle sowie der Allerheiligenkapelle, der Anfang des 16. Jh. die Marienkapelle hinzugefügt wurde. Einige Jahre später wurde das Kloster im Bauernkrieg zerstört und nach der Reformation durch die Herzöge von Württemberg verstaatlicht (1535). Diese richteten eine Klosterschule ein und erbauten für sich nebenan ein Jagdschloß (1592). Im Jahr 1692 wurden Kirche, Kloster und Schloß durch französische Truppen zerstört und die Anlage in der Folgezeit als Steinbruch benutzt.

Eindrucksvoll sind jedoch auch noch die Überreste: der nordwestliche Kirchturm, der sogenannte Eulenturm mit einem Bilderfries, der Kreuzgang, die gotische Marienkapelle, das Renaissance-Jagdschloß sowie zwei Tore der einstigen Umfassungsmauer.

Streckenbeschreibung

Von *Bad Liebenzell* fahren Sie mit der Bahn (Radtransport) im Nagoldtal aufwärts nach Nagold.

Ehe Sie *Nagold* verlassen, lohnt ein Besuch der romanischen Remigiuskirche (Abstecher vom Stadtzentrum hin und zurück 2,5 km): Vom Bahnhof Nagold fahren Sie nach links die Bahnhofstraße hinab zur zentralen Kreuzung in der Stadtmitte und auf der Freudenstädter Straße in Richtung Altensteig, biegen nach ca. 600 m links ab (Ww.

Sowohl von der einstigen Macht des Benediktinerklosters Hirsau als auch von der Pracht des herzoglichen Jagdschlosses zeugen heute nur noch Ruinen.

Marktplatz von Calw, der – nach Aussage des hier geborenen Schriftstellers Hermann Hesse – schönsten Stadt zwischen Bremen und Neapel, zwischen Wien und Singapur.

Remigiuskirche) und steigen zur Remigiuskirche an. Auf demselben Weg kehren Sie in die Stadtmitte zurück.

Sie bleiben auf der Talsohle und folgen der Calwer Straße talabwärts (Ww. Calw) bis auf Höhe eines Sportgeländes (knapp 1 km), biegen rechts ab und steigen am Talhang auf einem Radweg entlang der Emminger Straße leicht an. In der Ortsmitte von *Emmingen* (4,5 km) fahren Sie wenige Meter bergab und folgen der nach rechts abzweigenden Wildberger Straße zu einem Wohngebiet, an dessen Rand Sie sich links halten. Sie folgen einem Wirtschaftsweg, wobei Sie sich an zwei Weggabelungen (5 km und 6 km) jeweils nach rechts halten und auf ein Sträßchen stoßen. Bergab fahren Sie auf *Wildberg* zu, das Sie am gegenüberliegenden Talhang liegen sehen.

Auf der Talsohle stoßen Sie auf die Umfassungsmauer des ehemaligen Dominikanerinnenklosters (1252) Reutin (9 km), überqueren die Nagold und folgen der stark befahrenen Bundesstraße um den Bergsporn mit der Altstadt von Wildberg herum.

Sie verlassen die Bundesstraße (10,5 km) nach links in Richtung Bahnhof, überqueren die Bahngleise und folgen der Nagold talabwärts. Unmittelbar nach einer Bahnunterführung – links ein Grillplatz – verläuft ein Wirtschaftsweg zwischen den Gleisen und der Nagold, unterquert die Bahnlinie und mündet in *Seitzental* (15,5 km) in eine Straße, der Sie talabwärts zum Gasthaus Talmühle folgen. Während die Straße nach rechts zur Bundesstraße führt, halten Sie sich geradeaus nach *Kohlerstal* (17 km).

Hier biegen Sie nach rechts ab zur Bundesstraße, auf der sie 2 km talabwärts fahren und sie in Richtung Bad Teinach wieder verlassen. Sie überqueren die Brücke über die Bahnlinie und fahren rechts der Bahngleise auf einem ansteigenden Sträßchen in Richtung Stammheim weiter. Nach etwa 1 km zweigt ein Kiesweg nach links ab, der kurz hinter *Kentheim*, das auf der anderen Flußseite liegt, über die Nagold führt und in die Bundesstraße einmündet (22,5 km).

Wenn Sie einen Abstecher zur romanischen Candiduskirche in Kentheim machen

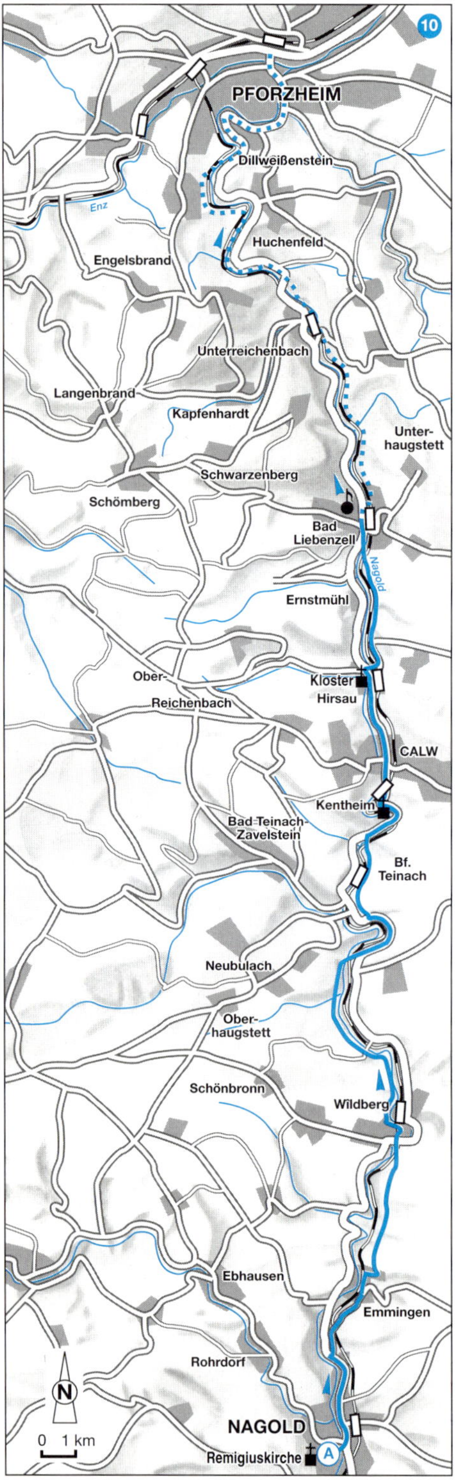

wollen, wenden Sie sich auf der Bundesstraße nach links (Abstecher hin und zurück 800 m).

Die Bundesstraße verlassen Sie schon nach 700 m wieder nach links und folgen der früheren Talstraße, vorbei an den wenigen Gebäuden von Tanneneck, entlang der Nagold in die Altstadt von *Calw* (26 km).

Über den Hermann-Hesse-Platz – rechts die Nagoldbrücke mit der Nikolauskapelle – gelangen Sie zum Marktplatz, den Sie über einige Treppenstufen in der Haggasse nach rechts verlassen. Auf Höhe der Unteren Brücke biegen Sie nach links in die Inselstraße ein – hier Radmarkierung, die im weiteren Verlauf zuverlässig den Weg weist – und halten sich, wo die Straße nach links am Hang anzusteigen beginnt, geradeaus auf dem Hirsauer Wiesenweg nach *Hirsau*, wo Sie auf die B 296 (28,5 km), innerörtlich Wildbader Straße benannt, stoßen. Zum Kloster Hirsau halten Sie sich nach links (Abstecher hin und zurück 500 m).

Sie wenden sich nach rechts, passieren die Aureliuskirche und biegen nach links ab in Richtung Ottenbronn. Schon nach 200 m verlassen Sie diese Straße nach links (Ww. Pforzheim) auf dem Ernstmühler Weg, unterqueren in *Ernstmühl* (30 km) die Bahnlinie und erreichen auf dem Liebenzeller Weg entlang der Bahngleise *Bad Liebenzell*.

Nützliche Informationen

Ausgangsort: Nagold, Kleinstadt (13 000 E.) mit teilweise erhaltenem mittelalterlichem Stadtkern, überragt von der Ruine Hohennagold.
Endpunkt: Bad Liebenzell (7800 E.), Heilbad im Nagoldtal; am Hang die restaurierte Burg (12. Jh.), heute Tagungsstätte.
Anfahrt: Ausgangs- und Endpunkt sind Stationen an der Bahnlinie Pforzheim – Horb. PKW: A 8, Stuttgart – Karlsruhe, Ausfahrt Pforzheim-West oder -Ost. Durch Pforzheim hindurch und auf der B 463 in Richtung Calw nach Bad Liebenzell. Parkplatz am Bahnhof. Mit der Bahn nach Nagold. Auskunft über die Fahrzeiten am Bhf. Bad Liebenzell, Tel. (0 70 52) 13 22.
Höhen: AP 430 m; EP 330 m; HP 460 m; Anstieg 120 m; Abstieg 220 m.

Etappen: Nagold – Wildberg 10 km – Bhf. Bad Teinach 10 km (20 km) – Calw 6 km (26 km) – Bad Liebenzell 7 km (33 km).
Einkehr unterwegs: In Emmingen, Wildberg, Seitzental, Calw, Hirsau.
Grillplatz: Kurz nach Wildberg (11,5 km).
Bademöglichkeiten: Freibäder in Nagold und Bad Liebenzell, dort auch Thermalbad.
Sehens- und Wissenswertes: • *Remigiuskirche* in Nagold, im Sommer tagsüber geöffnet, Schlüssel beim Mesner, Remigiusweg 3. Romanische Kirche mit Fresken (14. Jh.); bereits im 8. Jh. erwähnt und vermutlich auf römischen Grundmauern erbaut; zählt zu den ältesten Kirchen des Landes. • *Wildberg*, altes Städtchen, von dessen einstiger Stadtbefestigung noch Reste erhalten sind; Burgruine (13. Jh.). • *Candiduskirche* in Kentheim, geschlossen, Schlüssel im Nachbarhaus. In der um 1000 erbauten kleinen Kirche spätgotische Fresken: mittelalterlicher Taufstein; an der südlichen Außenwand schöne Grabplatten (15./16. Jh.). • *Calw*, Informationen s. Tour 9. • *Ehem. Kloster St. Peter und Paul* in Hirsau, frei zugänglich. • *Klostermuseum* in Hirsau, Calwer Straße 6, bei der Aureliuskirche; geöffnet 1.11.–31.3. Sa. und So. 14–18 Uhr, 1.4. bis 31. 10. Di.–Sa. 14–17 Uhr, So. 14–18 Uhr.
Auskunft: Kurverwaltung, Postfach 1260, 75375 Bad Liebenzell, Tel. (0 70 52) 40 81 00. Stadtverwaltung, Marktstr. 27, 72202 Nagold, Tel. (0 74 52) 681 0.
Karte: TK 1:50 000, Blatt 1 Karlsruhe – Pforzheim und Blatt 3 Bad Wildbad – Freudenstadt.

Streckenvariante

Verlängerung der Tour bis Pforzheim
Gesamte Länge: 54 km.
Anfahrt: Parken in Pforzheim und mit der Bahn nach Nagold.
Strecke: Der obigen Streckenbeschreibung folgen Sie bis Bad Liebenzell. Von dort fahren Sie weiter entlang der Nagold auf einem gut markierten Weg über Monbachtal, Unterreichenbach und Dillweißenstein. In Pforzheim halten Sie sich entlang der Nagold bis zur Einmündung der Enz. Hier wenden Sie sich nach links durch das Stadtzentrum zum Bahnhof.

11 Durch das Zinsbachtal zur Nagold-Talsperre

Altensteig – Waldsägmühle – Kälberbronn – Erzgrube – Nagold-Talsperre – Altensteig

Tourencharakter: Problemlose Tour mit schattigem, bequemem Anstieg im idyllischen Zinsbachtal; je zur Hälfte auf Waldwegen und Straßen.
Länge der Tour: 30 km.

Ausgangspunkt der Rundstrecke ist Altensteig, ein malerisches Städtchen im oberen Nagoldtal. Von hier aus führt die Tour durch das streckenweise autofreie Landschaftsschutzgebiet Zinsbachtal, in dem vereinzelte

Verwinkelte, steile Gassen, Treppen und Fachwerkhäuser prägen das Ortsbild von Altensteig.

Mühlen liegen, die – bis auf die Kohlsägmühle – ihre einstige Funktion als Säge verloren haben und heute Gäste bewirten. Der sanfte Anstieg führt hinauf nach Kälberbronn, auf der Hochfläche im Weiler Wald gelegen. Dieses ausgedehnte Waldgebiet erhielt seinen Namen aufgrund der am Waldrand gelegenen Orte Pfalzgrafenweiler, Durrweiler, Edelweiler und Herzogsweiler.

Die beiden letzteren Siedlungen wurden, ebenso wie Kälberbronn, in der ersten Hälfte des 18. Jh. als Holzhauerkolonien inmitten dieses Waldgebiets angelegt, das bis dahin Reichswald gewesen war und den Pfalzgrafen und Herzögen als Jagdgebiet gedient hatte, weshalb es für die Besiedlung gesperrt war. Doch bei der letzten Besiedlungswelle im Schwarzwald wurden auch die bislang abgelegensten Waldgebiete an den Oberläufen von Enz, Nagold und Murg erschlossen, um auch dort die Waldreserven ausschöpfen zu können. Die Tagelöhner gründeten lockere Siedlungen mit kleinen Häusern, da sie ja im Wald arbeiteten und Landwirtschaft nicht ihr Haupteinkommen war.

Nördlich von Kälberbronn hat sich ein Rest dieses ursprünglichen, für den Nordschwarzwald typischen Tannen-Buchen-Waldes erhalten, das heutige »NSG Große Tannen«. Offensichtlich wurden bei der Gründung der Holzfällersiedlung auch einige Bäume gepflanzt, so daß hier Tannen und Buchen stehen, die zwischen 200 und 250 Jahre alt sind und zu den ältesten des Schwarzwalds zählen. Leider mußten einige der urigsten Bäume, u.a. auch die sogenannte »Gründungstanne«, die 49 m hoch war, inzwischen gefällt werden.

Von der Hochfläche führt die Radtour hinunter zu der Ortschaft Erzgrube, im 17. Jh. entstanden als Bergbauort, heute Ferienort, da es am Nagold-Stausee liegt, einem bei Wassersportlern beliebten Ausflugsziel. Sanft fällt von hier aus die Straße durch das obere Nagoldtal ab nach Altensteig.

Streckenbeschreibung

Vom Parkplatz in *Altensteig* fahren Sie auf der B 28, Nagold – Freudenstadt, in Richtung Freudenstadt, biegen aber nach wenigen Metern rechts ab in Richtung Bad Wildbad und folgen dieser Straße entlang der Nagold talaufwärts. An einer Straßengabelung am Ortsende bleiben Sie auf der Talsohle (Ww. Besenfeld), passieren einen Campingplatz, biegen nach links ab in Richtung Hallwangen (2,5 km), überqueren die Nagold und folgen nach 100 m, erneut nach links, der Ausschilderung Wörnersberg.

Im engen *Zinsbachtal* steigen Sie zwischen bewaldeten Talhängen auf einer ruhigen, schattigen Straße leicht an, passieren die Kohlsägmühle (3,5 km) und biegen unmittelbar danach links in Richtung Zinsbachmühle ab. Ein schmales Sträßchen verläuft weiter entlang des Zinsbachs, vorbei an der Reesenmühle (6 km), bis auf Höhe der Zinsbachmühle (7,5 km). Während das Sträßchen den Talgrund quert, halten Sie sich geradeaus (Ww. Kälberbronn). Auf einem auf der Talsohle stetig leicht ansteigenden Kiesweg kreuzen Sie die Straße Pfalzgrafenweiler – Edelweiler (9,5 km) und gelangen, ohne Abzweigungen zu beachten, am Hotel-Restaurant *Waldsägmühle* an die Straße Durrweiler – Kälberbronn (12,5 km).

Nach rechts steigen Sie auf der Straße an und erreichen nach kurzem, steilem Anstieg die Ortsmitte von *Kälberbronn* (15 km). Der weiterhin ansteigenden Große-Tannen-Straße folgen Sie durch den Ort und stoßen nach den letzten Häusern von Kälberbronn am Waldrand auf einen Spiel- und Grillplatz. Während die Straße nach rechts abknickt, halten Sie sich geradeaus. Ein breiter Weg, die Erzgruber Steige, führt durch das *Naturschutzgebiet Große Tannen* und zunächst sanft, dann sehr steil bergab nach *Erzgrube* (17,5 km).

Auf der Hallwanger Straße gelangen Sie auf die Talsohle hinab, kreuzen die Straße Besenfeld – Altensteig und folgen einem asphaltierten Rad- und Fußweg entlang dem Westufer der *Nagold-Talsperre*. Am Nordende des Stausees fahren Sie geradeaus weiter und stoßen bei der Schernbacher Sägemühle auf die an Wochenenden stark befahrene Straße Besenfeld – Altensteig (21 km), der Sie entlang der Nagold talabwärts folgen. In mehreren langgezogenen Kurven führt die breite Straße zwischen niederen, bewaldeten Talhängen am Gasthaus Pfaffenstube (22 km) vorbei, quert die Nagold und passiert das Sägewerk Völmlesmühle (23,5 km). Weiterhin stetig leicht bergab, vorbei am Gasthof Neumühle (25,5 km) und an der Einmündung des Zinsbachtals in das Nagoldtal (28 km), gelangen Sie zurück nach Altensteig.

Nützliche Informationen

Ausgangsort: Altensteig (11 000 E.), am Hang des Nagoldtals gelegener Luftkurort mit mittelalterlichem Ortsbild: verwinkelte, steile Gassen und zahlreiche Fachwerkhäuser; überragt vom Alten (heute Museum) und Neuen Schloß.
Anfahrt: PKW: A 81, Stuttgart – Singen, Ausfahrt Gärtringen. Auf der B 28 über Herrenberg und Nagold nach Altensteig. Parkplatz an der B 28 beim Freibad.
Höhen: AP = EP 470 m; HP 740 m; Anstieg 280 m.
Etappen: Altensteig – Reesenmühle 6 km – Waldsägmühle 6,5 km (12,5 km) – Erzgrube 5 km (17,5 km) – Altensteig 12,5 km (30 km).
Einkehr unterwegs: Im Zinsbachtal Kohlsägmühle, Reesenmühle und Waldsägmühle; in Kälberbronn; in Erzgrube; im Nagoldtal Pfaffenstube und Neumühle.
Grillplatz: Ortsende Kälberbronn (15,5 km).
Bademöglichkeiten: In der Nagold-Talsperre; Freibad in Altensteig.
Sehens- und Wissenswertes: • *Museum im Alten Schloß* in Altensteig, geöffnet Mi. 14–16 Uhr, So. 11–12 und 14–16 Uhr.
Fahrradverleih: Städt. Verkehrsamt.
Auskunft: Städt. Verkehrsamt, Rosenstr. 28, 72213 Altensteig, Tel. (0 74 53) 66 33 und 2 72 47.
Karte: TK 1:50 000, Blatt 3 Wildbad – Freudenstadt.

Die einstigen Sägemühlen im Zinsbachtal bewirten heute Gäste.

12 Ländliche Idylle im Waldachtal

Dornstetten – Tumlingen – Heiligenbronn – Cresbach – Herzogsweiler – Waldsägmühle – Dornstetten

Tourencharakter: Beschauliche, größtenteils schattige Rundtour auf der bewaldeten Hochfläche; auf wenig befahrenen Straßen und Kieswegen; mehrere Steigungen.

Länge der Tour: 38 km.

Von dem auf der Hochfläche gelegenen Städtchen Dornstetten führt die Radtour zunächst durch Wald auf einer wenig befahrenen Straße sanft bergab in das Waldachtal, das Tal, das der aus mehreren Ortsteilen bestehenden Gemeinde auch den Namen gab. Nach einem leichten Anstieg erreichen Sie die größtenteils bewaldete Hochfläche, nach deren Überquerung Sie wieder in das Waldachtal hinabfahren. Nur kurzzeitig folgen Sie diesem Tal aufwärts, bis Vesperweiler, wo sich ein Besuch der alten Mönchhof-Sägmühle lohnt. Wieder ansteigend, erreichen Sie das in einem Seitental gelegene Cresbach und, auf der Hochfläche, Herzogsweiler. Dahinter erstreckt sich der Weiler Wald, ein bis in das 18. Jh. unberührtes großflächiges Waldgebiet, in dem Mitglieder des Hochadels auf Auerhahnjagd gingen und das deshalb nicht besiedelt werden durfte. Erst nachdem hier ein Waldbrand gewütet hatte, wurden zwischen 1720 und 1730 einige Dörfer angelegt, u.a. das Straßendorf Herzogsweiler für Waldarbeiter, Köhler und Pottaschebrenner.

Von Herzogsweiler fahren Sie nach Durrweiler, einst am alten Postweg Stuttgart – Straßburg gelegen, und bergab in das idyllische Zinsbachtal mit der Waldsägmühle, einem Hotel, das sich aus einer Sägemühle mit kleiner Gastwirtschaft entwickelt hat. Nach nochmaligem Anstieg erreichen Sie durch ausgedehnten Wald Ihren Ausgangspunkt, Dornstetten, eines der ältesten Städtchen im nördlichen Schwarzwald. Entwickelt hat sich die Siedlung, die bereits 767 erwähnt wird, am alten Handelsweg Augsburg – Straßburg. Ein gepflegtes Städtchen mit kopfsteingepflastertem Marktplatz und zahlreichen Fachwerkhäusern.

Streckenbeschreibung

Vom Parkplatz am Friedhof in *Dornstetten* fahren Sie 200 m zurück zur Hauptkreuzung im Ort, wenden sich nach links (Ww. Horb/Altensteig), überqueren die Brücke über die Bahnlinie Freudenstadt – Horb und biegen sofort nach rechts ab. Auf der Riedstraße und, wo diese nach links abknickt, geradeaus auf der Waldstraße steigen Sie steil zum Ortsrand an. Oberhalb des Schulzentrums folgen Sie einem Wirtschaftsweg nach rechts entlang einer Umgehungsstraße in Richtung Horb, unterqueren sie (1,5 km) und gelangen nach einigen hundert Metern zu einer Straße, die nach links durch Wald hinunter nach *Hörschweiler* führt (5 km).

Sie durchfahren das Dorf, biegen wenig später nach rechts ab und erreichen auf einem Rad- und Fußweg neben der Straße den Ort *Tumlingen* (6,5 km). 100 m nach dem Rathaus biegen Sie nach rechts ab, halten sich aber an einer Gabelung sofort wieder nach links. Auf dem Spielwiesenweg verlassen Sie Tumlingen – am Ortsrand zu Ihrer Linken die Firma »Fischer-Technik« – und folgen einem Bach in einem Rechtsbogen zu einem querlaufenden Wirtschaftsweg, der nach links zu einer Weggabelung am Waldrand führt. Nach links (Ww. Tumlinger See) steigen Sie im Wald an, passieren den *Tumlinger See* (9 km) und folgen der Straße nach rechts bergauf in Richtung Grünmettstetten.

In einem niederen Sattel biegen Sie nach links auf einen Wirtschaftsweg ab (gut 10 km). Dieser leicht ansteigende, zunächst asphaltierte Weg mündet nach einigen Kurven in eine schmale Querstraße (knapp 12 km), der Sie nach links bergab folgen. An zwei kurz aufeinanderfolgenden Gabelungen halten Sie sich jeweils nach rechts. Ohne Abzweigungen zu beachten, folgen Sie nun einem abwechselnd asphaltierten oder mit einem Kiesbelag versehenen Weg zu einer leicht versetzten Kreuzung (12,5 km), an der Sie geradeaus fahren, zwischen Wiesen und Feldern hindurch. An einem Feldkreuz und Rastplatz halten Sie sich auf einem asphaltierten Querweg (gut 13 km) nach rechts, verlassen ihn aber nach nur 30 m wieder nach links. Kurzzeitig durch Wald, dann entlang des Waldrands bergab erreichen Sie diejenige Stelle, an der dieser Weg nach rechts in Richtung Salzstetten abknickt. Hier, noch vor dem Rechtsknick des Weges, biegen Sie nach links auf einen breiten Waldweg ab, der recht steil zu den wenigen Häusern von *Heiligenbronn* mit der Wallfahrtskirche (14,5 km) abfällt.

In Heiligenbronn kreuzen Sie die Straße Salzstetten – Lützenhardt, gelangen auf einem Kiesweg nach wenigen hundert Metern an die Straße Salzstetten – Oberwaldach und folgen ihr nach links in die Ortsmitte von *Oberwaldach* (16,5 km).

Auf der Talsohle steigen Sie nach links entlang der Waldach in Richtung Lützenhardt leicht an und erreichen wenig später *Vesperweiler*. Wenn Sie sich die restaurierte Mönchhof-Sägmühle, die 1435 zum ersten Mal erwähnt wurde und heute noch in Betrieb ist, ansehen möchten, halten Sie sich an der Kreuzung nach links (Abstecher hin und zurück 400 m).

Sie wenden sich nach rechts in Richtung Cresbach, nach wenigen Metern erneut scharf nach rechts und erreichen auf der Alten Straße nach kurzem, aber steilem Anstieg und einer bequemen Abfahrt die Ortschaft *Cresbach* (19 km).

Im Ort folgen Sie nach rechts der Ausschilderung Herzogsweiler, halten sich an einer Straßengabelung am Ortsrand nach links und gelangen nach etwa 1,5 km langem, steilem Anstieg an den Ortsrand von *Herzogsweiler* (20,5 km). Auf der Durchgangsstraße steigen Sie durch das Straßendorf weiter an zu einer Kreuzung im oberen Dorfbereich, biegen nach rechts ab auf die Alte Poststraße in Richtung Durrweiler und halten sich am Ortsrand, wo die Straße eine Linkskurve beschreibt, geradeaus. Dieser ehemalige Postweg führt fast schnurgerade durch Wald und mündet wieder in die Straße Herzogsweiler – Durrweiler ein, der Sie nach rechts folgen.

In *Durrweiler* (23,5 km) wenden Sie sich auf der Weilerstraße nach links in Richtung Pfalzgrafenweiler, folgen kurz danach der Ausschilderung »Kälberbronn« wiederum nach links, kreuzen nach kurzem Anstieg die B 28, Altensteig – Freudenstadt, und fahren bequem zwischen Wiesen und Feldern, anschließend im Wald bergab, passieren einen Grillplatz und gelangen zum Hotel-Restaurant *Waldsägmühle* im Zinsbachtal (26 km).

250 m nach der Waldsägmühle verlassen Sie die Straße Durrweiler – Kälberbronn nach links (Ww. Herzogsweiler) und steigen im Weiler Wald stetig an, wobei Sie sämtliche Abzweigungen, auch die nach Herzogsweiler, unbeachtet lassen, bis Sie auf die Straße Hallwangen – Erzgrube (28,5 km) stoßen. Hier steigen Sie nach rechts leicht an zu einer Straßenkreuzung, an der Sie nach links abbiegen in Richtung Obermusbach. Diese steil abfallende Straße verlassen Sie aber – noch auf der Gefällstrecke – nach knapp 1 km wieder nach links (Ww. Dornstetten). Sie folgen nun dem markierten Weg durch Wald und erreichen nach einem langgezogenen Anstieg den Ortsrand von *Hallwangen* (34 km).

Sie überqueren die B 28 (Ww. Jugendherberge), halten sich nach einigen hundert Metern an einer Straßengabelung nach rechts und nähern sich auf einem Bergrücken, von dem sich schöne Ausblicke ergeben, Dornstetten. Kurz oberhalb von *Dornstetten* überqueren Sie die Umgehungsstraße und fahren auf der Riedstraße zu der Hauptkreuzung in der Ortsmitte: Nach links gelangen Sie in die historische Altstadt, nach rechts zu Ihrem Parkplatz.

Weite, bewaldete Hochflächen, nur gelegentlich durchbrochen von Siedlungen, sind typisch für den nördlichen Schwarzwald.

Nützliche Informationen

Ausgangsort: Dornstetten, auf einem Bergsporn gelegener Luftkurort (7000 E.) mit historischem Ortskern.
Anfahrt: Station an der Bahnlinie Freudenstadt – Horb. PKW: A 81, Stuttgart – Singen, Ausfahrt Horb; über Horb nach Dornstetten. Parken am Friedhof in der Nähe des Bahnhofs.
Höhen: AP = EP 620 m; HP 735 m; Anstieg 470 m.
Etappen: Dornstetten – Tumlingen 6,5 km – Heiligenbronn 8 km (14,5 km) – Herzogsweiler 6 km (20,5 km) – Waldsägmühle 5,5 km (26 km) – Dornstetten 12 km (38 km).
Unterkunft/Einkehr unterwegs: In allen Orten außer Heiligenbronn. JH Pfahlberg in Hallwangen.
Grillplatz: Zwischen Durrweiler und Waldsägmühle (25 km).
Bademöglichkeiten: Tumlinger See; Freibad Dornstetten.
Sehens- und Wissenswertes: • *Heimatmuseum* in Dornstetten, in ehem. Zehntscheuer, geöffnet So. 14–16.30, Mi./Fr. 14.30–16.30 Uhr. • *Puppenmuseum* in Dornstetten, Marktplatz, geöffnet Mi. und So. 14–17 Uhr.
Auskunft: Kurverwaltung, Marktplatz 1, 72280 Dornstetten, Tel. (0 74 43) 24 09 30.
Karte: TK 1:50 000, Blatt 3 Wildbad – Freudenstadt.

Nicht nur der Tumlinger See ist auf einer Radtour ein willkommener Rast- und Badeplatz.

13 Die Höfe um Loßburg

Loßburg – Vierundzwanzig Höfe – Betzweiler-Wälde – NSG Heimbachaue – Sterneck – Unter- und Oberbrändi – Loßburg

Tourencharakter: Problemlose Rundtour auf der locker besiedelten, teilweise bewaldeten Hochfläche um Loßburg; mehrere leichte Steigungen.

Länge der Tour: 28 km.

Loßburg – der Name geht auf eine Wasserburg zurück, die inmitten des heutigen Orts auf einer Aufschüttung stand und von der heute noch der Straßenname »Schloßberg« in der Ortsmitte von Loßburg zeugt. Um den Wassergraben zu füllen, wurde die westlich von Loßburg entspringende Kinzig umgeleitet. Die Herren von Geroldseck waren es vermutlich, die um 1250 zu diesen Maßnahmen griffen, um mittels einer befestigten Anlage den Zugang in das Kinzigtal zu schützen.

Mühlenbesitzer waren früher häufig die Wohlhabendsten im weiten Umkreis, wie am Schaufachwerk der Heimbachmühle noch deutlich zu sehen ist.

Zum Schutz gegen Feuer dienten die Sandsteinplatten, mit denen der einstige Kornspeicher (1822), ein massives, kapellenähnliches Steingebäude am Marktplatz, gedeckt ist. Heute befindet sich hier das Schwarzwälder Heimatmuseum.

Südlich von Loßburg liegen zahlreiche einzeln stehende Höfe, die unter dem Namen Vierundzwanzig Höfe zusammengefaßt wurden. Hier haben sich alte Kinzigtäler Bauernhöfe (17./18. Jh.) erhalten: Eindachhäuser mit hohen Giebelfronten, einer Reihe kleiner Fenster und einem steilen Satteldach, umgeben von kleineren Nebengebäuden wie Hausmühlen, Bienen- und Backhäusern.

Streckenbeschreibung

Vom Parkplatz in *Loßburg* folgen Sie der B 294 in Richtung Alpirsbach, halten sich an der Kreuzung in der Ortsmitte geradeaus in Richtung Rottweil/Oberndorf, verlassen die Oberndorfer Straße aber schon nach 200 m nach rechts, unmittelbar vor einer ausgedehnten Fabrikanlage. Auf der Arthur-Hehl-Straße steigen Sie entlang des Fabrikgeländes leicht an, biegen in die Max-Eyth-Straße rechts ab und folgen nach nur 15 m der Rudolf-Diesel-Straße entlang eines Wohnviertels. Wenig später biegen Sie auf einen Wirtschaftsweg ab, der in die am Waldrand verlaufende Straße Loßburg – Peterzell einmündet.

Auf der Straße wenden Sie sich nach rechts, biegen aber nach 100 m in einen markierten Kiesweg (Ww. Dornhan) nach links ein. Durch Wald folgen Sie der Markierung an einer Gabelung nach rechts und stoßen auf eine weitere Weggabelung (gut 2 km). Auf dem nach rechts führenden Weg – nicht weiter der Radwegmarkierung geradeaus folgen! – gelangen Sie zu einer Straße, auf der Sie nach links zwischen den wenigen Bauernhöfen von *Äußerer Vogelsberg* (3,5 km) und *Innerer Vogelsberg* (4,5 km) hindurchfahren und am Bühlhof eine Straßenkreuzung erreichen (5 km), an der Sie sich nach rechts wenden (Ww. Radwanderweg Oberes Kinzigtal). Hier beginnt die aus großen Einzelhöfen bestehende Gemeinde *Vierundzwanzig Höfe.*

Eine schmale Straße führt auf einer teilweise bewaldeten Hochfläche in einem kilometerweit geschwungenen Linksbogen an einigen dieser Höfe vorbei: an *Oberweiler* (6 km) – hier an einer Gabelung rechts weiter –, *Romishorn* (7,5 km), *Birkhof* (8,5 km) und *Eichhof* (gut 9 km). Am Eichhof gabelt sich die Straße: Sie halten sich nach links (nicht dem Radwanderweg Oberes Kinzigtal folgen!), passieren den *Grabenhof* (10 km) und stoßen kurz danach auf eine Straße, auf der Sie, nach rechts, die wenigen Höfe von *Trollenberg* erreichen.

Sie folgen der Straße bergab, biegen am Waldrand nach links in einen breiten, ansteigenden Waldweg ein und gelangen in einem weiten Rechtsbogen, wobei Sie die Erlenhütte, eine Schutzhütte, passieren, wieder zurück an die Straße. Nach 300 m auf der Straße biegen Sie links ab (13 km) und fahren nach *Betzweiler* hinunter. Kurz nach dem Ortsbeginn halten Sie sich nach links und folgen der alten Straße in die Ortsmitte (14,5 km).

Auf der Talsohle wenden Sie sich nach links in die Hegisstraße, überqueren den Heimbach und fahren ab der Heimbachmühle auf einem Rad- und Fußweg auf der Sohle des niederen Wiesentals durch das NSG Heimbachaue talabwärts. Sie kreuzen den Heimbach, folgen ab den Häusern von *Bohlhof* (16 km) einem Sträßchen nach rechts, biegen aber vor Breitenau, unmittelbar vor einer Brücke über den Heimbach, nach links ab und erreichen auf der Fortsetzung des Rad- und Fußwegs die Ortschaft *Wälde* (17,5 km).

Der Weg mündet in ein Sträßchen ein, dem Sie wenige Meter nach rechts folgen, anschließend der Straße in Richtung Loßburg nach links zur Ortsmitte. Wo die Straße scharf nach links abknickt, halten Sie sich geradeaus. Der schattige Sägeweg verläuft links entlang des Heimbachs im sich verengenden Tal, passiert eine ehemalige Sägemühle und steigt am zunehmend steileren Talhang zu einer Straße an (19 km), die von Loßburg in das Heimbachtal hinunterführt.

Sie fahren nach rechts, vorbei an dem höher am Hang gelegenen Weiler Sterneck, biegen nach 150 m links ab (Ww. Unterbrändi) und halten sich an der folgenden Gabelung nach rechts. Zunächst steigt das Sträßchen am Hang eines schmalen Hügelrückens an, führt durch *Unterbrändi* (21,5 km) hindurch und um den Hügelrücken herum nach *Oberbrändi* (22,5 km).

In mehreren Kurven verläuft die ansteigende Straße durch den Ort, anschließend entlang des Waldrands bzw. im Wald und mündet bei den wenigen Häusern von *Dottenweiler* in die Straße Loßburg – Sterneck (25 km). Nach rechts steigen Sie zunächst im Ort, dann im Wald steiler an und gelangen zurück nach Loßburg.

Nützliche Informationen

Ausgangsort: Loßburg, Luftkurort (6000 E.) auf der Hochfläche am östlichen Schwarzwaldrand und am Beginn des Kinzigtals.
Anfahrt: Station an der Kinzigtalbahn Offenburg – Freudenstadt. PKW: A 81, Stuttgart – Singen, Ausfahrt Horb. Über Horb und Dornstetten nach Freudenstadt; abbiegen auf die B 294 in Richtung Alpirsbach. Parkplatz in Loßburg gegenüber dem Rathaus.
Höhen: AP = EP 660 m, HP 705 m, Anstieg 270 m.
Etappen: Loßburg – Trollenberg 11 km – Betzweiler 3,5 km (14,5 km) – Oberbrändi 8 km (22,5 km) – Loßburg 5,5 km (28 km).
Einkehr unterwegs: In Vogelsberg, Trollenberg, Betzweiler-Wälde, Unterbrändi (Café Zur Alten Kirche, in einer ehem. Wallfahrtskirche eingerichtet, RT Mo.), Oberbrändi und Dottenweiler.
Bademöglichkeit: Freizeitbad in Loßburg.
Sehens- und Wissenswertes: • *Schwarz-*

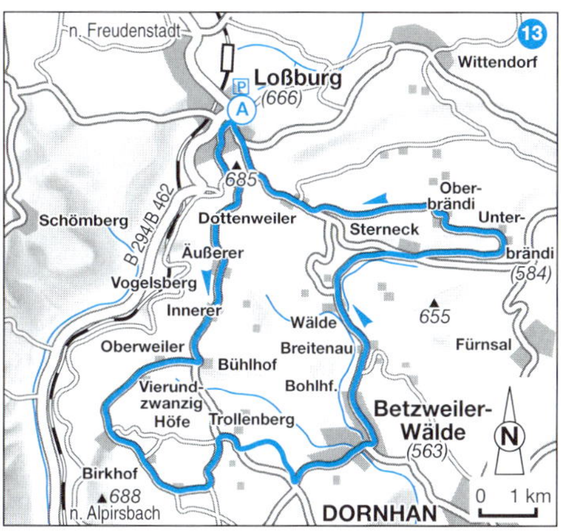

waldmuseum in Loßburg, geöffnet Di. und So. 14.30–16.30 Uhr.
Fahrradverleih: Kurverwaltung.
Auskunft: Kurverwaltung, Hauptstr., 72290 Loßburg, Tel. (07446) 9506-0.
Karte: TK 1:50 000, Blatt 5 Freudenstadt – Schramberg.

Mehrtägige Rundtouren

Durch das Enz- und Nagoldtal

Länge der Tour: Ca. 142 km.
Tourencharakter: Durch die bewaldeten Täler der Enz und Nagold; langgezogene Steigung auf den ersten 50 km; meist sanfte Abfahrt im 2. Teil. Teilweise markiert.
Wegverlauf: Pforzheim – im Tal der Großen Enz aufwärts – Neuenbürg (13 km) – Bad Wildbad (26 km) – Enzklösterle (40 km) – Besenfeld (52 km), höchster Punkt mit 782 m – im Tal der Nagold abwärts nach Erzgrube an der Nagold-Talsperre (61 km) – entlang des Stausees und im Nagoldtal (s. Tour 11) nach Altensteig (74 km) – Nagold (88 km, s. Tour 10) – Calw (114 km) – über Hirsau nach Pforzheim (142 km, markiert).
Sehenswertes: Schmuckmuseum in Pforzheim; ehem. Eisenerzbergwerk bei Neuenbürg; traditionsreicher Kurort Bad Wildbad (Tour 8); Altensteig mit sehenswertem Ortsbild (Tour 11); romanische Remigiuskirche in Nagold (Tour 10); romanische Candiduskirche in Kentheim (Tour 10); Fachwerkstadt Calw, Geburtsort von Hermann Hesse (Tour 9); ehem. Benediktinerkloster Hirsau (Tour 10); Kurort Bad Liebenzell (Tour 10).
Unterkünfte: In allen größeren Orten zahlreiche Unterkunftsmöglichkeiten. JH in Pforzheim-Dillweißenstein, Tel. (07231) 72604, und Calw, Tel. (07051) 12614, Schwarzwaldvereinshäuser bei Neuenbürg, ständig geöffnet, Tel. (07082) 7200; bei Calmbach, Tel. (07081) 6114 und bei Enzklösterle/Mittelenztal Tel. (07231) 7177, diese beiden nicht ständig geöffnet, Selbstverpflegerküche; Naturfreundehaus Urnagold, teilbewirtschaftet, Tel. (07225) 75879.
Informationen: U. a. erhältlich bei: • Stadtinformation, Postfach 1630, 75116 Pforzheim, Tel. (07231) 392190. • Reise- und Verkehrsbüro, Postfach 100326, 75314 Bad Wildbad, Tel. (07081) 10280. • Kurverwaltung, Friedenstr. 16, 75337 Enzklösterle, Tel. (07085) 7516. • Kurverwaltung, Rathaus, 72297 Seewald, Tel. (07447) 1007 (Besenfeld und Erzgrube sind Teilorte von Seewald). • Verkehrsamt, Rosenstr. 28, 72213 Altensteig, Tel. (07453) 6633. • Verkehrsamt, Marktstr. 27, 72202 Nagold, Tel. (07452) 6810. • Verkehrsamt, Aureliusplatz 10, 75365 Calw, Tel. (07051) 5671.
Fahrradverleih: Bhf. Pforzheim, Tel. (07231) 185375.
Karten: TK 1:50000 Blatt 1 Karlsruhe – Pforzheim und Blatt 3 Wildbad – Freudenstadt.

Rheinaue, Weinberge und Täler

Länge der Tour: Ca. 142 km, Verlängerung durch Kombination mit Tagesrundstrecken möglich.
Tourencharakter: Zum größten Teil auf dem bad.-württ. Radweg; anfangs eben, in den Vorbergen zahlreiche, meist kurze Anstiege; steil ansteigend vom Murg- ins Albtal, dann bergab.
Wegverlauf: Ettlingen – Kuppenheim (17 km) – Rastatt (22 km) – Plittersdorf (30 km) – entlang des Rheins nach Rheinmünster-Schwarzach (52 km; Anschluß ins elsässische Sessenheim, Tour 5) – über Lichtenau in die Vorberge um Bühl (Anschluß in das Baden-Badener Rebland, Tour 4) und nach Steinbach (77 km) – am Fuß der Berge nach Oos (87 km; Anschluß nach Baden-Baden, Tour 3) – über Schloß Favorite nach Kuppenheim (95 km) – im Murgtal aufwärts nach Gernsbach (109 km; Anschluß ins Murgtal, Tour 7) – über Loffenau nach Bad Herrenalb (120 km, s. Tour 6) – im Albtal abwärts nach Ettlingen (142 km).
Sehenswertes: Barocke Residenzstadt Ettlingen (Tour 2); romanisches Münster Schwarzach (Tour 5); Baden-Badener Rebland (Tour 4); Kurort Baden-Baden (Tour 3); Schloß Favorite (Tour 2); alte Flößerstadt Gernsbach (Tour 6); das reizvolle Murgtal (Tour 7); Bad Herrenalb (Tour 6); Automuseum in Marxzell.
Unterkünfte: JH in Baden-Baden, Tel. (07221) 52223; NF-Haus Hörden oberhalb von Gernsbach-Hörden, Tel. (07224) 40556; JH Aschenhütte in Bad Herrenalb,

Tel. (0 70 83) 24 30. Zahlreiche Gasthäuser in allen größeren Orten.
Informationen: U. a. erhältlich bei: • Städt. Verkehrsamt Ettlingen, Im Schloß, 76261 Ettlingen, Tel. (0 72 43) 10 12 21. • Stadtinformation, Kapellenstr. 20–22, 76437 Rastatt, Tel. (0 72 22) 97 24 62. • Bürgermeisteramt, Lindenbrunnenstr. 1, 77836 Rheinmünster, Tel. (0 72 27) 30 41. • Fremdenverkehrsamt, Hauptstr. 41, 77815 Bühl, Tel. (0 72 23) 28 32 09. • Kurverwaltung, Augustaplatz 8, 76530 Baden-Baden, Tel. (0 72 21) 27 52 00-01. • Verkehrsamt, Hauptstr. 32, 76593 Gernsbach, Tel. (0 72 24) 6 44 44. • Kurverwaltung, Rathausplatz 11, 76332 Bad Herrenalb, Tel. (0 70 83) 79 33.
Karten: TK 1:50 000 Blatt 1 Karlsruhe – Pforzheim und 2 Baden-Baden – Hornisgrinde.

Meist nur geringes Gefälle haben die in Richtung Osten abfließenden Flüsse und Bäche wie der Heimbach, da durch die Aufkippung im Westen das Gebirge nach Osten sanft ausläuft.

Mittlerer Schwarzwald

Obwohl flächenmäßig das kleinste Teilgebiet des Schwarzwalds, ist es doch das Gebiet, das mit einer Reihe von Erscheinungen das »Image« des Schwarzwalds am entscheidendsten prägte: der rote Bollenhut aus dem Kirnbachtal, die stolzen Kinzigtäler Häuser, die »Obstwässerle« aus den Schnapsbrennereien im Renchtal, die Weine der Ortenau, die Schwarzwälder Uhren aus Triberg und Furtwangen. Traditionen werden hier in Ehren gehalten, und zahlreiche Museen informieren über die einstigen Waldgewerbe – die Flößerei, die Glasbläserei, die Uhrmacherei –, über die Trachten, die Narren, die verschiedenen Haustypen (Touren 16, 21 und 24).

Typisch für den mittleren Schwarzwald sind das Gutacher und das Kinzigtäler Haus: Beide haben ein steinernes Untergeschoß, in dem die Stallungen untergebracht sind, und ein Halbwalmdach (Krüppelwalmdach), ein an der Giebelseite kürzeres, dreieckiges Dach, das mehr Licht in Stube und Kammer einfallen läßt als ein vollständiges Walmdach. Stolze Häuser, die von Wohlstand zeugen, den die Bewohner dieser Region verschiedenen Faktoren verdanken.

In den durch die umgebenden Berge ge-

Da der Weg zur nächsten Kirche oft weit war, errichteten die Bewohner abgelegener Höfe, wie hier im Litschental, im 18. Jh. Hofkapellen.

schützten Tälern der Schutter, Rench und Kinzig sowie deren Nebentälern ist das Klima mild und die Vegetationsdauer länger als z. B. auf den Höhen des südlichen Schwarzwalds, so daß hier der Anbau von Feldfrüchten und Obst möglich ist. Das Obst wurde und wird teilweise zu Schnaps gebrannt und war eine wichtige zusätzliche Einnahmequelle für die Bauern, bis das Brennrecht an den Staat überging.

Durch die Möglichkeit des Feldanbaus kam der Viehwirtschaft nicht die Bedeutung zu wie im südlichen Schwarzwald. Das bedeutet, daß es keine Allmendweiden auf den Höhen gab – die Allmende lag im Kinzigtal z. B. im hochwassergefährdeten Gebiet an der damals noch unregulierten Kinzig – und kahle Weideberge fehlen. Die Berge, die in dieser Region niedriger sind als im südlichen Schwarzwald, waren und sind folglich mit Wald bestanden, der vielfältig genutzt wurde: Eichen wurden geschält und die Rinde in der Gerberei verwendet, große Nadelbäume geflößt, Fichten geharzt, d. h. die Stämme wurden angerissen und das austretende Harz eingesammelt und mit Wasser zu Pech versotten.

Entscheidender Grund für das Vorhandensein der stattlichen Höfe ist jedoch der, daß im gesamten mittleren Schwarzwald und den benachbarten Gebieten, etwa zwischen dem Renchtal und dem Dreisamtal, in der Vergangenheit und Gegenwart die Höfe als Ganzes einem einzigen Erben übergeben werden. So haben sich Hofgüter erhalten, deren landwirtschaftliche Nutzflächen und Waldbesitz nicht zerstückelt wurden, sondern als große arrondierte Flächen erhalten blieben, auf denen die Höfe als Einzelgehöfte liegen. Diese ziehen sich in sogenannten Zinken wie eine Kette die Täler hinauf, z. B. im Bücherntal (Tour 20) und Kirnbachtal (Tour 21).

Ein weiterer Faktor bei der Entwicklung der Strukturen im Kinzigtal war die verkehrsgünstige Lage. Schon zur Römerzeit führte eine Straße durch diesen Taleinschnitt hinauf zur Hochfläche bei Waldmössingen (Tour 23), wo die Römer ein Kastell errichteten, und weiter in südlicher Richtung über Rottweil und Hüfingen, wo Baderuinen von der einstigen Gegenwart der Römer zeugen (Tour 25). Entlang dieser Straße, die ab 74 n. Chr. bestand, entstanden Siedlungen – Schiltach, Wolfach, Hausach, Haslach, Gengenbach –, die im Mittelalter alle vom Silberbergbau im Kinzigtal abhingen und deren Ortsbilder heute noch von früherem Wohlstand zeugen.

Verbunden waren alle diese Städtchen durch die Kinzigtalstraße, die ab 1862 ausgebaut wurde, getrennt aber seit Anfang des 19. Jh. durch die im oberen Kinzigtal verlaufende Grenze zwischen Baden und Württemberg. So mußte der Ingenieur Robert Gerwig, der 1867 damit begann, seinen ehrgeizigen Plan, eine Bahnlinie durch das Kinzigtal, in die Tat umzusetzen, die Eisenbahnstrecke so führen, daß sie auf badischem Gebiet verlief, denn keiner der beiden Staaten war an einer gemeinsamen Bahnstrecke interessiert. Dies bedeutete, daß er die Bahnlinie von Hausach aus durch das steile Gutachtal nach Villingen hinaufführen mußte. Um den Anstieg von 450 Höhenmetern zwischen Hornberg und St. Georgen zu überwinden, mußten 27 Tunnels gebaut werden. Doch nach der Fertigstellung war die Schwarzwaldbahn eine Sensation, die Touristen in das Tal brachte und zudem die bis dahin abgelegenen Seitentäler erschloß.

All diese Faktoren führten dazu, daß das Kinzigtal heute recht dicht besiedelt ist und daß sich durch Bebauung das Landschaftsbild im Tal sehr verändert hat. Benutzt man heute als Autofahrer die stark frequentierte Bundesstraße, die als notwendig gewordene Maßnahme teilweise die Städte umgeht, sieht man kaum noch etwas von den historischen Stadtbildern, den alten Gehöften und vom Reiz des mittleren Schwarzwalds. Hier ist Radfahren die ideale Möglichkeit, mit Muße durch die alten Stadtkerne zu fahren und die stillen Seitentäler zu erkunden. Ohne Anstrengung geht das allerdings nicht ab, denn die Täler sind tief eingekerbt und die Steigungen nicht unerheblich. 500–600 Höhenmeter müssen z. B. bei einem langgezogenen Anstieg im Lierbachtal (Tour 15) oder im Kirnbachtal (Tour 21) überwunden werden. Wer es gemütlicher mag, bleibt im vorderen Kinzigtal (Tour 16) oder radelt in den Weinbergen der Ortenau (Tour 14) oder des Breisgaus (Tour 17).

14 Die berühmten Weinanbaugebiete der Ortenau

Mildes Klima und fruchtbarer Boden sind die Garanten für die Qualität der Weine in der Ortenau.

Achern – Sasbach – Sasbachwalden – Kappelrodeck – Achernsee – Achern

Tourencharakter: Einfache Tour auf Straßen und landwirtschaftlichen Wegen mit einem langgezogenen Anstieg.

Länge der Tour: 33 km.

Ortenau wird die Landschaft am Fuß des Schwarzwalds zwischen Baden-Baden und Lahr genannt, eine freundliche Landschaft mit rebenbewachsenen Hängen, obstbaumbestandenen Wiesen und zahlreichen Burgen. Hinterlassenschaften der Zähringer und Staufer, die diese Gegend »Mortenau« nannten. Erst im Mittelalter wurde daraus »Ortenau«, vielleicht nach der Burg Ortenberg im vorderen Kinzigtal.

Steil sind die Hänge, und auf den nach Süden geneigten wachsen hervorragende Rotweine: Am bekanntesten dürfte aufgrund der Qualität und vielleicht auch aufgrund des einprägsamen Namens die »Hex vom Dasenstein« aus Kappelrodeck sein. So benannt nach dem Dasenstein, einer Ansammlung von Granitklötzen in den Kappler Bergen, bei denen der Sage nach die unglücklich verliebte und enttäuschte Tochter des Herrn von Schloß Rodeck Zuflucht fand. Die »Hex vom Dasenstein« ist ein Spätburgunder, ebenso wie die Weine aus Waldulm und Sasbachwalden, einem hübschen Ort mit Fachwerkhäusern und denkmalgeschütztem Ortsbild. Hier ist die bekannteste Lage der »Alde Gott«. Ein ungewöhnlicher Name, dessen Entstehung ebenfalls durch eine Sage erklärt wird: Als in den Wirren des 30jährigen Krieges der Ort beinahe ausgestorben war, begegnete ein alter, einsamer Bauer auf dem Paß zwischen Sasbachwalden und Obersasbach einer Frau, worauf er freudig ausgerufen haben soll: »Der alte Gott lebt noch!« Er errichtete dort einen Bildstock, und seither heißt das Gewann »Alde Gott«.

Idylle im Hinterhof eines Gasthofs in Sasbach.

Streckenbeschreibung

Vom Parkplatz am Friedhof in *Achern* fahren Sie auf einem Radweg entlang der Berliner Straße in Richtung Sasbach, passieren den Sasbacher Sportplatz, folgen der Radmarkierung in Richtung Bühl auf der Waldfeldstraße zunächst geradeaus und auf der querlaufenden Sasbachrieder Straße nach rechts entlang des Sasbachs zur Ortsmitte von *Sasbach*. Sie kreuzen die B 3, halten sich nach 50 m an einer Gabelung nach links und folgen dem Sasbach zwischen Fachwerkhäusern talaufwärts durch den Ort hindurch.

Auf der Erlenbadstraße, einer Durchgangsstraße (knapp 3 km), wenden Sie sich nach links und gelangen gleich darauf zum Ortsbeginn von *Obersasbach*. Auf der ersten Straße biegen Sie nach rechts ab und steigen auf der schmaleren Waldstraße zum Ortsrand an (4 km), wo der Anstieg zwischen Weinbergen und Winzerhöfen steiler wird. Sie erreichen bei einer Häusergruppe eine Straßengabelung (4,5 km), an der Sie sich nach rechts halten. Zunächst eben, dann leicht bergauf fahrend, gelangen Sie zu einer weiteren Gabelung, an der Sie sich erneut nach rechts halten, einen Rastplatz am Bildstock »Alde Gott« passieren und nach *Sasbachwalden* hinunterfahren (knapp 6 km).

Auf der Hauptstraße im Ort folgen Sie der Ausschilderung »Schwarzwaldhochstraße« nach links, steigen wenige hundert Meter an und biegen auf die rechts abzweigende Straße Am Altenrain ab. Kurz danach wenden Sie sich an einer Straßengabelung nach links, steigen auf dem Sträßchen Auf der Eck steil an und fahren nach 150 m an einer Kreuzung geradeaus (Ww. Kappelrodeck) zu einer Gabelung vor einigen Häusern von *Eck* (7,5 km). Nach rechts führt der Weg in zahlreichen Windungen am Hang entlang und, nach den letzten vereinzelten Höfen von Eck, bergab zur Straße Kappelrodeck – Obersasbach (9,5 km), auf der Sie sich nach links wenden. Zwischen Weinbergen und Obstwiesen hindurch gelangen Sie nach *Kappelrodeck* (11 km) im breiten Achertal.

Am Ortsbeginn biegen Sie nach links ab, passieren Weinbauernhöfe und die Winzergenossenschaft, überqueren die Bahngleise und wenden sich auf der Durchgangsstraße (12 km) nach rechts. Wenig später führt eine schmale Straße geradeaus entlang der Bahngleise und gabelt sich. Sie halten sich nach links, parallel zur Straße Kappelrodeck – Achern, biegen nach links ab (13,5 km; nicht der Radwegmarkierung geradeaus folgen!), kreuzen die Straße Waldulm – Achern und steigen einige Meter zum Waldrand an. Hier folgen Sie nach rechts der Straße nach *Mösbach* (16 km).

In der Ortsmitte kreuzen Sie, leicht nach links versetzt, die Straße Achern – Ulm und gelangen im flachen Tal des Pelzbachs in leichtem Auf und Ab in das am Rand der Rheinebene gelegene *Önsbach* (18 km). Im Ort überqueren Sie die B 3, Achern – Offenburg, auf der Straße in Richtung Wagshurst eine Bahnlinie – von nun an verläuft die Tour in der Rheinebene –, passieren ein Sportgelände und halten sich zu Beginn einer langgezogenen Linkskurve der Straße geradeaus (21,5 km).

Dieser Weg gabelt sich schon nach wenigen Metern: Sie wenden sich nach links, halten sich an einer weiteren Gabelung erneut nach links (Ww. Rheinau) und überqueren die Autobahn. Ohne Abzweigungen zu beachten, folgen Sie diesem Wirtschaftsweg zwischen Wiesen und Feldern in Richtung Rheinau und stoßen auf ein Sträßchen, auf dem Sie sich nach rechts halten (Ww. Gamshurst). Wenige Meter vor der Straße Achern – Rheinau (25 km) wenden Sie sich nach rechts und folgen einem Wirtschaftsweg, der an einem Kieswerk in eine Zufahrt zum Werksgelände einmündet (26 km).

Sie halten sich nach links, überqueren den Acher-Flutkanal und folgen einem Radweg neben der Straße Achern – Rheinau nach

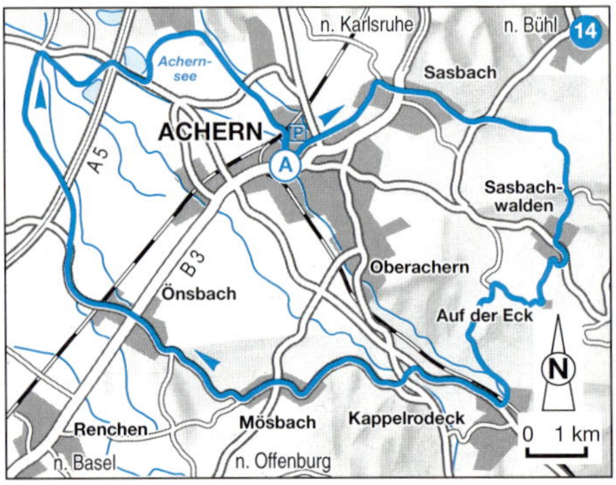

rechts. Kurz nach Unterqueren der Autobahn biegen Sie nach links ab in Richtung Großweier, passieren einen großen Parkplatz – wenn Sie baden möchten, folgen Sie hier der Ausschilderung Achernsee nach links – und gelangen nach *Großweier* (28,5 km), das Sie in Richtung Achern auf der Straße Im Oberfeld wieder verlassen.

Auf einem Radweg entlang der Straße überqueren Sie die Straße Achern-Nord – Fautenbach und erreichen den Ortsrand von *Achern* (30 km). Weiter der Straße folgend, kreuzen Sie eine Bahnlinie und folgen nach einigen hundert Metern nach links der Kaiser-Wilhelm-Straße (Ww. Friedhof) zu Ihrem Parkplatz.

Nützliche Informationen

Ausgangsort: Achern, Kleinstadt (Kernstadt 7500 E.) in der Ortenau.
Anfahrt: Station an der Bahnlinie Karlsruhe – Basel. PKW: A 5, Karlsruhe – Basel, Ausfahrt Achern. 3 km bis Achern; in Achern der Ausschilderung »Friedhof« folgen. Parkplätze in der Berliner Straße am Friedhof.
Höhen: AP = EP 145 m; HP 370 m; Anstieg 320 m.
Etappen: Achern – Sasbachwalden 6 km – Kappelrodeck 5 km (11 km) – Önsbach 7 km (18 km) – Achernsee 10 km (28 km) – Achern 5 km (33 km).
Einkehr unterwegs: In Obersasbach (4 km), Sasbachwalden (6 km), Kappelrodeck (11 km), Mösbach (16 km), Önsbach (18 km).
Bademöglichkeiten: Freibäder in Sasbachwalden und Kappelrodeck; Strandbad am Achernsee.
Sehens- und Wissenswertes: Achern: • *Klauskirchl*, gotische Kirche (13. Jh.), aus Wackersteinen erbaut. • *Sensen- und Heimatmuseum*, Berliner Str. 31, geöffnet So. 14–18 Uhr. • *Achertalbahn*, auf der Strecke Achern – Ottenhöfen verkehren an den meisten Sonntagen im Sommer historische Dampfzüge.
Fahrradverleih: Am Bahnhof (1.4.–31.10.), Tel. (07841) 21031.
Auskunft: Verkehrsbüro, Hauptstr. 84, 77855 Achern, Tel. (07841) 200260.
Karte: TK 1:50000, Blatt 2 Baden-Baden – Hornisgrinde.

15 Zum ehemaligen Kloster Allerheiligen

Lautenbach – Oppenau – Allerheiligen – Sohlberg – Lautenbach

Tourencharakter: Anstrengende, aber landschaftlich reizvolle Rundtour für sportliche Fahrer; langgezogener Anstieg mit teilweise starker Steigung auf viel befahrener Straße; vorwiegend auf Straßen.
Länge der Tour: 28 km.

Von Lautenbach, wo sich eine Besichtigung der spätgotischen Wallfahrtskirche lohnt, folgt die Tour zunächst dem breiten Renchtal aufwärts und steigt im reizvollen Lierbachtal steil an. Der Lierbach, der auf einer Strecke von 5 km fast 550 m Höhendifferenz überwindet, hat sich aufgrund des starken Gefälles tief eingegraben. Im oberen Talabschnitt stürzt er in sieben Absätzen fast 100 m in einer Art »Wasserfalltreppe« ab. Diese Schlucht, die bis 1840 unzugänglich war, kann heute auf einem Pfad und über Treppen begangen werden. Oberhalb des Wasserfalls stehen, umgeben von Wald, die eindrucksvollen Ruinen des ehemaligen Prämonstratenserklosters Allerheiligen. Das von der Herzogin Uta von Schauenburg Ende des 12. Jh. gestiftete Kloster war das erste gotische Baudenkmal im mittelbadischen Raum. Im 13. Jh. erlebte das von schwäbischen Mönchen geleitete Kloster eine erste Blütezeit, brannte jedoch im 15. und nochmals im 16. Jh. ab. Nach der Säkularisation (1803) wurden das Münster sowie die Klausurgebäude nochmals vom Feuer zerstört. Die Gebäude wurden versteigert und konnten abgebrochen werden, so daß heute nur noch geringe Reste des Klosters erhalten sind.

Streckenbeschreibung

Vom Parkplatz in *Lautenbach* folgen Sie einer Straße entlang der Bahngleise talab-

Aufgrund seines starken Gefälles hat sich der Lierbach tief in das Grundgebirge aus Granit eingekerbt.

wärts, passieren den Bahnhof und überqueren die Gleise und die Rench. Unmittelbar nach der Renchbrücke wenden Sie sich nach links (Ww. Oppenau) in die schmale Waldstraße, die auf dem Talgrund am Fuß des bewaldeten Hangs talaufwärts verläuft. Sie passieren die wenigen Häuser von *Hubacker* (2,5 km), fahren am Ortsrand von *Ramsbach* entlang (4 km) und auf der Oberen Weiherstraße weiter talaufwärts zum Birkhof (5 km), an dem Sie nach links abbiegen und die Bahngleise, dann die Rench überqueren. Ein Radweg entlang der stark

Als Kleinod der späten Gotik gilt die Wallfahrtskirche in Lautenbach vor allem wegen der kunstvollen Ausstattung.

befahrenen B 28, Oberkirch – Freudenstadt, endet noch vor Oppenau, so daß Sie auf der Bundesstraße vollends in die Ortsmitte von *Oppenau* hineinfahren müssen (7,5 km). An der Kirche verlassen Sie die nach rechts abknickende B 28 und fahren geradeaus durch die Altstadt.

Am Ortsende beginnt nun der langgezogene (10 km bis Allerheiligen, 11 km zum Parkplatz St. Ursula), kurvenreiche und streckenweise sehr steile Anstieg im engen, steilwandigen Lierbachtal.

Sie erreichen das Ortsschild von Lierbach (10 km), passieren kurz nacheinander zwei Gasthöfe (10 km und 10,5 km) und immer wieder einen der Bauernhöfe, die den Zin-

ken Lierbach bilden. Vorbei an einem weiteren, unterhalb der Straße auf der Talsohle gelegenen Gasthaus (13 km) gelangen Sie an einen Parkplatz (15 km), von dem ein Fußweg zu den *Wasserfällen* von Allerheiligen führt. Wegen des schmalen, steilen Fußwegs und zahlreicher Treppenstufen empfiehlt es sich, das Fahrrad am Parkplatz abzustellen (Abstecher zu den unteren Felsstufen hin und zurück 400 m, zu den höchstgelegenen 800 m).

Vom Parkplatz aus steigt die Straße weiterhin an, über eine Distanz von 1,5 km sogar sehr steil, und fällt dann sanft ab zu dem Parkplatz bei *Allerheiligen* (18,5 km). Neben der beeindruckenden Kirchenruine befinden sich mehrere Gebäude, in denen u. a. eine Gaststätte untergebracht ist.

Sie folgen der weiterhin kurvenreichen Straße recht steil bergauf zum *Wanderparkplatz St. Ursula* mit einer Rasthütte (knapp 20 km). Von dem Parkplatz gehen mehrere Wege ab. Sie folgen der nach links im Wald ansteigenden Schotterstraße (Ww. Sohlberg), halten sich an einer Gabelung nahe der Knappeneckhütte (22 km) nach links, passieren am Sohlberg – mit ca. 770 m der höchste Punkt der Tour – ein Sportgelände sowie eine Jugendherberge und fahren steil bergab in einen Sattel (23,5 km), in dessen näherer Umgebung die wenigen Höfe von *Sohlberg* liegen.

An der Kreuzung im Sattel wenden Sie sich nach links (Ww. Berggasthof Wandersruh), fahren im Tal des Rüstenbachs auf einer schmalen Straße ab und gelangen unmittelbar nach dem Gasthof Wandersruh (24 km) an eine Gabelung, an der Sie sich rechts halten (Ww. Lautenbach). Zunächst im Wald, dann zwischen Wiesen führt das Sträßchen sehr steil bergab, vorbei an den wenigen Einzelhöfen von *Rüstenbach*, und mündet im Renchtal am Ortsrand von *Lautenbach* in die Bundesstraße (28 km), der Sie nur wenige Meter nach rechts zur Kirche und zu Ihrem Parkplatz folgen.

Nützliche Informationen

Ausgangsort: Lautenbach, Luftkurort (1900 E.) im Renchtal.
Anfahrt: Station an der Renchtalbahn Offenburg-Bad Griesbach. PKW: A 5, Karlsruhe – Basel, Ausfahrt Appenweier. Auf der B 28 über Oberkirch nach Lautenbach. Parkmöglichkeit nahe der Kirche (Ww. Mehrzweckhalle).
Höhen: AP = EP 215 m; HP 770 m; Anstieg 580 m.
Etappen: Lautenbach – Oppenau (7,5 km) – Allerheiligen 11 km (18,5 km) – Sohlberg 5 km (23,5 km) – Lautenbach 4,5 km (28 km).
Unterkunft/Einkehr unterwegs: In Oppenau; drei Gaststätten im Lierbachtal (nach 10 km, 10,5 km, 13 km); am ehemaligen Kloster Allerheiligen (18,5 km, kein RT), Berggasthof Wandersruh in Sohlberg (24 km, RT Di.); Unterkunft JH Sohlberg (23 km).
Grillplatz: Knappeneckhütte (22 km).
Bademöglichkeit: Freizeitbad in Oppenau.

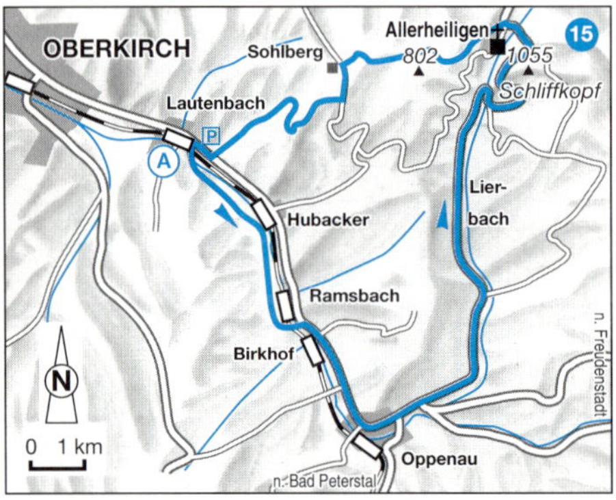

Sehens- und Wissenswertes: • *Wallfahrtskirche Maria Krönung* in Lautenbach, spätgotische (1471–88) Kirche mit vollständig erhaltener Originalausstattung: u. a. Lettner, im Schiff eingebaute Gnadenkapelle, drei Flügelaltäre, Glasmalereien an den Fenstern im Chor und an der Südseite. • *Renchtäler Heimatmuseum* in Oppenau, geöffnet Mai–Okt., Mi. 14.30–17 Uhr, 1. So. im Monat 10–12 Uhr.
Auskunft: Verkehrsamt, Hauptstr. 48, 77794 Lautenbach, Tel. (07802) 9259-50.
Karte: TK 1:50000, Blatt 2 Baden-Baden – Hornisgrinde.

16 Ehemalige Reichsstädte im vorderen Kinzigtal

Offenburg – Ortenberg – Gengenbach – Zell am Harmersbach – Biberach – Offenburg

Tourencharakter: Leichte Tour im Kinzigtal; keine nennenswerten Steigungen; vorwiegend auf Radwegen und verkehrsarmen Straßen.
Länge der Tour: 49 km.

»Stadt zwischen Wald und Reben« nennt sich Offenburg zu Recht, denn verläßt man auf einem der Radwege die in der Rheinebene gelegene Stadt – vor einigen Jahren zur fahrradfreundlichsten Stadt Deutschlands gekürt – in Richtung Osten, tauchen an den nach Süden geneigten Talhängen des vorderen Kinzigtals bald die ersten Weinberge auf. Sonnig und windgeschützt ist es hier, das Klima besonders mild – ideale Bedingungen für den Wein- und Obstanbau. Günstige Voraussetzungen auch für die Besiedlung dieses fruchtbaren Tales. Bereits die Römer hatten den Vorteil dieses für Schwarzwald-Verhältnisse ungewöhnlich breiten und von der Rheinebene her leicht zugänglichen Tales erkannt und hier ihre einzige West-Ost-Verbindung durch den Schwarzwald gelegt. Andere folgten: Im

Dicht gedrängt stehen die Fachwerkhäuser in der Altstadt von Gengenbach.

8. Jh. siedelten sich nach der Gründung eines der ersten Schwarzwaldklöster in Gengenbach Mönche an. Diese gründeten im 10. Jh. in einem Seitental einen Klosterhof, eine »Zelle«, aus der sich der Ort Zell am Harmersbach entwickelte. Im 11. Jh. erbauten die Zähringer, ein zu jener Zeit im Südwesten ansässiges mächtiges Adelsgeschlecht, am Eingang des Kinzigtals auf einem Bergvorsprung die Burg Ortenberg, die den Taleingang bewachen sollte. An ebenfalls strategisch wichtiger Stelle folgte im 12. Jh. die planmäßige Anlage von Offenburg, ebenfalls durch die Zähringer, die gleichzeitig Freiburg und Villingen als erste Schwarzwaldstädte anlegten.

Sowohl Offenburg als auch Gengenbach und Zell wurden im 13./14. Jh. zu freien Reichsstädten erhoben. Diese drei einzigen Reichsstädte im Schwarzwald, die zu den kleinsten innerhalb des Heiligen Römischen Reichs zählten, unterstanden im Unterschied zu Landstädten direkt dem Kaiser und hatten eigene Hoheitsgewalt, d. h. sie waren unabhängig und hatten ihren eigenen städtischen Rat. Auf der anderen Seite aber hatten sie im Dreißigjährigen Krieg sowie in den Franzosenkriegen als Reichsstädte besonders heftigen Angriffen standzuhalten und erlitten große Schäden. Offenburg wurde beinahe vollständig zerstört. So stammen die repräsentativen Rathäuser, stolzen Bürgerhäuser, Stadttore und Brunnen in den heutigen Stadtbildern – besonders schön in Gengenbach – hauptsächlich aus dem 18. Jh.

Streckenbeschreibung

Vom Parkplatz an den Sportplätzen in *Offenburg* folgen Sie dem Radweg entlang der Straße in südlicher Richtung, unterqueren nach 200 m am Stadtrand die Straße nach Ortenberg (Ww. Gengenbach) – rechter Hand eine Fachhochschule – und fahren auf einem alleeartigen Kiesweg entlang des Mühlbachs talaufwärts. Nach Überqueren des Mühlbachs (1 km, Ww. Gengenbach) folgen Sie einem Wirtschaftsweg, kreuzen die Bahnlinie Offenburg – Villingen und gelangen an eine querlaufende, stark befahrene Straße, auf der Sie nach rechts, vorbei an der Kirche, die Ortsmitte von *Ortenberg* erreichen (2,5 km).

Nach einigen hundert Metern biegen Sie nach links auf die Straße Hinterer Burgweg ab (Ww. Gengenbach), passieren das oberhalb des Sträßchens gelegene Schloß Ortenberg und gelangen entlang der Weinberge an eine Gabelung (5 km), an der Sie entweder der Radwegmarkierung geradeaus oder, interessanter zu fahren, dem Sträßchen nach links entlang des Talhangs folgen. Am Ortsrand von *Ohlsbach* (knapp 6 km) vereinigen sich die beiden Sträßchen wieder. Sie folgen der Radwegmarkierung durch Ohlsbach hindurch und erreichen auf einem Radweg entlang der Straße *Gengenbach* mit seiner historischen Altstadt (10,5 km).

Am Rathaus wenden Sie sich nach rechts, verlassen die Altstadt durch das Kinzigtor und folgen nach links einer Durchgangsstraße entlang der Bahnlinie und der Kinzig, wobei Sie Schwaibach (12,5 km), Dantersbach (13 km) und Bergach (13,5 km) passieren.

Auf der Hauptstraße fahren Sie durch *Schönberg* (16 km), halten sich unmittelbar vor den Bahngleisen nach links in Richtung Biberach, überqueren bei den wenigen Höfen von *Fröschbach* die Bahngleise, biegen nach 100 m links ab und folgen einem Sträßchen wieder über die Gleise (Ww. Haslach).

Auf der Höhe von Bruch überqueren Sie eine Kreuzung und gelangen nach *Biberach* (gut 19 km). Entlang des Ortsrands durchfahren Sie ein Wohngebiet – links am Hang ein Freibad (Abstecher hin und zurück 1 km) – und stoßen auf die stark befahrene Straße Biberach – Zell am Harmersbach, der Sie nach links entlang des Harmersbachs in den alten Ortskern von *Zell am Harmersbach* folgen (23 km).

Auf demselben Weg verlassen Sie die Altstadt wieder, biegen aber nach 200 m links ab in Richtung Steinach, überqueren eine Bahnlinie und passieren auf einem Radweg entlang der Straße den Gröbernhof. Auf Höhe von Unterentersbach zweigt nach rechts (25,5 km) eine Straße in Richtung Biberach ab, die sowohl die Bahnlinie als auch den Harmersbach überquert und kurz vor Biberach in diejenige Straße einmündet, auf der Sie zuvor nach Zell am Harmersbach gelangten. Dieser Straße folgen Sie nach links durch *Biberach* hindurch, unterqueren im Ort die Bahnlinie (gut 27 km) und stoßen im alten Ortsteil auf eine Durchgangsstraße, auf der Sie sich nach rechts in Richtung Offenburg wenden. Sie überqueren die Kinzig, fahren unter der B 33, Offenburg – Haslach, hindurch und folgen im Kinzigtal einer wenig befahrenen Straße talabwärts.

Auf Höhe eines Pflegeheims biegen Sie nach links in den Ort *Fußbach* ab (31 km) und wenden sich wenig später nach rechts (Ww. Gengenbach über Strohbach) und folgen einem zunächst noch asphaltierten Wirtschaftsweg, der unmittelbar am Fuß des bewaldeten Talhangs verläuft, nach *Strohbach* (34,5 km).

Am Rathaus halten Sie sich nach links, auf eine Häuserzeile zu, die sich am Fuß des Hangs an einer wenig befahrenen Straße entlangzieht. Vorbei an einer Wassertretanlage (hier zweigt nach rechts der Weg zu einem Badesee ab, dem Ziegelwaldsee) erreichen Sie eine Gabelung, an der Sie sich geradeaus halten und wenig später auf ein Sträßchen stoßen, das in das Seitental des Bermerbachs hineinführt (37,5 km). Sie folgen der Straße nach rechts und biegen unmittelbar vor der Bundesstraße nach links ab (gut 38 km). Auf der Dorfstraße fahren Sie durch einen neueren Ortsteil von *Berghaupten* hindurch – alternativ können Sie einen kürzeren, aber auch langweiligeren Radweg entlang der mehrspurigen Bundesstraße benutzen – und folgen im alten Ortsteil der nach rechts abknickenden Hauptstraße. Etwa 100 m nach diesem Straßenknick kreuzen Sie ein schmales Rinnsal und biegen nach links in die Ziegelmattstraße ein, die am Sportgelände vorbeiführt und wenig später in ein Sträßchen einmündet. Kurz danach, vor den wenigen Häusern von Bottenbach, wenden Sie sich an einer Straßengabelung nach rechts zum Waldrand (41 km) – der rechter Hand liegende Doppelwaldsee ist ein Badesee – und, wenige Meter oberhalb des Sees, erneut nach rechts zur Bundesstraße.

Ein Wirtschaftsweg verläuft entlang der Bundesstraße, kreuzt zwei nach Zunsweier führende Straßen und führt in die Ortsmitte von *Elgersweier* (45,5 km). An der Kirche halten Sie sich an einer Straßengabelung leicht nach rechts (Ww. Radweg Offenburg), unterqueren am Ortsende die Bundesstraße und wenden sich sofort nach links. Entlang eines schmalen Kanals erreichen Sie einen großen Badesee, den *Gifiz-See* (46,5 km), überqueren auf einer schmalen Holzbrücke

Ortenberg – im Mittelalter eine das vordere Kinzigtal beherrschende Burg; seit dem 19. Jh. ein im neugotischen Stil erbautes Schloß, in dem heute eine Jugendherberge eingerichtet ist.

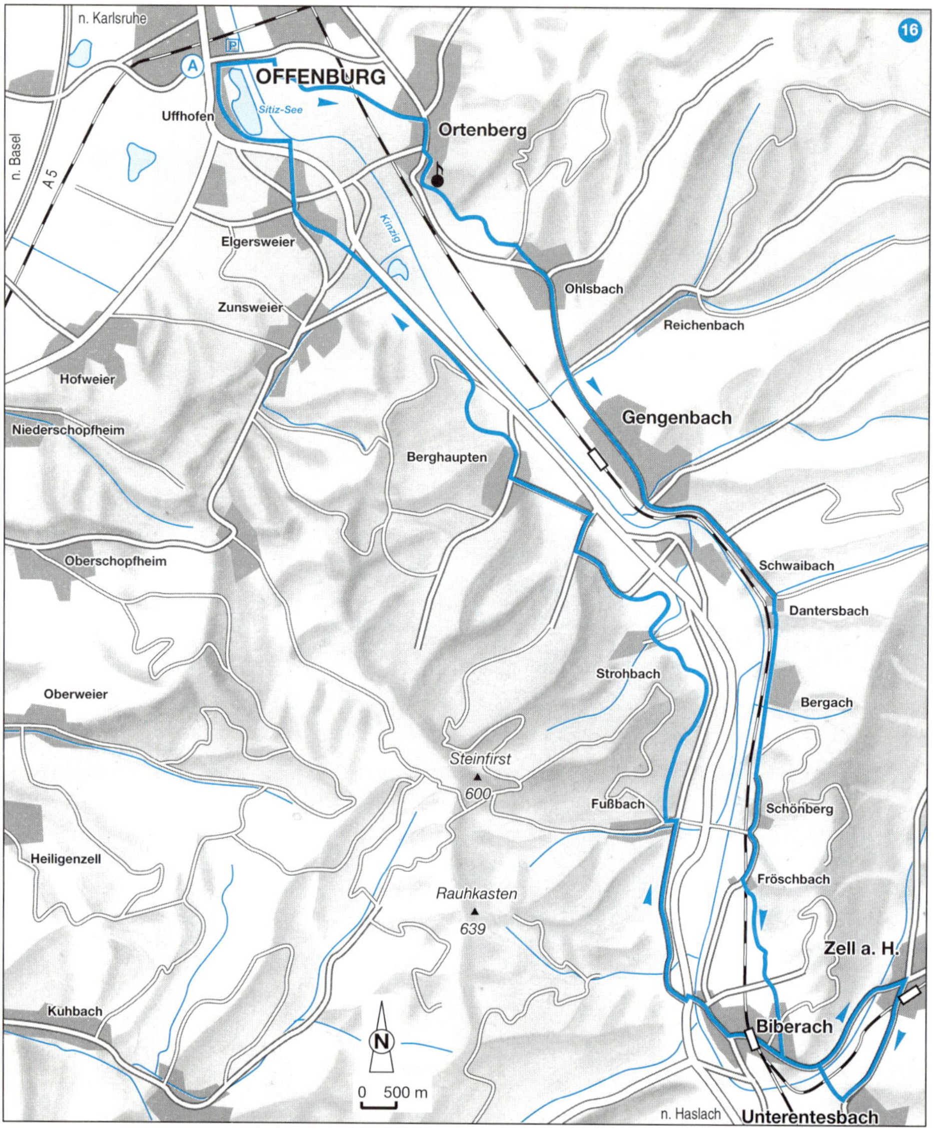

den Kanal und folgen nun nach links einem Kiesweg, der auf dem Damm zwischen See und Kanal verläuft. An einem querlaufenden Kiesweg halten Sie sich nach links, biegen aber nach 30 m wieder nach rechts ab. Sie passieren zunächst ein Sportgelände, dann einen Bootshafen und folgen für wenige Meter der Zufahrt zu einem Freibad am Nordufer des Gifiz-Sees. Ein Radweg führt geradeaus weiter zu einer breiten Querstraße, auf der Sie sich nach rechts wenden, die Kinzig überqueren und wenig später nach links zu Ihrem Parkplatz abbiegen.

Nützliche Informationen

Ausgangsort: Offenburg (54 000 E.), am Eingang des Kinzigtals gelegen.
Anfahrt: Station an der Rheintalstrecke. PKW: A 5, Karlsruhe – Basel, Ausfahrt Offenburg; auf der B 33 etwa 3 km weit in Richtung Hausach; der Ausschilderung Sportstät-

ten/Badesee folgen, die Kinzig überqueren und nach links abbiegen zu einem großen Parkplatz bei den Sportanlagen.
Höhen: AP=EP 150 m; HP 220 m; Anstieg 100 m.
Etappen: Offenburg – Gengenbach 10,5 km – Biberach 8,5 km (19 km) – Zell a. H. 4 km (23 km) – Biberach 4 km (27 km) – Berghaupten 11 km (38 km) – Offenburg 11 km (49 km).
Unterkunft/Einkehr unterwegs: In Ortenberg (2,5 km), Gengenbach (10,5 km), Biberach (19 km), Zell am Harmersbach (23 km), Gröbernhof bei Unterentersbach (25 km), in Berghaupten (29 km); JH im Schloß Ortenberg.
Bademöglichkeiten: Freibad in Gengenbach, Biberach und Zell am Harmersbach; Ziegelwaldsee; Doppelwaldsee; Gifiz-See.
Sehens- und Wissenswertes: • *Schloß Ortenberg*, früher Sitz der Landvögte der Ortenau, Zerstörung 1678, Neubau des Schlosses im 19. Jh. im neugotischen Stil durch einen reichen englischen Kaufmann; heute JH. • *Gengenbach*: historischer Marktplatz mit Rathaus und Brunnen; blumengeschmückte Fachwerkhäuser, malerische Gassen, besonders schön die Engelgasse; ehem. Benediktinerkirche aus dem 12. Jh.; Reste der Stadtbefestigung mit Toren. • *Flößerei- und Verkehrsmuseum* im ehem. Bahnwärterhaus, geöffnet April bis Okt. Sa. 14.30–17.30 Uhr, So. 10–12 und 14.30–17.30 Uhr. • *Narrenmuseum im Niggelturm*, Öffnungszeiten wie Flößereimuseum. • *Zell am Harmersbach*, Reste der Stadtmauer mit Storchenturm; bedingt durch Tonvorkommen in der Umgebung Tradition als Keramikstadt, im 18. Jh. Gründung der Geschirr-Fabrik »Zeller Keramik«, an der Straße zwischen Zell und Biberach, Verkauf Mo.–Fr. 9–17.30, Sa. 9–14, Mai bis Okt. auch an Sonn- und Feiertagen 9–17.30 Uhr. • *Heimatmuseum im Storchenturm*, geöffnet Mai bis Okt. Mi. 15–17, Sa. 10–12, So. 10–12 und 14–17 Uhr. • *Heimatmuseum Kettererhaus* in Biberach, geöffnet 1.5. bis 31.10. Di. 10–12, 1. und 3. So. 11–12.30 Uhr.
Fahrradverleih: Bhf. Offenburg, Tel. (0781) 71085; Städtischer Fahrradverleih (kostenlos) im Treffpunkt am Markt, Kornstr. 5, Tel. 82347 und in den Parkhäusern »Stadthalle«, Tel. 70570 und »Wasserstraße«, Tel. 76253; Verleih sonntags nicht geöffnet.
Auskunft: Verkehrsamt, Gärtnerstr. 6, 77652 Offenburg, Tel. (0781) 82253.
Karte: TK 1:50000, Blatt 4 Offenburg – Hornberg.

17 Winzerstädtchen im Breisgau

Kenzingen – Münchweier – Kippenheim – Mahlberg – Ettenheim – Herbolzheim – Kenzingen

Tourencharakter: Problemlose Rundtour durch Weinberge am Fuß des Schwarzwalds; geringe Steigungen; auf verkehrsarmen Straßen und Wirtschaftswegen.
Länge der Tour: 37 km.

Als Breisgau wird heute die Landschaft zwischen Lahr und Freiburg bezeichnet, während zwischen dem 15. und 19. Jh. der Breisgau ein flächenmäßig wesentlich größerer Verwaltungsbezirk war. Unter diesem Namen wurden die habsburgischen Gebiete im Schwarzwald, am Hochrhein und Oberrhein zusammengefaßt, die zu Vorderösterreich gehörten und deren Verwaltung in Freiburg saß.

Weinbau ist in dieser sanften, hügeligen Vorbergzone, z. B. bei Kenzingen, schon seit dem 8. Jh. belegt, doch haben es die hier angebauten Weißweine, vor allem Müller-Thurgau und Ruländer, schwer, mit den Qualitätsweinen aus der Ortenau und dem Kaiserstuhl zu konkurrieren. Wesentlich später, erstmals im Jahr 1573, wurde in der Rheinebene auf dem leichten Sandboden der Niederterrasse eine ganz andere Kulturpflanze angebaut: Tabak war aus Amerika eingeführt worden. Durch die steigende Nachfrage, bedingt durch die im Dreißigjährigen Krieg durchziehenden Soldaten, ließen sich die Bauern zum Anbau dieser Pflanze überreden. Und so entstanden bis

1900 in Oberbaden 300 Zigarrenfabriken, von denen heute nur noch wenige erhalten sind. Auch der Tabakanbau ging zurück, so daß nur noch vereinzelt, z. B. in der Gegend um Mahlberg, die rosa blühenden Stauden mit den breiten Blättern auffallen. In einer stillgelegten Zigarrenfabrik in Mahlberg kann man sich im Tabakmuseum informieren.

Mahlberg, von weitem zu erkennen an dem auf einem Vulkankegel gelegenen Schloß, ist eines der dörflich wirkenden Städtchen, die sich am Fuße der Vorberge aneinanderreihen: Ettenheim mit Stadttoren, Fachwerkhäusern, barocken Bauten und winkeligen Gassen im unter Denkmalschutz stehenden Stadtkern; Herbolzheim mit zahlreichen Bürgerhäusern aus dem 15.–17. Jh.; Kenzingen mit gut erhaltenem mittelalterlichen Stadtbild.

Streckenbeschreibung

Von Ihrem Parkplatz am Rand der Altstadt von *Kenzingen* fahren Sie zurück zur B 3 und folgen ihr 500 m nach links in Richtung Karlsruhe. Am Ortsrand biegen Sie nach links ab in eine Wohnstraße, verlassen sie aber nach 200 m wieder nach rechts auf einem Wirtschaftsweg (Ww. Herbolzheim). Kurz darauf folgen Sie einem markierten Querweg nach links, dann einem weiteren Querweg nach rechts (1,5 km), der nach wenigen hundert Metern in die Bundesstraße einmündet. Sie halten sich nach links, biegen aber schon nach 100 m an einem Feldkreuz rechts ab und gelangen auf einem Wirtschaftsweg nach *Wagenstadt* (3,5 km).

Auf der Herbolzheimer Straße, anschließend auf der Straße Am Stockbrunnen durchfahren Sie den Ort und stoßen auf die querlaufende Kenzinger Straße, auf die Sie nach links in Richtung Bleichheim abbiegen. Schon nach 200 m biegen Sie erneut links in Richtung Tutschfelden ab, passieren die Sandmühle und wenden sich kurz vor Tutschfelden nach rechts auf einen Wirtschaftsweg. Nach einer scharfen Links-, dann Rechtskurve zweigt unmittelbar am ersten Weinfeld nach links ein asphaltierter Weg ab (gut 5 km), der wenige Meter zu einer Gabelung leicht ansteigt. Auf dem etwas höher verlaufenden und ebenfalls leicht ansteigenden Weg gelangen Sie, mit Blick auf Bleichheim, zwischen Weinfeldern zu einem Feldkreuz, an dem Sie sich nach links wenden und am Ortsbeginn von *Broggingen* auf die Straße Bleichheim – Broggingen stoßen (knapp 7 km).

Im Ort knickt die Straße nach Münchweier scharf nach links ab. Sie folgen geradeaus der leicht ansteigenden Dragonerstraße und

Tabak, der im 19. Jh. im Breisgau in 300 Zigarrenfabriken verarbeitet wurde, wird heute noch in der Gegend um Mahlberg angebaut.

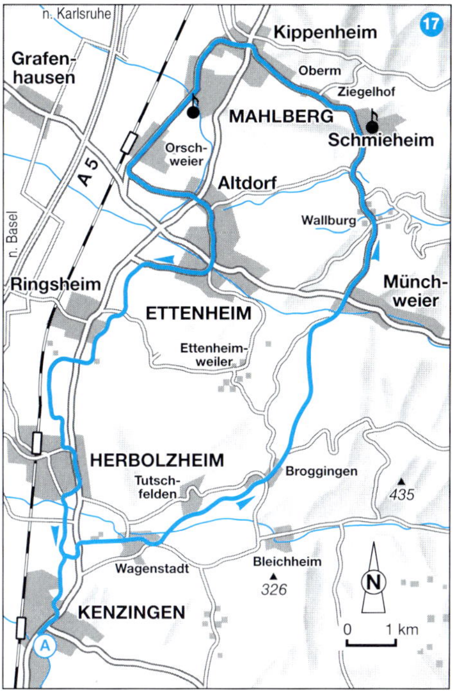

gelangen, 200 m nach dem Ortsende, zu einer Gabelung. Nach links steigt ein Wirtschaftsweg weiter an zu einem Gehölz auf der Höhe des Hügelrückens (gut 8 km). Hier fahren Sie geradeaus durch einen Hohlweg in eine Talsenke hinunter, passieren einen Weiler und erreichen die Straße Broggingen – Münchweier (10,5 km), der Sie nach rechts zu einer Kreuzung am Ortsrand von *Münchweier* (11,5 km) folgen.

Geradeaus in Richtung Kippenheim steigen Sie stetig leicht an bis kurz vor Wallburg, durchfahren den Randbereich von *Wallburg* (13,5 km), passieren kurz vor Schmieheim einen jüdischen Friedhof (14,5 km) und erreichen *Schmieheim* (15 km, Abstecher zum kleinen Renaissanceschloß nahe der Kirche hin und zurück 1 km).

Auf der Durchgangsstraße steigen Sie noch kurzzeitig leicht an und gelangen – nach einer bequemen Abfahrt auf einem Radweg entlang der Straße, vorbei an der Obermühle und einem Freibad am Ortsbeginn von *Kippenheim* – in der Ortsmitte an die B 3, Lahr – Herbolzheim (gut 18 km).

Sie halten sich auf der Bundesstraße nach rechts, biegen am ehemaligen Gasthaus »Engel«, einem auffälligen Fachwerkhaus, nach links in die Bahnhofstraße ein (Ww. Nonnenweier) und folgen ihr zum Ortsrand. Hier wenden Sie sich nach links in Richtung Mahlberg und erreichen wenig später das mit Kippenheim schon fast zusammengewachsene *Mahlberg,* in dem die Trockenscheunen für Tabak auffallen (Abstecher nach links in den etwas erhöht liegenden alten Ortskern und zum weithin sichtbaren Schloß hin und zurück 500 m).

In Richtung Orschweier folgen Sie der Straße geradeaus, passieren ein Tabakmuseum und gelangen zwischen Wiesen und Feldern, u. a. auch Tabakfeldern, auf einem Radweg neben der Straße nach *Orschweier* (22 km). Kurz nach dem Ortsende halten Sie sich an einer Straßenkreuzung (23 km) nach links, überqueren bei den ersten Häusern von Altdorf die B 3 (24,5 km) und folgen in der Ortsmitte der Hauptstraße nach rechts. Durch *Altdorf* und einen sich fast übergangslos anschließenden Außenbezirk von *Ettenheim* hindurch erreichen Sie, kurz nach Überqueren der Straße Münchweier – Grafenhausen (26 km), das Untere Tor der Ettenheimer Altstadt.

Sie folgen der Freiburger Straße nach rechts durch die unter Denkmalschutz stehende Altstadt in Richtung Ringsheim. Etwa 300 m nach dem Ortsende biegen Sie auf Höhe eines Wäldchens links ab und folgen der schmalen Straße Im Offental steil bergauf zu den Weinbergen. Nach 200 m gabelt sich die Straße. Nach rechts, vorbei an einem größeren Weingut, steigen Sie zwischen Weinfeldern für 100 m weiter an, wenden sich scharf nach links, nach 30 m scharf nach rechts und folgen nun einem Wirtschaftsweg zu einer Gabelung. Geradeaus, vorbei an einem Grillplatz am Waldrand (29 km), folgen Sie einer Straße zu einer zu Ringsheim gehörigen Wohnsiedlung. Unterhalb eines verfallenden Fabrikkomplexes folgen Sie der Straße nach rechts über die B 3 (30,5 km) und stoßen wenig später auf eine schon in der Rheinebene liegende Kreuzung. Sie wenden sich nach links und gelangen nach *Herbolzheim* (32,5 km).

Auf der Rheinstraße geradeaus, anschließend auf einer Querstraße nach links erreichen Sie die Bundesstraße, auf der Sie nach rechts etwa 500m weit durch das Ortszentrum fahren. An einem Brunnen gegenüber der evangelischen Kirche biegen Sie nach rechts ab und folgen der Ringstraße, die nach 100m links abknickt und in die Kaiserstuhlstraße übergeht, zum Ortsrand.

Sie folgen der Radwegmarkierung nach links auf einer querlaufenden Straße, überqueren, um 20m nach links versetzt, eine weitere Querstraße und erreichen, ohne Abzweigungen zu beachten, einen Querweg, auf dem Sie sich nach links wenden. Schon nach 50m verlassen Sie diesen Weg wieder nach rechts – jetzt befinden Sie sich auf demjenigen Weg, auf dem Sie Ihre Tour begannen – und kehren nach Kenzingen zurück.

Nützliche Informationen

Ausgangsort: Kenzingen (8000E.) am Fuß der Vorberge.
Anfahrt: Station an der Rheintalbahn. PKW: A5, Karlsruhe – Basel, Ausfahrt Herbolzheim; über Herbolzheim und auf der B3 nach Kenzingen. Parkmöglichkeiten in der Schulstraße am Rand der Altstadt.
Höhen: AP=EP 175m; HP 230m; Anstieg 170m.
Etappen: Kenzingen – Münchweier 11,5km – Kippenheim 6,5km (18km) – Ettenheim 8km (26km) – Herbolzheim 7km (33km) – Kenzingen 4km (37km).
Einkehr unterwegs: In Münchweier, Schmieheim, Kippenheim, Mahlberg (u.a. der renovierte alte Gasthof Löwen); in Altdorf, Ettenheim, Herbolzheim.
Bademöglichkeiten: Freibad in Kippenheim, Ettenheim und Herbolzheim.
Grillplatz: Oberhalb von Ringsheim (29km).
Sehens- und Wissenswertes: *Kenzingen*: • *St. Laurentiuskirche,* östl. Teil und Turm 13.Jh., im 18.Jh. barockisiert. • *Heimatmuseum Oberrheinische Narrenschau* in Kenzingen, Alte Schulstr. 20, geöffnet 1.4. bis 30.4. So. 14–17 Uhr; 1.5. bis 31.10. Di./Do./Sa./So. 14–17 Uhr; 1.11. bis 30.11. Sa./So. 14–17 Uhr. • *Mahlberg,* Burg, die 1642 zerstört wurde, Wiederaufbau im barocken Stil; nicht zugänglich. • *Tabakmuseum* in Mahlberg, geöffnet 1.5. bis 30.9. So. 10.30–18 Uhr.
Fahrradverleih: Beim Verkehrsamt Kenzingen.
Auskunft: Verkehrsamt, Hauptstr. 15, 79341 Kenzingen, Tel. (07644) 79-140.
Karte: TK 1:50000, Blatt 4 Offenburg – Hornberg.

Die durch Stadttore einst gesicherte Altstadt von Ettenheim steht aufgrund der zahlreichen barocken Bauten und Fachwerkhäuser unter Denkmalschutz.

18 Durch die Auwälder in der Rheinebene

Sasbach – Weisweil – Rheinhausen – NSG Taubergießen – Rust – Wyhl – Sasbach

Tourencharakter: Einfache, ruhige Rundtour in der Rheinebene; auf Wirtschaftswegen, rauhen Waldwegen und schwach befahrenen Straßen.

Länge der Tour: 54 km.

Ausrüstung: Mückenschutzmittel, Fernglas für Ornithologen.

Nördlich von Sasbach erstrecken sich entlang des Rheins ausgedehnte Auwälder, ein feuchtes, dschungelartiges Gewirr von Weiden, Pappeln, Gestrüpp, Schlingpflanzen, durchzogen von vielen stillen Wasserläufen. Gießen werden diese vom Rhein bei Hochwasser gespeisten Fließwasser genannt. Eine ursprüngliche Auenlandschaft, die im Gebiet Taubergießen unter Naturschutz gestellt wurde. Viele anderswo selten gewordene Vögel wie der Eisvogel und die Nachtigall sind hier zu finden und machen das Naturschutzgebiet zum bedeutendsten Vogelparadies Europas.

So urwüchsig wie hier war die Landschaft in der Rheinebene bis zum Beginn des 19. Jh. entlang des gesamten Stroms. Innerhalb des etwa 10 km breiten Flußbetts, der Aue, floß der Rhein in weiten Mäandern, verzweigte sich in unzählige Arme, schwemmte Inseln an, trug sie wieder ab, veränderte seinen Lauf, »fraß« an den Ufern und gefährdete durch die in unregelmäßigen Abständen hereinbrechenden Überschwemmungen die auf der Niederterrasse liegenden Dörfer. Einige Dörfer verschlang er vollkommen, andere wurden durch Verlegung gerettet. Von diesem »fressenden Rhein«, wie er genannt wurde, ist heute nicht mehr viel zu bemerken. Ruhig und geradlinig fließt er zwischen den Dämmen dahin. Das ist das Lebenswerk des Ingenieurs Tulla, der den großen Strom »zähmte« und die sich über Jahrzehnte (1825–1879) hinziehende Rheinbegradigung einleitete. Mit ungeheuerem Kraftaufwand wurden Steine aus dem Schwarzwald und dem Kaiserstuhl auf Ochsenkarren herangeschafft, wurden durch Menschenhand ca. 240 km Dämme zwischen Basel und Straßburg aufgeschichtet, die die Altrheinarme abriegelten. Mit dieser Regulierung wurde der Rhein in ein festgelegtes, etwa 200 m breites Bett gezwängt. Die alles überflutenden Hochwasser hörten auf, und das Land in der Stromaue konnte genutzt werden. Doch durch die erhöhte Erosionskraft grub sich der Rhein bis zu 7 m tiefer ein und senkte dadurch den Grundwasserspiegel ab, was zur Folge hat, daß die Oberrheinlandschaft heute teilweise versteppt.

Streckenbeschreibung

Vom Parkplatz in *Sasbach* fahren Sie in die Dorfmitte, wenden sich an der ehemaligen Schule nach links in die Marckolsheimer Straße und folgen ihr, leicht ansteigend, entlang eines Auwalds zur Linken und zweier Erhebungen zur Rechten – hierbei handelt es sich um zwei Vulkanschlote; auf dem zweiten, dem Limberg, sitzt die Ruine Limburg – zu einem am Rheinufer angelegten Parkplatz mit einer Informationstafel zur Rheinregulierung (2 km). Die entlang des Rheins nach Marckolsheim (Elsaß) führende Straße verlassen Sie kurz vor der Brücke über den Rhein, unterqueren sie und folgen dem Dammweg rheinabwärts, vorbei an einem Kieswerk (6,5 km), zu einem Bootshafen (11 km) kurz vor derjenigen Stelle, an der sich der Fluß in die parallel verlaufenden Arme von Rhein und Grand Canal d'Alsace gabelt. Hier verlassen Sie den Rheindamm, wenden sich nach rechts und gelangen auf einer Straße durch den Rheinwald nach *Weisweil* (13 km).

Nach den ersten Häusern biegen Sie nach links ab (Ww. Rheintal-Radwanderweg). Ein Rad- und Fußweg verläuft entlang eines Baches am Ortsrand, schwenkt am Ortsende nach links ab, 30 m weiter nach rechts (markiert) und führt im Wald zu einer Weggabelung (15 km). Sie halten sich nach rechts, an einer zweiten Gabelung (15,5 km) nach links in den Wald hinein und stoßen auf einen

Altrheinarme sind einstige Verzweigungen des Rheins, die durch die Eindämmung im 19. Jh. vom Hauptbett abgetrennt wurden und heute nur noch bei Hochwasser als Auffangbecken dienen.

Querweg (17 km), dem Sie nach rechts zur Straße Weisweil – Oberhausen folgen (18 km). Auf der Straße überqueren Sie den Leopoldskanal, biegen nach wenigen Metern auf einen Wirtschaftsweg links ab zu einem Sportgelände und gelangen nach *Rheinhausen-Oberhausen* (19 km).

Auf der Rathausstraße erreichen Sie die Ortsmitte, folgen der Durchgangsstraße nach links und gelangen auf einem Radweg entlang der Straße zur Ortsmitte von *Rheinhausen-Niederhausen* (21 km). Wenige Meter vor dem Rathaus biegen Sie nach links in die Rheinstraße ab (Ww. Zum Rhein), der Sie zum in Europa einzigartigen *Naturschutzgebiet Taubergießen* und zum Rhein (24 km) folgen.

Auf dem Dammweg fahren Sie rheinabwärts. Nach 1 km zweigt ein breiter Waldweg ab, der sich nach 100 m gabelt. Sie halten sich nach links und folgen einem schnurgeraden Weg, der mittels einer Holzbrücke einen Wasserlauf kreuzt und knapp 1 km weiter scharf nach rechts abknickt. Nach wenigen hundert Metern halten Sie sich an einer Weggabelung nach links, überqueren auf drei unmittelbar aufeinander folgenden Brücken weitere Wasserläufe (27 km) und folgen dem breiten Kiesweg nach links zum Waldrand. Hier geht der Waldweg in einen asphaltierten Wirtschaftsweg über, auf dem Sie den ausgedehnten Parkplatz des *Europaparks Rust* erreichen (gut 28 km).

Sie halten sich auf der Straße geradeaus, überqueren am Ortsrand von *Rust* die Elz (28,5 km) und folgen in der Ortsmitte der Fischerstraße nach rechts durch den Ort, wobei Sie das ehemalige Schloß passieren. Am Ortsrand biegen Sie nach links in die Franz-Sales-Straße ein (Ww. Gewerbegebiet), die wenig später in einen Wirtschaftsweg übergeht. Wo dieser Weg kurz vor dem Waldrand eine scharfe Linkskurve beschreibt, halten Sie sich geradeaus und stoßen am Waldrand auf ein Sträßchen (30,5 km), dem Sie nach links entlang der kanalisierten Elz folgen. Entlang des Waldrands, anschließend auf einem schnurgeraden Sträßchen durch das Naturschutzgebiet Elzwiesen – mit etwas Glück sind hier Weißstörche zu beobachten. Nachdem Sie die Straße Ringsheim – Niederhausen (33 km) kreuzten, stoßen Sie auf die stark befahrene Straße Herbolzheim – Oberhausen (34 km), der Sie nach rechts folgen.

Schon nach 250 m biegen Sie links ab auf ein Sträßchen, überqueren den Bleichbach und folgen unmittelbar nach der Brücke einem Sträßchen nach links. 1 km nach der Bleichbachbrücke, etwa 200 m vor einem kleinen Waldstück an der Autobahn, biegen Sie nach rechts ab. Ein Sträßchen führt nach einer Rechts-Links-Kurvenkombination über die Elz und mündet in die schmale Straße Oberhausen – Kenzingen (36,5 km). Sie kreuzen dieses Sträßchen und folgen demjenigen Weg, der am Ostufer eines Badesees

Im Naturschutzgebiet Taubergießen blieb die einstige Stromlandschaft entlang des Rheins in ihrem ursprünglichen Charakter erhalten.

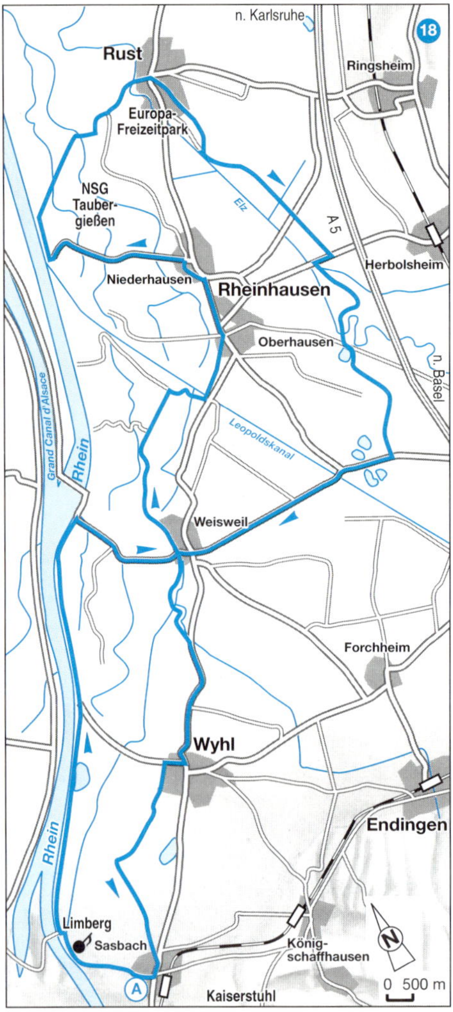

entlangführt und schnurgerade durch einen Wald verläuft. Nach einigen hundert Metern folgen Sie an einer Wegkreuzung dem asphaltierten Weg nach rechts, der in die Straße Kenzingen – Weisweil einmündet (gut 39 km).

Nach rechts führt diese Straße an einem Kieswerk vorbei, überquert den Leopoldskanal und führt durch den Heidewald nahezu schnurgerade nach *Weisweil* (43 km). Geradeaus, über die Durchgangsstraße und vorbei an der Kirche in Richtung Rhein biegen Sie am Ortsende nach links auf einen Wirtschaftsweg ab (Ww. Rheintal-Radwanderweg) und folgen an zwei Brücken über schmale Wasserläufe (45 km) dem asphaltierten Radwanderweg geradeaus. Nach einigen Kurven mündet der Weg in die Straße Weisweil – Wyhl ein, auf der Sie – die Rechtsabzweigung des Radwanderwegs lassen Sie unbeachtet – nach *Wyhl* gelangen (48 km).

Auf der Hauptstraße fahren Sie durch den Ort hindurch, biegen kurz nach dem Feuerwehrmagazin rechts ab in die Heerstraße, folgen wenig später der Reckholder Straße nach links, durchfahren ein Gewerbegebiet und stoßen auf ein Quersträßchen (51 km). Vorbei an einigen einzeln stehenden Bauernhäusern gelangen Sie nach *Sasbach* (53 km), halten sich nach links und folgen der von Wyhl kommenden Straße zur Ortsmitte (Ww. Winzerkeller), von wo Sie auf demselben Weg, auf dem Sie Ihre Tour begannen, zum Parkplatz an der Limburghalle zurückkehren.

Nützliche Informationen

Ausgangsort: Sasbach, Winzerdorf nahe des Rheins am Fuß des geologisch interessanten Limbergs.
Anfahrt: PKW: A 5, Karlsruhe – Basel, Ausfahrt Riegel; über Riegel und Endingen nach Sasbach. Parkplatz bei der Limburghalle.
Höhen: AP = EP 180 m; HP 190 m; Anstieg 30 m.
Etappen: Sasbach – Weisweil 13 km – Oberhausen 6 km (19 km) – Rust 10 km (29 km) – Weisweil 14 km (43 km) – Sasbach 11 km (54 km).
Einkehr unterwegs: In Weisweil, Rheinhausen, Rust und Wyhl.
Bademöglichkeit: Baggersee zwischen Rust und Weisweil (37 km).
Sehens- und Wissenswertes: • *Rust,* altes Fischer- und Bauerndorf; Schloß von 1577, in dessen ehemaligem Park 1975 der Freizeitpark eingerichtet wurde. • *Europapark,* geöffnet Ende März bis Ende Okt. täglich 9–18 Uhr, Juli/August längere Öffnungszeiten.
Auskunft: Verkehrsverein, Hauptstr. 79361 Sasbach a. Rh., Tel. (07642) 6022.
Karte: TK 1:50000, Blatt 4 Offenburg – Hornberg und Blatt 6 Kaiserstuhl – Freiburg – Feldberg.

19 Im idyllischen Schuttertal

Seelbach – Wittelbach – Schuttertal – Ettenheimer Hütte – Litschental – Seelbach

Tourencharakter: Kurze, aber nicht ganz mühelose Rundtour mit kräftiger Steigung; auf Waldwegen und wenig befahrenen Straßen.

Länge der Tour: 22 km.

Von Seelbach, einem ruhigen Erholungsort, führt die Radtour im breiten Schuttertal – fernab der Durchgangsstraßen – gemächlich bergauf, vorbei an Einzelhöfen, die am Fuß der sanft ansteigenden Talhänge sitzen, und durch die Dörfer Wittelbach und Schuttertal. In Wittelbach lohnt sich ein Blick in die kleine romanische Chorturmkirche St. Peter und Paul, aus deren Gründungszeit (um 1100) der Triumphbogen und der Türsturz stammen und in der ein frühgotischer Bilderzyklus (1. Hälfte des 14. Jh.) den Leidensweg Christi zeigt.

Durch einen steilen Anstieg wird der bewaldete Bergrücken zwischen dem Schuttertal und dem Litschental überwunden. In diesem abgeschiedenen Tal liegen der stattliche Hinterbauernhof mit einer kleinen Hofkapelle (1769) und eine historische Hammerschmiede. In der Schmiede, seit 1596 in Familienbesitz, wurden bis zum 17. Jh. die Waffen für die Herren von Geroldseck geschmiedet. Nach diesem mächtigen Geschlecht, das seinen Wohlstand dem Silberbergbau in Prinzbach verdankte und dessen Sitz die Burg Hohengeroldseck an der Straße von Lahr in das Kinzigtal war, heißt die Gegend um das Schuttertal heute noch Geroldsecker Land. Der letzte der Herren von Geroldseck starb im Jahr 1634 in der einstigen Wasserburg Dautenstein in Seelbach.

Streckenbeschreibung

Vom Parkplatz in *Seelbach* aus fahren Sie um das Bürgerhaus herum und stoßen auf die Ludwig-Aurbach-Straße, der Sie nach rechts, talaufwärts, folgen (Ww. Rhein-Schuttertal-Radweg). Sie überqueren die Schutter und folgen einem geschotterten Radweg entlang des Baches, an dem Sie kurz darauf eine noch funktionstüchtige Mühle (Informationstafel) passieren. Der Radweg überquert zweimal die Schutter, führt an einem Freibad vorbei und kreuzt kurz nach dem Ortsende erneut auf die andere Bachseite hinüber. Vorbei an einem Hochwasserdamm, der die einst häufigen Hochwasser im Schuttertal verhindert (Informationstafel), steigt der Radweg entlang der Straße im breiten Schuttertal kaum merklich an nach *Wittelbach* (3 km).

Am Ortsende beginnt ein asphaltierter Radweg, der neben der Straße durch die ruhigen Straßendörfer *Untertal* (4 km) und *Schuttertal* (5,5 km) nach *Dörlinbach* (8 km) führt. Am Ortsanfang von Dörlinbach zweigt an einem Brunnen nach rechts ein asphaltierter Weg ab, der die Schutter überquert. Nach rechts steigen Sie auf einem Sträßchen steil an, passieren die Gehöfte von Dobel und erreichen nach wenigen hundert Metern am Waldrand eine Gabelung. Hier folgen Sie einem Schotterweg geradeaus (Ww. Haubühlrundweg). Auf diesem recht steil ansteigenden Weg gelangen Sie am Punkt Sandebene (9,5 km) zu einem querlaufenden Schotterweg, halten sich auf dem Toten-

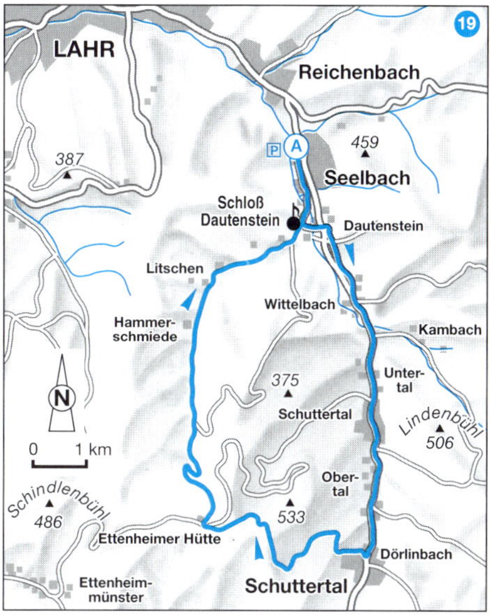

ruhweg nach links und fahren kurz darauf an einer Gabelung auf dem mittleren, abgeschrankten Weg (Ww. Haubühlrundweg) weiterhin recht steil bergauf zu einer Wegkreuzung namens Totenruhplatz (=Am Haubühl, 10,5 km).

Auf dem Schwiebögleweg halten Sie sich nach rechts in Richtung Ettenheimer Hütte und erreichen nach einer steilen Abfahrt die *Ettenheimer Hütte*, eine Rasthütte mit Grillstelle (13 km).

Direkt vor der Hütte zweigt nach rechts der Grabenweg ab (Ww. Litschental), der in Kehren recht steil in das enge, bewaldete *Litschental* hinunterführt. Wo der Weg den Wald verläßt, liegt linker Hand der Hinterbauernhof (16 km), ein gut erhaltener Schwarzwaldhof mit Kapelle. Hier beginnt ein bequem zu fahrendes Sträßchen, das weiter talabwärts führt, vorbei an dem links der Straße gelegenen Gasthof Schwert mit Hammerschmiede (17,5 km).

Sie erreichen den Ortsanfang von *Seelbach* (20,5 km), wo Sie sich auf Höhe eines Sägewerks an der ersten Querstraße, dem Schloßweg, nach links halten. Dieser führt um das Dautensteiner Schloß herum, ehemals eine staufische Wasserburg (13. Jh.), heute ein Herrenhaus in Privatbesitz, und mündet in die Ludwig-Aurbach-Straße ein, die zum Parkplatz führt.

Nützliche Informationen

Ausgangsort: Seelbach im Schuttertal, historischer Marktflecken mit Fachwerkhäusern.
Anfahrt: PKW: A 5, Karlsruhe – Basel, Ausfahrt Lahr; über Lahr und auf der B 415 nach Seelbach; Parkplatz bei Bürgerhaus und Sporthalle.
Höhen: AP = EP 215 m; HP 520 m; Anstieg 320 m.
Etappen: Seelbach – Wittelbach 3 km – Schuttertal 2,5 km (5,5 km) – Ettenheimer Hütte 5 km (10,5 km) – Seelbach 11,5 km (22 km).
Einkehr unterwegs: In Wittelbach, Schuttertal und Dörlinbach; Gasthof Schwert im Litschental (RT Di.).
Grillplatz: An der Ettenheimer Hütte (13 km).
Bademöglichkeit: Freibad Seelbach.
Sehens- und Wissenswertes: • *S'Glatze Mühle* in Seelbach, Führungen können einen Tag zuvor vereinbart werden, Tel. (0 78 23) 53 33. • *Historische Hammerschmiede* im Litschental, geöffnet Sa./So. und nach Vereinbarung, Tel. (0 78 21) 7 73 48.
Fahrradverleih: Verkehrsbüro Seelbach.
Auskunft: Verkehrsbüro, Marktstr. 6, 77960 Seelbach, Tel. (0 78 23) 52 52.
Karte: TK 1:50 000, Blatt 4 Offenburg – Hornberg.

Entspannender Ausgleich zu den manchmal doch recht anstrengenden Anstiegen: eine schattige Rast an einem Bach wie z. B. der Schutter.

Unter dem weit vorgezogenen Halbwalmdach des Kinzigtäler Haustyps befindet sich eine geschützte Veranda.

20 Vom Kinzigtal ins Prechtal – durch Zinken und Weiler

Haslach – Mühlenbach – Landwassereck – Ober- und Unterprechtal – Gasthof Biereck – Hofstetten – Haslach

Tourencharakter: Landschaftlich äußerst reizvolle Tour, vorbei an prächtigen Bauernhöfen; vorwiegend auf verkehrsarmen Sträßchen; zwei streckenweise steile Anstiege.

Länge der Tour: 35 km.

Vom Kinzigtal führt die Radstrecke in einem Seitental bergauf, in dem verstreut einzelne Höfe stehen. »Zinken« nennt man die Siedlungen, bei denen sich die Hofgüter gleich einer Kette das Tal hochziehen, wie hier in Büchern. Da durch die steilen Hänge der Täler das Anlegen eines geschlossenen Dorfes nicht möglich war, wurde, dem Verlauf des Tales folgend, ein Grundstück an das andere gereiht. Diese Siedlungsform findet sich vor allem in den Gebieten, die einst den Zähringern gehörten, ein im 11./12. Jh. mächtiges Adelsgeschlecht, das maßgeblich an der Besiedlung des Schwarzwalds beteiligt war. War ein Weg in das Tal hinein angelegt, verteilten die Herzöge von Zähringen diese »Hufen« genannten Grundstücke. Unten im Tal wurde der Hof gebaut, das Grundstück zog sich als Streifen den Hang hinauf zur Talkante. Recht stattlich sind heute noch die Gehöfte, da hier das »Anerbenrecht«, d.h. die Vererbung des ungeteilten Guts an einen Erben, noch gilt.

Vom Gasthof Landwassereck, von dem aus nochmals das weite Tal mit den Höfen überblickt werden kann, senkt sich die Strecke in das Prechtal, wo ebenfalls schöne Höfe erhalten sind, steigt aber zum Paß beim Gasthof Biereck nochmals an. Eine willkommene Einkehrmöglichkeit, genauso wie früher für die Fuhrleute, die diese alte Steige zwischen dem Kinzigtal und dem Elztal benutzten. Hier herauf kamen früher auch an Pfingsten die Hirtenjungen, um beim traditionellen Schellenmarkt, der immer noch stattfindet, Glocken für das Vieh zu kaufen. Von Biereck führt der Weg hinunter nach Hofstetten, das von Heinrich Hansjakob (1847–1916), dem in Haslach geborenen Pfarrer und Schriftsteller, als »Paradies« bezeichnet wurde, wo er am liebsten im Gasthof »Drei Schneeballen« einkehrte und sich schon zu Lebzeiten eine Grabkapelle errichten ließ. Hansjakob, der zu seiner Zeit einer der meistgelesenen Schriftsteller im Schwarzwald war, beschrieb in über 70 Romanen und Schriften die Welt der Bauern, Handwerker und Bürger.

Streckenbeschreibung

Von Ihrem Parkplatz in *Haslach* fahren Sie 200 m weit in Richtung Hofstetten, biegen links ab in die Stadtmitte und stoßen am östlichen Rand der Altstadt auf die B 294 in Richtung Elzach. Auf einem Radweg entlang der im Tal des Mühlenbachs stetig leicht ansteigenden Bundesstraße erreichen Sie *Mühlenbach* (2,5 km).

Im Ort zweigt auf Höhe der Kirche eine Straße nach links ab, die in Richtung Büchern führt und sich nach 100 m gabelt. Sie halten sich nach links (Ww. Café Talblick) und steigen in einem Wiesental stetig an, wobei Sie an zahlreichen einzeln stehenden Höfen und am Café Talblick (5,5 km) vorbeikommen.

Je weiter Sie dem Tal folgen, desto steiler werden einzelne Streckenabschnitte. An einer Gabelung vor dem *Vusenhof* (knapp 8 km) halten Sie sich nach rechts entlang des Waldrands, steigen recht steil an, wobei Sie den *Grieshabershof* passieren (8,5 km), und erreichen eine weitere Gabelung. Hier wenden Sie sich erneut nach rechts, fahren an drei Höfen vorbei und schieben wenig später auf einem Schotterweg äußerst steil zum *Gasthof Landwassereck* (629 m) hoch (12 km).

Der im Prechtal verlaufenden Straße Gutach – Elzach folgen Sie zunächst steil bergab, passieren einige wenige Bauernhöfe und gelangen nach *Dorf*, einem Ortsteil von Oberprechtal (14 km). Sie durchfahren den

Ort und biegen am Ortsende rechts ab auf die frühere Talstraße, die schmale Elzmattenstraße, der Sie im nunmehr sanft fallenden Tal parallel zur modernen Durchgangsstraße bequem talabwärts folgen.

Beim *Holzerhof*, einem stattlichen Hofgut mit auffällig großer Kapelle, mündet die alte Straße wieder in die Durchgangsstraße. Dieser folgen Sie jedoch nur kurzzeitig bergab und fahren dann wieder auf der alten Straße, die zuerst rechts, ab *Fisnacht*, einem Ortsteil von Unterprechtal, links der modernen Durchgangsstraße verläuft. Nachdem Sie diese wieder erreichen, stoßen Sie im nun breiten Tal beim Ortsteil *Schrahöfe* auf die B 294 (20 km), der Sie nach rechts, in Richtung Haslach, folgen.

Nach Überqueren der Elzbrücke fahren Sie zunächst auf einem Wirtschaftsweg (markiert) parallel zur Bundesstraße, anschließend auf der Bundesstraße und biegen nach links ab (22 km) in Richtung Leimental und Bachere. Entlang des Bacherebächl steigen Sie stetig an, kurzzeitig auch recht steil, passieren die Weiler *Leimental* sowie *Bachere* und halten sich an zwei kurz nacheinander folgenden Gabelungen jeweils nach links. Unweit des Weilers *Herne* stoßen Sie

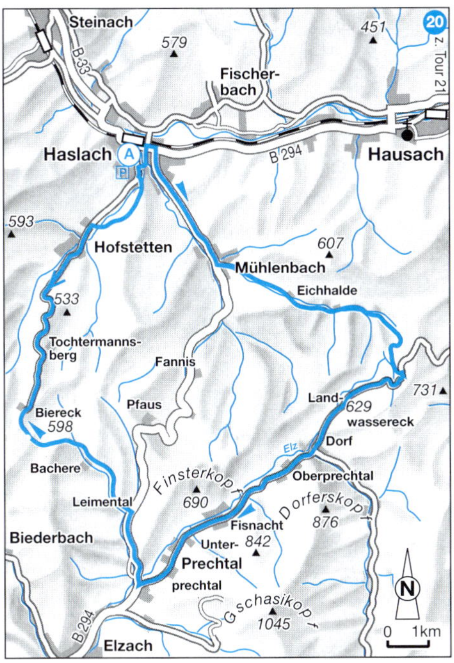

nach einem steil ansteigenden Straßenabschnitt am Waldrand auf eine querlaufende Schotterstraße (gut 25 km), der Sie nach rechts folgen (Ww. Haslach). Wie an der streckenweise noch erhaltenen Pflasterung zu erkennen ist, handelt es sich um die frühere Verbindungsstraße zwischen Haslach im Kinzigtal und Elzach im Elztal. Auf der leicht ansteigenden Schotterstraße gelangen Sie an die *Biereck* (598 m), wo sich ein Gasthof in schöner Aussichtslage befindet (26 km).

Auf einer Waldstraße fahren Sie nun in nördlicher Richtung bequem ab, passieren den auf einer ausgedehnten Lichtung liegenden Weiler *Tochtermannsberg* (27,5 km) und erreichen *Hofstetten* (gut 31 km).

Sie passieren die Kirche und biegen nach der Brücke über den Hofstetterbach nach rechts zum Waldrand ab. Ein Kiesweg führt am Sportplatz, einer restaurierten Mühle, einem Ententeich (Spiel- und Rastplatz) und einer Wassertretanlage nahe des Freibads vorbei. Sie umfahren einen weiteren Sportplatz, wenden sich wieder zum Talhang und folgen wenige Meter oberhalb der Talsohle einem Wirtschaftsweg talabwärts nach Haslach. Hier fahren Sie entweder auf der Straße direkt zu Ihrem Parkplatz oder auf einem Rad- und Fußweg in den alten Ortskern und von dort zu Ihrem Parkplatz.

Nützliche Informationen

Ausgangsort: Haslach im Kinzigtal, historische, unter Denkmalschutz stehende Altstadt.
Anfahrt: Station an der Kinzigtalbahn. PKW: A 5, Karlsruhe – Basel, Ausfahrt Offenburg; B 33 in Richtung Villingen-Schwenningen; Parkplatz in Haslach bei der Stadthalle.
Höhen: AP 220 m; HP 629 m; Anstieg 640 m.
Etappen: Haslach – Landwassereck 12 km – Schrahöfe 8 km (20 km) – Biereck 6 km (26 km) – Haslach 9 km (35 km).
Einkehr unterwegs: In Mühlenbach (2,5 km); Café Talblick im Bücherntal (Gartenwirtschaft, 5,5 km); Gasthof Landwassereck (Terrasse mit Aussicht, 12 km); in Oberprechtal, u. a. Gasthof Adler (renommierter Gasthof, 14 km); in Frischnau (22 km); Gasthof Biereck (Terrasse mit Aussicht, RT

Typische Landschaft in den Seitentälern der Kinzig: einzeln stehende Hofgüter, umgeben von grünen Matten.

Di., 26 km); Hofstetten (u. a. der historische Gasthof »Drei Schneeballen«, 31 km).
Bademöglichkeiten: Freibäder in Oberprechtal, Hofstetten und Haslach.
Sehens- und Wissenswertes: • *Trachtenmuseum* in Haslach, im Alten Kapuzinerkloster, geöffnet 1.4. bis 31.10. täglich außer Mo., 1.11. bis 31.3. Di.–Fr. 9–12 und 13–17 Uhr. • *Hansjakob-Museum,* Freihof, geöffnet Mi. 10–12 und 15–17 Uhr, vom 1.4. bis 31.10. auch So. 10–17 Uhr.
Fahrradverleih: Am Bahnhof Haslach, Tel. (078 32) 22 06.
Auskunft: Verkehrsbüro, Postfach 1212, 77711 Haslach, Tel. (078 32) 80 80.
Karte: TK 1:50 000, Blatt 4 Offenburg – Hornberg.

Der Vorteil des Radfahrens abseits der Durchgangsstraßen: Man sieht auch die stillen Ecken.

21 Museumstour im Kinzigtal

Hausach – Freilichtmuseum Vogtsbauernhof – Kirnbachtal – Schiltach – Wolfach – Hausach

Tourencharakter: Abwechslungsreiche, aber anstrengende Tour mit langgezogenem Anstieg im Kirnbachtal; auf verkehrsarmen Straßen und auf einem Radweg entlang der vielbefahrenen Kinzigtalstraße; zahlreiche Besichtigungsmöglichkeiten.

Länge der Tour:
41 km.

Daß das Kinzigtal einer der wichtigsten Durchgänge durch den Schwarzwald ist, bekommt der Autofahrer, der an einem Wochenende auf dem Weg zum Ausgangspunkt dieser Tour ist, recht schnell zu spüren. Nur noch im Schrittempo geht es durch die Städtchen hindurch, die auf dem breiten Talgrund liegen. Nicht ganz so belebt wird es zur Römerzeit (1./2. Jh.) gewesen sein, obwohl die damals einzige Straße durch den Schwarzwald ebenfalls hier auf dem Grund des Kinzigtals verlief, bei Schiltach zu den östlichen Höhen anstieg und von dort nach Rottweil führte. Durchaus möglich ist es deshalb, daß sich hier im Kinzigtal, das, im Gegensatz zu den anderen von der Rheinseite her in den Schwarzwald führenden Tälern, sehr breit ist, schon Siedler niederließen, lange bevor die Besiedlung des übrigen Schwarzwalds begann. Wo die Seitentäler, das Gutachtal, das Wolfachtal und das Schiltachtal, in das Kinzigtal einmünden, entstanden im 11./12. Jh. bereits Burgen: bei Hausach, Wolfach und Schiltach. Sie hatten die Aufgabe, die Straße zu schützen, auf der reger Handelsverkehr herrschte. Unterhalb der Burgen entwickelten sich Siedlungen, die im 13. Jh. die Markt- und Stadtrechte bekamen und befestigt wurden. Ein gut erhaltenes Beispiel eines solchen, von Fachwerkhäusern umstandenen Marktplatzes ist heute noch der in Schiltach. Hier ließen sich Gerber nieder und hatten die Kinzigflößer ihren Sitz, denn neben dem Handel entwickelte sich ab dem 13. Jh. die Flößerei auf der Kinzig zu einem wichtigen Wirtschaftszweig. Ein weiterer Faktor, der dem Tal zu Wohlstand verhalf, war der Abbau von Silber an einigen Orten im vorderen Kinzigtal.

Kein Wunder, daß hier die stattlichen Kinzigtäler Häuser entstanden, die heute als Inbegriff des Schwarzwaldhauses gelten: Über einem weiß getünchten Unterbau aus Buntsandstein, in dem zwei oder drei Türen zu den Stallungen führen, liegen der Wohnteil mit einer Veranda, dem »Trippel«; darüber, unter dem vorgezogenen Halbwalm-Dach, die Kammern mit der Laube. Ein gutes Beispiel ist der Sumshof im Kirnbachtal, der im Jahr 1616 erbaut und erst in jüngster Zeit modernisiert wurde.

Kinzigtäler Häuser, aber auch die anderen Typen des Schwarzwaldhauses, können im *Freilichtmuseum Vogtsbauernhof* besichtigt werden, wo Höfe aus dem 16. und 17. Jh., ausgestattet mit altem Hausrat und Geräten, am Originalstandort des Vogtsbauernhofes zusammengetragen wurden.

Für eine Tradition anderer Art sind das Gutach- und Kirnbachtal bekannt: Von hier stammt eines der Markenzeichen des Schwarzwalds, der Bollenhut. Aus einem Strohhut mit aufgemalten Punkten entwickelte sich die mit 14 roten Wollbommeln geschmückte Kopftracht, die nur unverheiratete Mädchen tragen.

Die Tradition des Glasblasens setzt die *Dorotheenhütte* in Wolfach fort. Nachdem um die Jahrhundertwende die letzte der alten Wanderglashütten geschlossen wurde, ist die Glashütte die einzige im Schwarzwald, in der noch das alte Handwerk, Glas mit dem Mund zu blasen, ausgeübt wird.

Streckenbeschreibung

Vom Parkplatz an den Sportanlagen in *Hausach* steigen Sie über einige Treppenstufen zum Waldrand hoch und folgen hier nach links einem Kiesweg, der oberhalb des Hausacher Industriegebiets am Fuß des bewaldeten Talhangs verläuft. Nach einer weitgeschwungenen Rechtskurve stoßen Sie bei einem alten Grenzstein zwischen dem fürstenbergischen und württembergischen Territorium auf einen Wirtschaftsweg, der bei einigen der wenigen Wohnhäuser von *Turm* nach rechts abknickt und im Gutachtal als Rad- und Fußweg entlang der Bahnlinie Hausach – Triberg zum *Freilichtmuseum Vogtsbauernhof* führt (3 km).

Auf demselben Weg kehren Sie etwa 1 km zurück und folgen einem Sträßchen über die Bahngleise nach *Turm* (4,5 km), einem Ortsteil von Gutach. Hier überqueren Sie die Gutach, folgen der B 33, Hausach – Triberg, 50 m nach links und biegen nach rechts auf eine ruhige Nebenstraße ab (Ww. Wolfach, Kirnbach), auf der Sie im Kinzigtal talaufwärts nach *Kirnbach* gelangen (6 km).

Nach rechts steigen Sie im Kirnbachtal leicht an, passieren die zahlreichen großen Höfe des Zinken *Untertal* und eine Mühle (8,5 km), ehe Sie nach *Kirnbach (-Dorf)* gelangen (9 km). Auf der auf den nächsten 5 Kilometern steiler ansteigenden Straße erreichen Sie die wenigen Höfe von *Grafen*, wenden sich an einer Straßengabelung (10 km) nach links, passieren auf der schattigen Straße im zunehmend engeren Kirnbachtal den Zinken *Obertal* und stoßen am Hang des Moosenkapfs auf die Straße Fohrenbühl – Mosenmättle (14,5 km). Nach links gelangen Sie wenig später zum *Gasthof Mosenmättle* (771 m, 15 km).

In Richtung Heuwies/Rotwasser fahren Sie durch den Mooswald bequem ab, biegen am Waldrand bei den wenigen Höfen von *Rotwasser* – vor Ihnen breitet sich ein Hochtal mit zahlreichen, zur Gemeinde Sulzbach zusammengefaßten Einzelhöfen aus – nach links ab (17 km) und folgen einer schmalen, leicht ansteigenden Straße (Ww. Heuwies) durch den Rotwassersattel zum *Gasthaus Heuwies* (18,5 km).

Ein steil fallendes, kurvenreiches Sträßchen (Vorsicht: Gegenverkehr und teilweise unübersichtliche Kurven!) führt am Hang des engen Tals des Reichenbächles bergab und mündet im Tal der Schiltach bei den wenigen Häusern von *Vor Reichenbächle* (22,5 km) in die B 462 Schiltach – Schramberg.

Noch ehe Sie die Bundesstraße erreichen, wenden Sie sich vor der Bahntrasse und der Schiltach nach links (Ww. Radweg

Über die Bedeutung der Wasserkraft informiert das Museum in Schiltach, wo Wasserräder Sägen und andere Geräte antreiben.

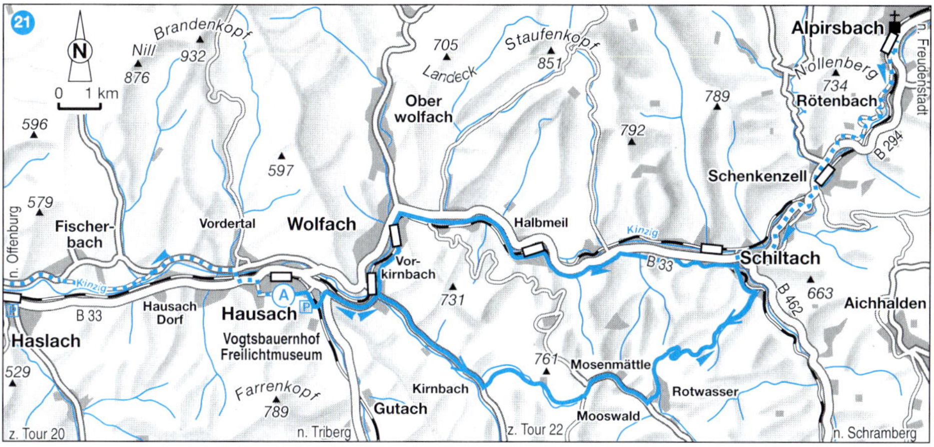

Schiltach) und folgen der Alten Straße talabwärts in die Altstadt von *Schiltach* (24 km).

Auf der im Kinzigtal verlaufenden Straße wenden Sie sich nach links und folgen einem Rad- und Fußweg unmittelbar entlang der Straße talabwärts in Richtung Wolfach. Auf Höhe einer Fabrik unterqueren Sie die Ortsumgehung von Schiltach, folgen weiterhin dem Radweg, nunmehr entlang der stark befahrenen B 294, Freudenstadt – Hausach, passieren den Weiler *Vorderlehengericht* (26,5 km) und verlassen die Straße vor einer Brücke über die Kinzig nach links. Auf der Talsohle überqueren Sie die Bahngleise und folgen der alten Straße in den Ort *Halbmeil* (30 km).

Unmittelbar vor einer Metallbrücke über die Kinzig überqueren Sie die Gleise, folgen der Bahnlinie, überqueren die Gleise erneut (31,5 km) und durchfahren *Schiltersbach*. Entlang der Kinzig folgen Sie dem Jakob-Hildbrand-Weg, einem Dammweg, unterqueren die Ortsumgehung von Wolfach und gelangen nach *Wolfach* (34 km).

Auf der Hauptstraße durchfahren Sie die Altstadt, passieren den Bahnhof und halten sich am Ortsende, wo die Hauptstraße nach rechts über die Kinzig führt, geradeaus. Wenn Sie die Dorotheenhütte, eine Glasbläserei, besuchen möchten, bleiben Sie auf der Hauptstraße (Abstecher hin und zurück gut 1 km).

Sie folgen der alten, verkehrsarmen Straße, passieren Kirnbach und erreichen *Turm* an der Einmündung des Gutachtals in das Kinzigtal. Auf demselben Weg, auf dem Sie Ihre Tour begannen, kehren Sie nach Hausach zurück.

Nützliche Informationen

Ausgangsort: Hausach im Kinzigtal, überragt von der Ruine Hausach (11. Jh.).

Anfahrt: Station an der Kinzigtalbahn. PKW: A 5, Karlsruhe – Basel, Ausfahrt Offenburg; auf der B 33 nach Hausach. Parkmöglichkeit bei den Sportanlagen.

Höhen: AP = EP 240 m; HP 770 m; Anstieg 560 m.

Etappen: Hausach – Freilichtmuseum Vogtsbauernhof 3 km – Kirnbach 3 km (6 km) – Mosenmättle 9 km (15 km) – Schiltach 9 km (24 km) – Wolfach 10 km (34 km) – Hausach 7 km (41 km).

Einkehr unterwegs: In Kirnbach; im Kirnbachtal; Gasthof Mosenmättle (RT Mo.); Gasthof Hasen (RT Mi.) und Heuwies (RT Di.) in Rotwasser; in Schiltach (u. a. die traditionsreichen Gasthäuser »Sonne« und »Adler»); in Vorderlehengericht; in Halbmeil; in Wolfach.

Sehens- und Wissenswertes: • *Freilichtmuseum Vogtsbauernhof* bei Gutach, geöffnet 1.4. bis 1.11. täglich 8.30–18.00 Uhr. • In Schiltach *Schüttsägemuseum*, Hauptstr. 1 und *Museum am Markt*, geöffnet 1.4. bis 31.10. Di.–So. 10–12 und 14–16 Uhr. • *Wolfach*, im 13. Jh. durch die Fürstenberger gegründet, entwickelte sich durch den Handel auf der Kinzigstraße und die Flößerei zum bedeutenden Marktort. Stadttor, Pfarrkirche St. Laurentius mit Netzgewölbe

Um die Versorgung des Viehs über die langen Wintermonate sicherzustellen, wird auch an steilen Hängen Heu gemacht.

(15. Jh.) und Fresken. • *Heimatmuseum mit Mineraliensammlung*, im Schloß der Fürsten von Fürstenberg (15.–17. Jh.), geöffnet Mai bis Sept. Di./Do./Sa. 14–17, So.10–12 und 14–17 Uhr, Okt. bis April Do. 14–17 und jeden 1. So. im Monat 10–12 und 14–17 Uhr. • *Dorotheenhütte* in Wolfach, Demonstration der Glasherstellung durch Mundbläser sowie Ausstellung zur Entwicklung des Glases; geöffnet täglich 9–16.30 Uhr.
Fahrradverleih: Bahnhof Hausach, Tel. (07831) 206.
Auskunft: Verkehrsamt, Hauptstr. 40, 77756 Hausach, Tel. (07831) 790.
Karte: TK 1:50000, Blatt 5 Freudenstadt – Schramberg.

Streckenvariante
Alpirsbach – Hausach
Länge der Tour: 27 km.
Höhen: AP = HP 440 m, EP 220 m, Anstieg 80 m, Abstieg 300 m.
Strecke: Vom Bahnhof Alpirsbach folgen Sie der Bahnlinie und der stark befahrenen B 294 über Rötenbach und Schenkenzell nach Schiltach (10 km). Dabei fahren Sie auf bzw. neben der Bundesstraße, großteils jedoch auf der alten Durchgangsstraße und auf Wirtschaftswegen. Ab Schiltach siehe obige Streckenbeschreibung.
Grundsätzlich ist es möglich, die Strecke ab Hausach talabwärts bis Offenburg zu verlängern (ca. 70 km). Ab Biberach s. Tour 16.
Anfahrt: Mit der Bahnlinie Hausach – Freudenstadt (Radtransport), Dauer bis Alpirsbach ca. 30 Min.; Züge mehrmals täglich. Auskunft bei der zentralen Auskunftsstelle Offenburg, Tel. (0781) 19419.

22 Im Hochtal von Sulzbach

Lauterbach – Sulzbachtal – Gasthof Mosenmättle – Paßhöhe Fohrenbühl – Lauterbach

Tourencharakter: Kurze, aber nicht ganz mühelose Tour im landschaftlich reizvollen Sulzbachtal; auf asphaltierten Fahrwegen und sandigen Waldwegen; größtenteils schattig; steiler Anstieg zu Beginn, anschließend ständiges leichtes Auf und Ab.
Länge der Tour: 23 km.

Lauterbach, oberhalb von Schramberg gelegen, ist seit hundert Jahren Luftkurort. Hier öffnet sich das enge Lauterbachtal, und nach Norden schließt sich das Sulzbachtal an, ein weites Hochtal, das zum Landschaftsschutzgebiet erklärt wurde. Alte Schwarzwaldhöfe aus dem 18. und 19. Jh. haben sich hier erhalten. Am Rand dieses grünen Wiesen-Hochtals verläuft, nach einem kurzen, steilen Anstieg, die Tour. Sie führt durch eine Schwarzwaldlandschaft, die den Maler Wilhelm Kimmich (1897–1986), der in Lauterbach zu Hause war, zu zahlreichen Bildern inspirierte. Immer wieder malte er den Ginster am Wegrand, die blühenden Bäume, die

Schwarzwaldhäuser, vor allem den Käppelehof, an den er als Kind armer Leute als Hirtenbub gegeben wurde. Das war damals im Schwarzwald durchaus üblich. Solange die Jungen eine Hirtenschule besuchten, eine einfache Volkschule mit verkürzter Unterrichtszeit, hüteten sie außerdem täglich das Vieh. Als Entgelt wurden sie vom Bauern verpflegt und bekamen einen geringen Lohn. Einmal im Jahr trafen sich die Hirtenbuben der Umgebung – bis zu tausend konnten es sein – beim Schellenmarkt auf dem Fohrenbühl, um ihre alten Kuhglocken zu tauschen.

Streckenbeschreibung

Vom Parkplatz am Friedhof in *Lauterbach* überqueren Sie die Straße Schramberg – Hornberg, fahren an der Kirche vorbei und steigen im Ort in Richtung Sulzbach an. Nach 200 m halten Sie sich an einer Straßengabelung nach rechts und folgen der Straße Hölzle zur Durchgangsstraße in Richtung Sulzbach. Unmittelbar nach dem Sportplatz biegen Sie rechts auf das Wiesenwegle ab, steigen in der Wohnstraße Eichbusch, dann auf dem Benatweg einige hundert Meter weit sehr steil an und gelangen zu der an der Talkante gelegenen Siedlung *Imbrand* (1,5 km).

Stets geradeaus durch den Ort erreichen Sie den Waldrand, biegen scharf nach links ab (Ww. Heuwies/Mosenmättle) und gelangen auf einem weiter ansteigenden Sträßchen im Wald bzw. entlang des Waldrands vollends auf die Hochfläche (2,5 km). Vor sich sehen Sie ein stark gegliedertes Hochtal mit den zahlreichen Einzelhöfen der Gemeinde Sulzbach.

In leichtem Auf und Ab fahren Sie entlang des Waldrands – Abzweigungen bleiben unbeachtet – und stoßen auf eine schmale Straße (knapp 4 km), der Sie wenige hundert Meter nach links folgen. An einem auffälligen alten Markstein auf Höhe des Wursthofs folgen Sie dem Sträßchen nach rechts (Ww. Mosenmättle) und steigen bei den Höfen von *Kienbronn* (5,5 km) nach links zum Waldrand an, dessen Verlauf der Weg folgt bis zu einer Gabelung, an der Sie sich links halten. Nach einem aufgrund freigespülter Wurzeln mühsam zu fahrenden Streckenabschnitt im Wald und durch eine Senke hindurch gelangen Sie zu einem querlaufenden Sträßchen und zum Gasthof Hasen im Weiler *Rotwasser* (7,5 km).

Dem Sträßchen folgen Sie entlang des Waldrands einige hundert Meter nach links zur Straße Lauterbach – Mosenmättle, auf der Sie nach rechts ansteigen und das *Gasthaus Mosenmättle* erreichen (10 km).

Sie steigen auf der Straße in Richtung Wolfach leicht an, halten sich wenig später

Weit verstreut liegen die Schwarzwaldhöfe im Hochtal von Sulzbach.

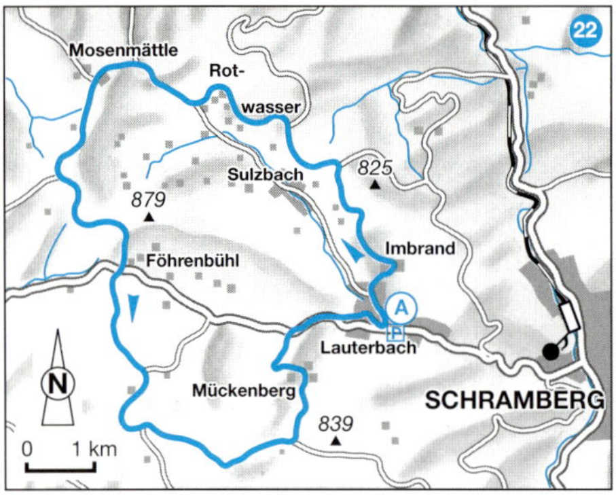

an einer Straßengabelung nach links und stoßen bei den Höfen von *Waldhäuser* auf ein Sträßchen (11 km), dem Sie nach links (Ww. Radweg St. Georgen) zum Weiler *Fohrenbühl* folgen (14 km).

Nach Überqueren der Straße Schramberg – Hornberg fahren Sie auf einer schmalen Straße (Ww. Reichenbach, Hornberg) in leichtem Auf und Ab, insgesamt aber ansteigend – Abzweigungen bleiben unbeachtet –, zwischen Wiesen und Feldern zu einem im Wald gelegenen Hochpunkt (ca. 850 m, 16 km), an dem rechts der Weg nach Winterskopf abzweigt. Sie biegen nach links (Ww. Gasthaus Sonne) auf den Oberen Sägewaldweg ab, halten sich an zwei kurz nacheinander folgenden Gabelungen jeweils links und erreichen den höchsten Punkt der Tour (ca. 880 m). Am Waldrand stoßen Sie auf einen Querweg (18 km), dem Sie nach links über eine Lichtung folgen.

Unmittelbar vor einer Bushaltestelle am Waldrand (19 km) biegen Sie nach links ab (Ww. Lauterbach), steigen leicht an und folgen kurz darauf einem Quersträßchen nach rechts bergab. Mit Blick auf das Hochtal von Sulzbach fahren Sie in einem engen Tal steil bergab, wobei Sie die Einzelhöfe von *Mückenberg* und *Bremelau* passieren. Auf der Sohle des Lauterbachtals (21,5 km) folgen Sie der vor allem an Wochenenden stark befahrenen Straße nach rechts und erreichen *Lauterbach*.

Nützliche Informationen

Ausgangsort: Lauterbach, Luftkurort (2600 E.) mit dörflichem Charakter.

Anfahrt: PKW: A 81, Stuttgart – Singen, Ausfahrt Oberndorf a. N.; über Oberndorf a. N. nach Schramberg und in Richtung Hornberg nach Lauterbach. Parkplatz am Friedhof gegenüber der Kirche.

Höhen: AP = EP 580 m; HP 880 m; Anstieg 420 m.

Etappen: Lauterbach – Mosenmättle 10 km – Fohrenbühl 4 km (14 km) – Lauterbach 9 km (23 km).

Einkehr unterwegs: In Rotwasser Gasthof Hasen (RT Mi., 7,5 km); Gasthof Mosenmättle (RT Mo., 10 km); Gasthöfe in Fohrenbühl (14 km).

Sehens- und Wissenswertes: Lauterbach:
- *Galerie Wilhelm Kimmich*, Exponate des »Malers des Schwarzwalds«, geöffnet Sa./So. 14–17 Uhr.

Fahrradverleih: Familie Spathelf, Poststelle Lauterbach-Fohrenbühl, Tel. (0 74 22) 72 70.

Auskunft: Kurverwaltung, Schramberger Str. 5, 78730 Lauterbach, Tel. (0 74 22) 94 97-29-30.

Karte: TK 1:50 000, Blatt 5 Freudenstadt – Schramberg.

23 Zum Römerkastell von Waldmössingen

Sulgen – Aichhalden – Rötenberg – Waldmössingen – Heiligenbronn – Sulgen

Tourencharakter: Einfache Rundtour auf der ersten Höhenstufe des östlichen Schwarzwaldrands; leichte Steigungen; überwiegend auf verkehrsarmen Sträßchen und asphaltierten Wirtschaftswegen.

Länge der Tour: 30 km.

Die einzige Möglichkeit zu römischer Zeit, den Schwarzwald zu durchqueren, bot die Straße durch das Kinzigtal. Vom Legionslager Straßburg führte die im Jahr 74 n. Chr.

vollendete Straße über Offenburg in das Kinzigtal, wo sie bei Schiltach auf die Höhe anstieg und sich in der Nähe des heutigen Waldmössingen gabelte. Eine Straße führte weiter in Richtung Rottweil und Donau, die andere über Sulz am Neckar nach Rottenburg. Auf diese Weise waren die römischen Rheinprovinzen mit den Donauprovinzen verbunden. Zum Schutz der Straßengabelung wurde hier ein Kastell, ein Militärlager, angelegt, das von einem Graben und einer Holz-Erd-Mauer umgeben war und rund 500 Mann aufnehmen konnte. Auf den freigelegten Fundamenten wurde ein Eckturm wieder aufgebaut, in dem eine Ausstellung untergebracht ist.

Eine kerzengerade Straße aus jener Zeit führt heute noch auf das Kastell zu. Römerstraßen waren in der Regel 4 bis 5 m breit, manchmal geschottert, meist aber gepflastert. Sie ermöglichten einerseits die rasche Verlegung von Truppen in gefährdete Grenzbereiche und dienten somit der Verteidigung der römischen Herrschaft, ermöglichten andererseits aber auch verstärkten Warenaustausch, so daß Knotenpunkte, beispielsweise Rottweil, zu zivilisatorischen Zentren mit überregionaler Bedeutung werden konnten.

Streckenbeschreibung

Vom Parkplatz am Sportgelände in *Sulgen* kehren Sie zurück zur Hauptkreuzung und folgen der B 462, Rottweil – Schramberg, nach links bergab zum Ortsrand, wo Sie nach rechts auf die schmale Straße Haldenhof abbiegen und zum Weiler *Lienberg* gelangen (2 km). Wenig später stoßen Sie auf ein Quersträßchen, dem Sie nach links folgen (Ww. Waldeslust) zu einer Fahrwegkreuzung mit einem Feldkreuz (3 km). Nach

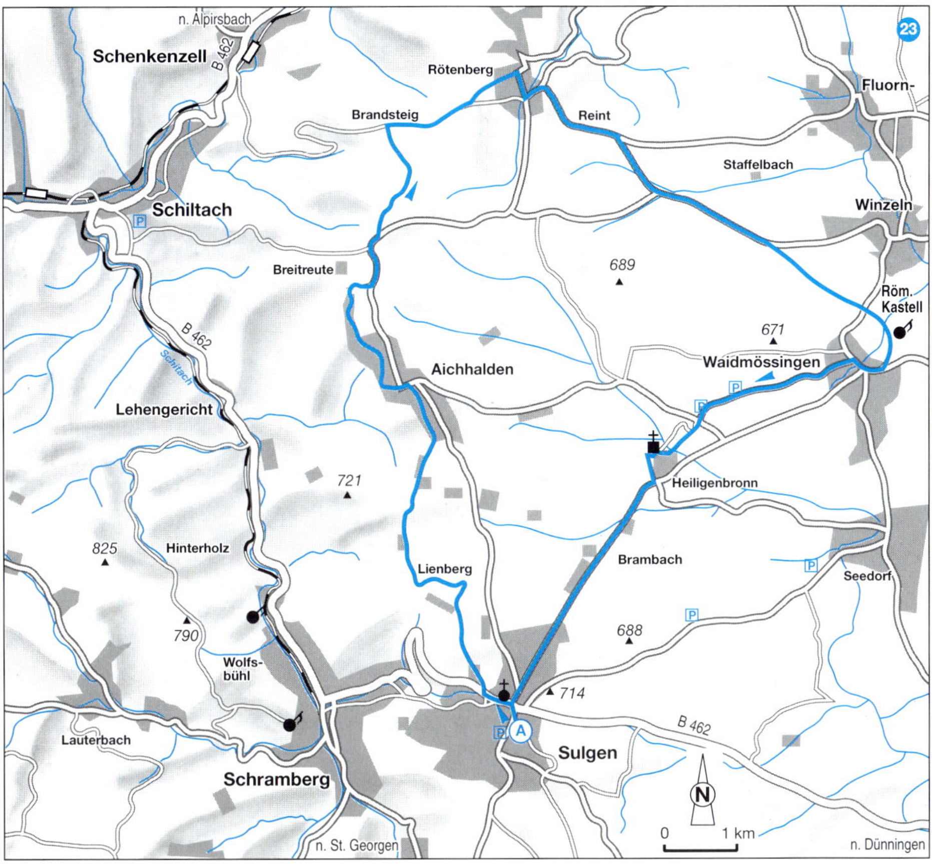

Am Rand der Hochfläche oberhalb des Schiltachtals liegt Aichhalden, von dessen einstiger Struktur als Waldhufendorf kaum mehr etwas zu erkennen ist.

rechts, entlang einer Stromleitung, steigen Sie leicht an, passieren einige Bauernhöfe und stoßen bei einem weiteren Feldkreuz auf einen Querweg (4 km), dem Sie nach rechts folgen. Schon nach 100 m biegen Sie nach links ab und erreichen entlang der bewaldeten Kante des Schiltachtals den Ortsbeginn von *Aichhalden* (gut 5 km).

Nach dem leichten Anstieg zur Ortsmitte halten Sie sich unmittelbar vor der Kirche nach links, biegen nach 100 m rechts ab in die Brunnenstraße und erreichen auf ihr, mit Blick auf das Tal der Schiltach, nach einigen hundert Metern eine Straßengabelung. Hier steigen Sie nach rechts in einem Wohnviertel leicht an, wenden sich an einer weiteren Gabelung (7 km) nach rechts, aber nach nur 10 m wieder nach links. Eine schmale Straße führt geradeaus zum Waldrand, wo sie in einen Kiesweg übergeht. Dieser Weg mündet in die Straße Aichhalden – Rötenberg ein (8,5 km). Sie wenden sich nach links in den Wald und biegen nach wenigen hundert Metern an einem Parkplatz mit einer Grillstelle (9,5 km) links ab auf einen abgeschrankten Waldweg.

An einer nach 200 m folgenden Wegkreuzung halten Sie sich nach rechts, gelangen zum Waldrand (10 km) und fahren auf einem teilweise grasbewachsenen Weg entlang des Waldrands weiter zu einer Wegkreuzung. Nach links (Ww. Gasthaus Holzebene) erreichen Sie das Gehöft *Brandsteig* (11 km), an dem Sie einer schmalen Straße nach rechts zu einer Gabelung folgen. Auf der geradeaus führenden Straße gelangen Sie in die Ortsmitte von *Rötenberg* (13,5 km).

Sie folgen der Alpirsbacher Straße nach rechts und biegen an der Brücke über den Rötenbach links ab in Richtung Oberndorf/Fluorn. Die Fluorner Straße steigt für einige hundert Meter recht steil an und führt, vorbei an den wenigen Häusern von *Reint* (15 km), in den Fluorner Wald. Hier folgen Sie einer nach rechts abzweigenden Straße (Ww. Flugplatz) zu einer Querstraße (16 km), auf der Sie nach links die offene Hochfläche erreichen. In einem Linksknick der Straße auf Höhe eines Aussiedlerhofs (knapp 18 km) folgen Sie einem Wirtschaftsweg geradeaus. Hierbei handelt es sich um eine ehemalige Römerstraße, die schnurgerade auf der Hochfläche verläuft, dabei die Straße Winzeln – Waldmössingen kreuzt (19,5 km), einen Ententeich und ein Wildgehege passiert und zu einem teilrestaurierten römischen Kastell führt (gut 20 km), das auf einem leicht erhöhten Geländeabsatz zu Ihrer Linken liegt.

Wenig später erreichen Sie *Waldmössingen* (21 km), wenden sich an der Hauptkreuzung in der Ortsmitte nach rechts in Richtung Freudenstadt, biegen aber schon nach 100 m links ab in die Bruckstraße. Sie verengt sich am Ortsrand und führt auf der Hochfläche zu einer Weggabelung am Waldrand (23 km), an der Sie geradeaus fah-

ren. Nach 700 m verlassen Sie den Wald wieder, kreuzen eine Straße nach Aichhalden und folgen einem Fahrweg, der zwischen Feldern und Wiesen auf Heiligenbronn zuführt. Kurz vor dem Ort überqueren Sie auf einer Holzbrücke die Eschach und gelangen in das von einer großen Klosteranlage dominierte *Heiligenbronn* (25 km).

Auf einem Radweg entlang der stark befahrenen, leicht ansteigenden Durchgangsstraße Oberndorf a. N. – Schramberg passieren Sie zunächst den Weiler *Brambach* (27 km), anschließend *Oberreute* (28 km) und kommen wenig später zum Ortsrand von *Sulgen*. Durch das Sulgener Industrie- und Gewerbegebiet hindurch gelangen Sie an die Hauptkreuzung im Ort und zurück zu Ihrem Parkplatz.

Nützliche Informationen

Ausgangsort: Sulgen, auf der Höhe gelegener Teilort von Schramberg.

Anfahrt: PKW: A 81, Stuttgart – Singen, Ausfahrt Oberndorf a. N.; über Oberndorf a. N. in Richtung Schramberg nach Sulgen; an der Hauptkreuzung abbiegen in Richtung Villingen und 100 m zu einem Parkplatz am Sportgelände.

Höhen: AP = EP 715 m; HP 740 m; Anstieg 340 m.

Etappen: Sulgen – Aichhalden 6 km – Rötenberg 7,5 km (13,5 km) – Waldmössingen 7,5 km (21 km) – Sulgen 9 km (30 km).

Einkehr unterwegs: In Aichhalden, Rötenberg, Waldmössingen, Heiligenbronn, Oberreute.

Grillplatz: Zwischen Aichhalden und Rötenberg (9,5 km); am Römerkastell Waldmössingen (20 km).

Sehens- und Wissenswertes: • *St.-Laurentius-Kirche* (14. Jh.) in Sulgen, Ausstellung zur europ. Glasmalerei, geöffnet 1.5. bis 30.9. Mi./Do./Fr./So. 14–17 Uhr. • *Römerkastell* in Waldmössingen, Ausstellung geöffnet Mitte April bis Okt. So. 13.30–17

Uhr. • *Wildgehege* und Ententeich beim Römerkastell, frei zugänglich.
Fahrradverleih: H. Ziegler, Rosenstr. 17, Aichhalden-Rötenberg, Tel. (07444) 3771.
Auskunft: Stadtinformation, Im Rathaus, 78713 Schramberg, Tel. (07422) 29209.
Karte: TK 1:50000, Blatt 5 Freudenstadt – Schramberg.

24 Triberg und Furtwangen – Zentren der Uhrenherstellung

Triberg – Schonach – Weißenbach – Furtwangen – Schönenbach – Obertal – Triberg

Tourencharakter: Anstrengende Rundtour auf Straßen: zwei lange, streckenweise steile Anstiege; sehr steile Abfahrt nach Triberg.
Länge der Tour: 37 km.

Einer der bekanntesten Fremdenverkehrsorte des Schwarzwalds ist Triberg, das seinen Ruhm den Wasserfällen verdankt. Hier stürzt die obere Gutach, die zuvor in einem breiten Tal floß, eindrucksvoll über sieben Steilstufen 162 m zu Tal und bildet die höchsten Wasserfälle Deutschlands – eine Attraktion besonderer Art. Groß ist deshalb die Zahl der anreisenden Touristen, groß auch die der bunten Souvenirgeschäfte, in denen hundertfach das beliebteste Andenken an den Schwarzwald angeboten wird: die Schwarzwalduhr. In allen nur denkbaren Variationen gibt es sie inzwischen, die traditionellen Lackschilduhren und Kuckucksuhren, die den Namen des Schwarzwalds einst in alle Welt hinaustrugen und auch heute noch das Markenzeichen des Schwarzwalds schlechthin sind. Mehrere hunderttausend Kuckucks- und Jockelesuhren, kleinformatige Uhren mit bemalten Porzellanschildern, werden alljährlich im Schwarzwald produziert und in alle Welt exportiert. Begonnen hatte dieser Siegeszug der Schwarzwalduhr um 1800, als zunächst Glasträger, später Uhrenträger die in den Uhrmacherzentren Neustadt, Furtwangen und Triberg – von ca. 9000 Einwohnern der Herrschaft Triberg waren damals knapp 800 in der Uhrenherstellung beschäftigt – produzierten Uhren in ihren Krätzen (Tragekörben) zunächst in die benachbarten Gebiete, in die Pfalz, das Elsaß, in die Schweiz und nach Württemberg, trugen, wo sie die Uhren für das Vier- bis Fünffache des Einkaufspreises verkauften. Bald schon weitete sich der Handel auf England, Rußland, die Türkei, sogar bis nach Amerika aus, wo sogenannte Uhrenkolonien gegründet wurden, die die Schwarzwalduhren verkauften. Um 1850 nahm sich der Staat der Aufgabe an, Uhrmacher auszubilden: In Furtwangen wurde eine Uhrmacherschule gegründet. Heute informiert das Deutsche Uhrenmuse-

In unzähligen Variationen wird in den Andenkenläden der Gegenstand angeboten, der den Namen des Schwarzwalds in alle Welt hinaustrug: die Schwarzwald-Uhr.

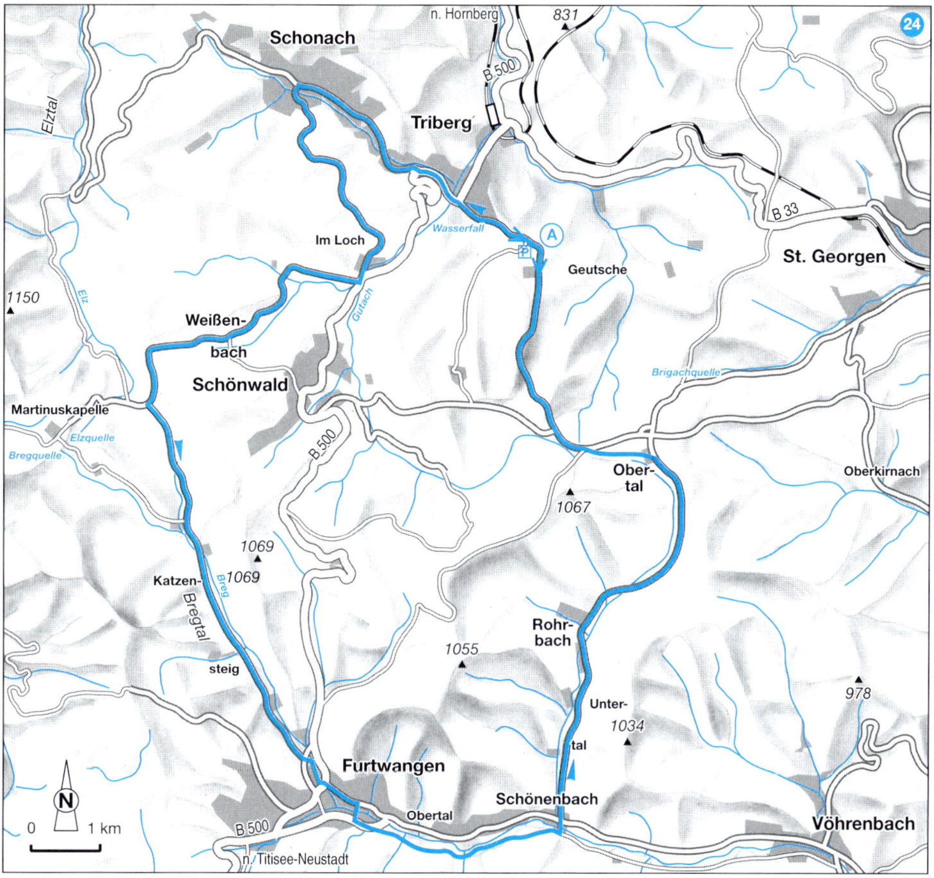

um in Furtwangen über die Geschichte der Schwarzwälder Uhr.

Streckenbeschreibung

Vom Parkplatz an der Jugendherberge Triberg folgen Sie der steil fallenden Straße in die Ortsmitte zur stark befahrenen B 500 (1,5 km).

Hier beginnt zur Linken der Fußweg zum *Triberger Wasserfall*; für einen Besuch des Wasserfalls empfiehlt es sich, das Fahrrad am Kassenhäuschen abzustellen. (Abstecher zum Fuß der Wasserfälle hin und zurück 500 m.)

Auf der B 500 steigen Sie in Richtung Titisee/Neustadt steil an und passieren die oberhalb der Straße gelegene Wallfahrtskirche Maria in der Tann (um 1700). 200 m nach der ersten Linkskehre der Bundesstraße (2,5 km) biegen Sie scharf nach rechts ab (Ww. Friedhof) und folgen der am Talhang ansteigenden Alten Schonachstraße durch den Ortsteil *Untertal* hindurch – hier ist »der Welt größte Kuckucksuhr« zu besichtigen –, immer geradeaus, ohne Abzweigungen zu beachten, nach *Schonach* und stoßen auf die querlaufende Schönwalder Straße (4,5 km).

Sie folgen dieser Straße nach links in Richtung Schönwald, steigen streckenweise steil an, passieren eine Skisprungschanze und erreichen auf der hügeligen Hochfläche die aus einigen Einzelhöfen bestehende Gemeinde *Im Loch* (8 km). Wenig später wenden Sie sich auf der Bundesstraße nach rechts, verlassen sie aber nach nur 100 m wieder nach rechts. Im flachen Tal des Weißenbachs steigen Sie stetig leicht an, queren in einem weiten Linksbogen die Einmündung eines flachen Seitentals (10,5 km), fahren zwischen den wenigen Höfen von *Weißenbach* hindurch und steigen zu einer Kreuzung auf der bewaldeten Weißenbacher Höhe an. Sie wenden sich nach links und gelangen wenig später auf eine Lichtung.

Wo die Straße nach links abknickt (14 km), können Sie durch einen Abstecher auf dem nach rechts abzweigenden und kräftig ansteigenden Sträßchen die Quelle der Elz, die zum Rhein abfließt, und, 1 km weiter, bei der Martinskapelle die Quelle der Breg, einen der Quellflüsse der Donau, besuchen.

Zur Fortsetzung der Tour passieren Sie das Naturschutzgebiet Birglirain, die Einzelhöfe von *Oberkatzensteig* und eine auffällige, auf einer Erhebung auf der Talsohle stehende Kapelle (16 km). Entlang der im engen Tal mäandernden Breg durchfahren Sie den Zinken *Katzensteig* und erreichen den Ortsbeginn von *Furtwangen* (19,5 km), wenig später die B 500.

Sie wenden sich nach links, biegen nach 100 m rechts (Ww. Waldkirch) auf die Friedrichstraße ab und folgen in der Stadtmitte der Ausschilderung »Uhrenmuseum«. Gegenüber der Katholischen Kirche biegen Sie links ab in die Lindenstraße, an deren Ende Sie auf das Deutsche Uhrenmuseum stoßen.

Auf der querlaufenden Gerwigstraße halten Sie sich rechts und folgen der Baumannstraße bzw. in ihrer Fortsetzung der Untere-Allmend-Straße. Wenige Meter vor einer mehrstöckigen Berufsschule steigt nach links ein schmales Sträßchen zur Allmendstraße an, auf der Sie nach rechts in Richtung Vöhrenbach fahren.

Nach 300 m biegen Sie rechts ab (Ww. Gewerbegebiet) in die Straße Auf dem Moos (21,5 km), überqueren sowohl die Breg als auch eine Umgehungsstraße und folgen dem markierten Bregtal-Radweg entlang dem Talhang talabwärts. Sie passieren eine Grillstelle (23,5 km) und queren etwa 1,5 km danach die Talsohle hinüber nach *Schönenbach* (25 km). Dort kreuzen Sie die Straße Furtwangen – Vöhrenbach und steigen nun im Tal des Rohrbachs stetig an.

Vorbei an den wenigen Einzelhöfen von *Untertal* gelangen Sie nach *Rohrbach* (27 km) und erreichen auf der zunehmend steileren Straße die Höfe von *Obertal* (31,5 km). Hier zweigt rechts ein asphaltierter Wirtschaftsweg ab, der zunächst parallel zur Straße verläuft, dann unter der Straße hindurchführt und zu einem Parkplatz in einem Sattel ansteigt (33 km), dem mit 1035 m höchsten Punkt der Tour.

Hier folgen Sie geradeaus einer Straße (Radmarkierung Triberg) im Wald bergab, halten sich an einer kurz darauf folgenden Straßengabelung nach rechts (Ww. Triberg) und fahren nun auf einer schmalen Straße meist bequem, streckenweise aber auch sehr steil bergab. Abwechselnd durch Wald und über größere Lichtungen mit einzeln stehenden Bauernhöfen fahren Sie zum Gasthaus Zur Geutsche (36,5 km) und sehr steil hinunter zur Jugendherberge Triberg.

Nützliche Informationen

Ausgangsort: Triberg (6000 E.), vielbesuchter heilklimatischer Kurort. JH.
Anfahrt: Station an der Schwarzwaldbahn Hausach – Villingen. PKW: A 81, Stuttgart – Singen, Ausfahrt Villingen-Schwenningen. Auf der B 33 über St. Georgen nach Triberg. In Triberg abbiegen in Richtung Freibad und 1,5 km steil ansteigen zur Jugendherberge am Ortsrand. Parkplatz gegenüber der Jugendherberge.
Höhen: AP = EP 870 m, HP 1035 m, Anstieg 590 m.
Etappen: Triberg – Schonach 4,5 km – Weißenbach 7,5 km (12 km) – Furtwangen 9 km (21 km) – Obertal 10,5 km (31,5 km) – Triberg 5,5 km (37 km).
Einkehr unterwegs: In Schonach; Im Loch; Weißenbach; Katzensteig; Furtwangen; Schönenbach; Rohrbach; Gasthof zur Geutsche.
Grillplatz: Zwischen Furtwangen und Schönenbach (23,5 km).
Sehens- und Wissenswertes: • *Triberger Wasserfälle*, geöffnet täglich von 9 Uhr bis zum Einbruch der Dunkelheit; Eintrittsgebühr. • *Schwarzwald-Museum* in Triberg, 1.5. bis 30.9. 9–18 Uhr, 1.10. bis 30.4. 10–12 und 14–17 Uhr, geschlossen 15.11. bis 15.12. • *Weltgrößte Kuckucksuhr* in Schonach, geöffnet täglich 9–12 und 13–18 Uhr; Eintrittsgebühr. • *Deutsches Uhrenmu-*

Die Glöckchen auf den Dächern der Höfe hatten einst die Aufgabe, die Bet- und Essenszeiten zu verkünden.

seum in Furtwangen, geöffnet 1.4. bis 1.11. täglich 9–17 Uhr, 2.11. bis 31.3. 10–17 Uhr.
Fahrradverleih: Fam. Kern, Tel. (077 22) 211 20 (nur Mountainbikes).
Auskunft: Kurverwaltung, Luisenstr. 10, 78098 Triberg, Tel. (077 22) 95 32 30.
Karte: TK 1:50 000, Blatt 7 Triberg – Donaueschingen.

25 Auf den östlichen Ausläufern des Schwarzwalds

Donaueschingen – Hüfingen – Hausen vor Wald – Döggingen – Löffingen – Kirnbergsee – Bräunlingen – Hüfingen – Donaueschingen

Tourencharakter: Einfache Rundtour über hügelige Hochfläche; mehrere langgezogene Steigungen; je zur Hälfte auf Straßen bzw. asphaltierten Wirtschaftswegen und Kieswegen.

Länge der Tour: 49 km.

»Brigach und Breg bringen die Donau zuweg« – ein Merkspruch, mit dem schon manchem Schüler im Geographieunterricht die Tatsache eingetrichtert wurde, daß die Donau zwei Quellflüsse hat. So kann, wissenschaftlich gesehen, diejenige Stelle östlich von Donaueschingen, wo beide zusammenfließen, nicht als Donauquelle bezeichnet werden. Auch der im Schloßpark von Donaueschingen gefaßte und als Donauquelle viel bestaunte Wasseraustritt ist in Wirklichkeit eine Karstquelle, in der die bei Hüfingen teilweise versickerte Breg wieder zutage tritt. So gebührt, da als Ursprung eines Flusses im allgemeinen die Quelle des längsten Quellflusses bezeichnet wird, der Bregquelle nahe der Martinskapelle nördlich von Furtwangen die Ehre, die eigentliche Quelle des insgesamt 2888 km langen Stroms zu sein.

Brigach und Breg verlassen auf ihrem Weg in Richtung Osten den hier sanft abfallenden Schwarzwald und fließen durch die hochgelegene Senke, die zwischen dem Schwarzwald und der Schwäbischen Alb liegt: die Baar, eine gegliederte Hochfläche, die als Acker- und Weideland genutzt wird. Hier sind Haufendörfer und kleine Städtchen entstanden – Hüfingen, Bräunlingen,

Löffingen –, in denen die Häufung von Staffelgiebeln auffällt. Über die Funktion dieser meist vor 1700 erbauten Giebel besteht Unklarheit: Möglich ist, daß die über das Dach hinausragende, abgetreppte Giebelmauer bei den dicht aneinandergebauten Häusern, die mit Schindeln gedeckt waren, als Brandschutzmauer dienen sollte; vorstellbar ist aber auch, daß diese Giebel den Schindeldächern Windschutz bieten sollten.

Streckenbeschreibung

Vom Parkplatz nahe des Schlosses in *Donaueschingen* fahren Sie 50 m in Richtung Stadtmitte, biegen nach links in die Straße »Parkweg« ein und wenden sich nach 200 m im Schloßpark nach rechts. Nach Überqueren der Breg halten Sie sich nach rechts entlang der Breg, passieren das Schloß und erreichen die Schützenbrücke.

Wenn Sie das Schloß und die eingefaßte sogenannte »Donauquelle« besichtigen möchten, überqueren Sie die Brücke und wenden sich nach rechts in den Schloßpark.

An der Schützenbrücke biegen Sie nach links ab und folgen einem Radweg entlang der Straße in Richtung Hüfingen. Wenige hundert Meter nach Überqueren der Bahnlinie Donaueschingen – Tuttlingen kreuzen Sie die Straße, folgen der Radwegmarkierung über einen Festplatz zur Juniperusquelle, einer Karstquelle, durch *Allmendshofen* (2,5 km) hindurch und auf der Bregstraße (Ww. Bregtalweg/Hüfingen) nach *Hüfingen* (3 km). Vorbei an einem Badesee (4 km), gelangen Sie zu einer Bregbrücke (4,5 km), steigen am gegenüberliegenden Ufer (Ww. Radweg Schaffhausen) leicht an zu einer Straßengabelung, an der Sie sich links halten und auf eine Verbindungsstraße zwischen Hüfingen und der B 27 stoßen (5 km).

Sie folgen ihr nach rechts, verlassen Sie aber nach nur 50 m wieder nach links in Richtung Hausen vor Wald (Ww. Radweg Schaffhausen), unterqueren die B 31 und die Bahnlinie nach Freiburg, kreuzen kurz danach eine Straße und folgen auf einem Wirtschaftsweg der Radwegmarkierung (Ww. Hausen vor Wald) nach *Hausen vor Wald* (9,5 km).

Sie steigen am Auenberg nach rechts an (Ww. Titisee), wenden sich nach 100 m erneut nach rechts und folgen nun einem stetig ansteigenden Sträßchen auf der Scheitelhöhe des Hügelrückens, passieren ein weithin sichtbares Windrad (10,5 km) und stoßen vor Döggingen auf die Straße nach Mundelfingen (13 km). Auf der Straße halten Sie sich nach rechts, biegen aber nach 100 m links ab und steigen sanft an zum südlichen Ortsrand von *Döggingen*, wo Sie die Gauchachstraße kreuzen und auf einer schmalen Straße bequem in eine flache Senke hinunterfahren. Ein stellenweise recht grober Schotterweg, der an der teilweise noch erhaltenen Pflasterung als einstige Straße erkennbar ist, führt vollends steil hinunter zur *Guggenmühle* im engen Tal der Gauchach (15,5 km).

Ebenso steil gelangen Sie an der anderen Talseite wieder auf die Hochfläche. Ein Quersträßchen bringt Sie nach *Unadingen* (16,5 km).

Immer geradeaus, vorbei an stattlichen Anwesen und der Kirche, fahren Sie durch den Ort, biegen bei zwei Gasthöfen links ab in die Lindenstraße und durchqueren nach einer kurzen Abfahrt (Ww. Schwarzwald-Baar-Radweg) das Bachheimer Tal mit der Verbindungsstraße Bachheim – B 31 und der Bahnlinie nach Freiburg. Zwischen Wiesen und Feldern folgen Sie einem Sträßchen (Ww. Löffingen) auf eine Hochfläche hinauf, ehe kurz vor Löffingen die bequeme Abfahrt in die Ortsmitte beginnt.

Im Ortszentrum von *Löffingen* wenden Sie sich an der Hauptkreuzung nach rechts (Ww. Waldbad, Schwarzwaldpark), verlassen die Altstadt durch ein ehemaliges Stadttor, steigen leicht an zur Wallfahrtskapelle Witterschneekreuz (23,5 km), unterqueren die B 31 und gelangen in das flache Tal der Mauchach hinunter. Vorbei an einem Waldbad gelangen Sie zum *Schwarzwaldpark*, einem Tierpark (24 km).

Zur Fortsetzung der Tour überqueren Sie den links der Straße gelegenen großen Parkplatz des Schwarzwaldparks und folgen einem im Wald ansteigenden Sträßchen zu einer Gabelung und einem Wanderparkplatz (24,5 km). Sie halten sich nach rechts. Auf einem sanft ansteigenden Kiesweg fahren Sie geradeaus – jegliche Abzweigung bleibt

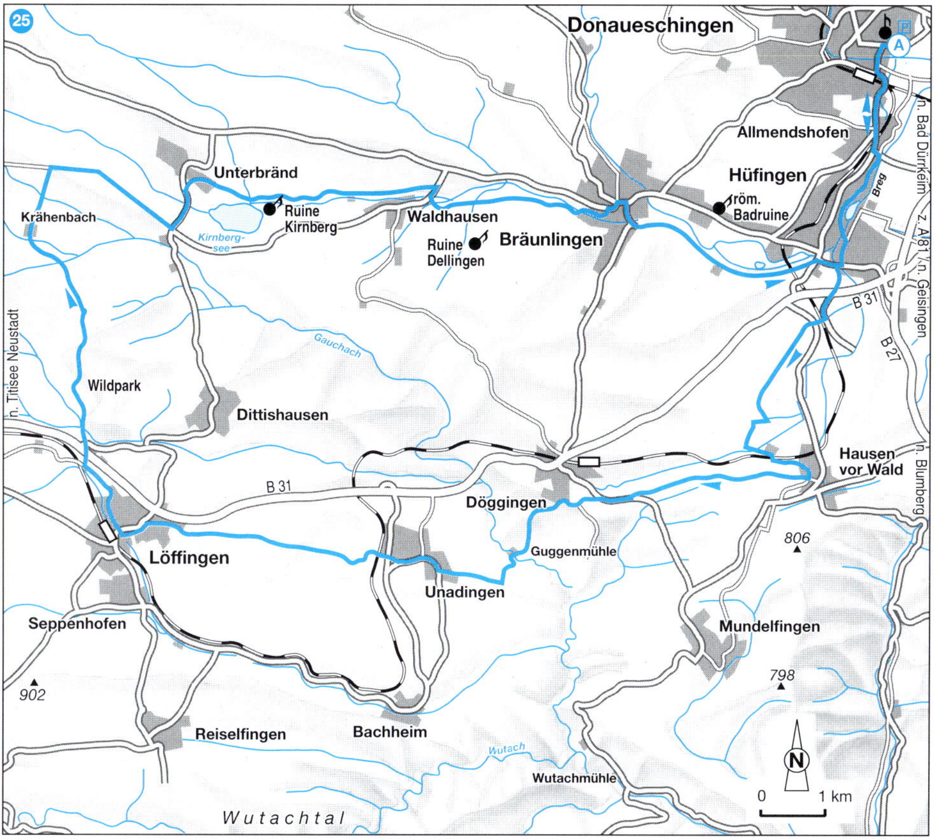

unbeachtet –, stoßen auf eine Lichtung mit dem *Gehöft Krähenbach* (27,5 km), an dem Sie kurzzeitig steiler ansteigen, und gelangen zu einem breiten Querweg (28 km). Diesem Weg, der Langen Allee, folgen Sie nach rechts und erreichen nach bequemer Abfahrt am Waldrand eine Straßengabelung (30,5 km). Nach links gelangen Sie in eine flache Talsenke mit dem aufgestauten Kirnbergsee und der Ortschaft *Unterbränd* am Talhang.

In Unterbränd (31 km) folgen Sie der zweiten nach rechts abzweigenden Straße (Ww. Bräunlingen), auf der Sie oberhalb des *Kirnbergsees* zu dessen Nordostende fahren (32,5 km).

Wenn Sie baden möchten, folgen Sie dort dem Weg über die Staumauer zu einem Badeplatz am Südostufer.

Entlang des Brändbachs, dem Abfluß des Sees, stetig leicht bergab, vorbei an einer Schutzhütte und einem Klopfplatz für geologisch Interessierte, erreichen Sie kurz nach dem Waldrand die Straße Bräunlingen – Waldhausen (35,5 km). Sie wenden sich nach rechts, überqueren den Brändbach und folgen bei den ersten Häusern von *Waldhausen* einem Sträßchen nach links (Ww. Bräunlingen), das im flachen Tal des Brändbachs und des Röthenbachs nach *Bräunlingen* führt (38,5 km).

Am Rand der historischen Altstadt halten Sie sich nach links, passieren die Kirche und biegen unmittelbar vor einem einstigen Stadttor nach rechts in die breite Kirchstraße ein, auf der Sie die Altstadt von Bräunlingen wieder verlassen. In einer scharfen Rechtskurve der Straße biegen Sie links ab (Ww. Bregtalweg), halten sich nach wenigen Metern an einer Straßengabelung erneut nach links, steigen einige Meter an und folgen einem wiederum links abzweigenden Kiesweg

(Ww. Bregtalweg, Hüfingen) am schattigen Hang des flachen Bregtals talabwärts, nur wenige Meter oberhalb der Breg. Sie passieren einen Grillplatz (41 km) und stoßen kurz vor Hüfingen auf eine Straße (42,5 km).

Wenn Sie sich ein teilrestauriertes römisches Bad ansehen möchten, folgen Sie der Straße nach rechts (Abstecher hin und zurück 300 m).

Der Straße folgen Sie entlang der Breg nach links und erreichen den Ortsrand von *Hüfingen* (43 km). Auf der querlaufenden Hauptstraße halten Sie sich nach links (Ww. Bräunlingen-Stadtmitte), überqueren die Breg und gelangen in die historische Altstadt. An der Kirche biegen Sie nach rechts ab und stoßen auf die Ihnen schon bekannte Brücke über die Breg. Hier folgen Sie dem Radweg nach links und kehren auf demselben Weg, auf dem Sie Ihre Tour begannen, nach Donaueschingen zurück.

Nützliche Informationen

Ausgangsort: Donaueschingen (18 000 E.), Residenz der Fürsten von Fürstenberg.
Anfahrt: Station an den Bahnlinien Freiburg – Ulm und Offenburg – Konstanz. PKW: A 81, Stuttgart – Singen, Ausfahrt Bad Dürrheim; auf der A 864 und B 27 nach Donaueschingen und der Ausschilderung »Schloß/Park« folgen zu einem Parkplatz am Ortsrand, unweit des Schlosses.
Höhen: AP = EP 670 m, HP 860 m, Anstieg 500 m.
Etappen: Donaueschingen – Hausen vor Wald 9,5 km – Löffingen 12,5 km (22 km) – Unterbränd 9 km (31 km) – Bräunlingen 8 km (39 km) – Donaueschingen 10 km (49 km).
Einkehr unterwegs: In Allmendshofen, Hüfingen, Hausen vor Wald, Döggingen, Unadingen, Löffingen, am Schwarzwald-

Gegen Osten fällt der Schwarzwald sanft ab und bildet plateauartige Ausläufer, auf denen sich gut radfahren läßt.

Nicht immer sind die Radwege asphaltiert, sondern durchaus auch einmal holprig, wenn sie auf alten Wegen verlaufen wie hier im Gauchachtal.

park, in Unterbränd und in Bräunlingen.
Grillplatz: Zwischen Bräunlingen und Hüfingen (41 km).
Bademöglichkeiten: Freibad in Donaueschingen; Badesee in Hüfingen; Waldbad mit Wasserrutschbahn beim Wildpark Löffingen; Kirnbergsee.
Sehens- und Wissenswertes: • *Fürstlich Fürstenbergisches Schloß* in Donaueschingen, geöffnet Ostern bis Ende Sept. täglich außer Di. 9–12 und 14–17 Uhr. • *Fürstenberg-Sammlungen* in Donaueschingen, täglich außer Mo. 9–12 und 13.30–17 Uhr; im Nov. geschlossen. • *Löffingen*, eine der ältesten Siedlungen im Schwarzwald, Rest der Stadtbefestigung ist das Mailänder Tor. • *Schwarzwaldpark Löffingen*, geöffnet Ostern bis Anfang Nov. täglich 9–18 Uhr.
Fahrradverleih: Fahrradgeschäft Rottweiler, Tel. (07 71) 1 31 48.
Auskunft: Verkehrsamt, Karlstr. 58, 78166 Donaueschingen, Tel. (07 71) 85 72 21-2 23.
Karte: TK 1:50 000, Blatt 7 Triberg – Donaueschingen.

Mehrtägige Rundtour

Durch das Kinzigtal und Elztal

Länge der Tour: 130 km.
Tourencharakter: Durch das breite Kinzigtal abseits der Bundesstraße sanft bergauf bis Haslach; steilerer Anstieg auf verkehrsarmen Straßen zum Landwassereck; Abfahrt durch das Elztal und am Fuß der Vorberge durch die Winzerstädtchen des Breisgaus nach Offenburg.
Wegverlauf: Offenburg (s. Tour 16) – im Kinzigtal über Gengenbach und Biberach (19 km) nach Haslach (28 km) – Anstieg zum Landwassereck (40 km, s. Tour 28) – im

Möglicherweise hatten die hochgezogenen Treppengiebel in den eng bebauten Städtchen wie Hüfingen einst die Aufgabe, die damals noch mit Holzschindeln gedeckten Dächer im Falle eines Feuers zu schützen.

Prechtal abwärts nach Elzach (50 km) – Waldkirch (64 km) – Emmendingen (75 km) – entlang der Elz nach Riegel (84 km) – Kenzingen (90 km, s. Tour 17) – Herbolzheim – Ettenheim (100 km) – Mahlberg (105 km) – Außenbezirke von Lahr – Friesenheim-Schuttern (118 km) – Offenburg (130 km).

Sehenswertes: Historische Altstadt in Gengenbach und Haslach; Trachtenmuseum in Haslach; landschaftlich reizvolles Büchern-Tal und Elztal mit schönen Gehöften; Markgrafenschloß in Emmendingen; Mithrasheiligtum in Riegel; mittelalterliches Stadtbild von Kenzingen; barocke Altstadt von Ettenheim; Tabakmuseum in Mahlberg.

Unterkünfte: Gasthöfe in allen größeren Orten. JH Ortenberg.

Informationen: U. a. erhältlich bei: • Verkehrsamt, Gärtnerstr. 6, 77652 Offenburg, Tel. (07 81) 8 22 53. • Kurverwaltung, Winzerhof, 77723 Gengenbach, Tel. (0 78 03) 9 30-1 43. • Verkehrsbüro, Postfach 1212, 77711 Haslach, Tel. (0 78 32) 80 80. • Gasthof Landwassereck, Tel. (0 76 82) 12 82. • Kurverwaltung, Schulstr. 8, 79215 Elzach-Oberprechtal, Tel. (0 76 82) 12 85. • Verkehrsamt, 79215 Elzach, Tel. (0 76 82) 79 90. • Kur- und Verkehrsamt, 79183 Waldkirch, Tel. (0 76 81) 32 92. • Verkehrsamt, 79312 Emmendingen, Tel. (0 76 41) 45 23 26. • Verkehrsamt, Hauptstr. 15, 79341 Kenzingen, Tel. (0 76 44) 79-1 40. • Verkehrsbüro, Kirchstr. 4, 77955 Ettenheim, Tel. (0 78 22) 4 32-48. • Stadtverwaltung, Postfach 1165, 77972 Mahlberg, Tel. (0 78 25) 10 61. • Bürgermeisteramt, 77948 Friesenheim, Tel. (0 78 21) 63 37-0.

Fahrradverleih: Bhf. Offenburg, Tel. (07 81) 7 10 85; Städtischer Fahrradverleih (kostenlos für 2 Tage) im »Treffpunkt am Markt«, Kornstr. 5, Tel. 8 23 47 und in den Parkhäusern »Stadthalle«, Tel. 7 05 70 und »Wasserstraße«, Tel. 7 62 53; Städt. Verleih sonntags nicht geöffnet.

Karten: TK 1:50 000, Blatt 4 Offenburg – Hornberg und Blatt 6 Kaiserstuhl – Freiburg – Feldberg.

Südlicher Schwarzwald

Als »rhythmisches Ensemble von Wald und Wiese, von Weinberg und Wasser« beschrieb Thaddäus Troll den Schwarzwald und meinte dabei das gesamte Gebirge, für dessen südlichen Teil jedoch diese Charakterisierung am zutreffendsten ist. Wald, immer wieder unterbrochen durch grüne Wiesen und Weiden, von gurgelnd zu Tal stürzenden Flüssen und in der Sonne schimmernden Seen, das ergibt, zusammen mit den höchsten Bergen des Schwarzwalds, eine Landschaft wie aus dem Bilderbuch, eine Landschaft wie geschaffen für Urlaub und Erholung. Man muß nicht erst die Zahlen von Statistiken bemühen, um festzustellen, daß zahlreiche Urlauber genauso empfinden. Denn der Raum um den Feldberg ist der von Touristen am meisten bevorzugte, und das nicht erst seit gestern. Schon im letzten Drittel des vergangenen Jahrhunderts zeigten sich erste Ansätze von Tourismus in Hinterzarten und der Gemeinde Feldberg.

Der Raum um den Feldberg, das ist der Hochschwarzwald, sozusagen das Herz des südlichen Schwarzwaldes, der als ganzes wiederum Tälerschwarzwald genannt wird – zwei nur auf den ersten Blick scheinbar gegensätzliche Bezeichnungen. Denn die Berge, die hier Höhen bis 1495 m erreichen, sind zerfurcht durch ein dichtes Netz an Tälern, die vom Feldbergmassiv strahlenförmig in alle Richtungen ausgehen. Regenwasser, das im wasserundurchlässigen Grundgebirge nicht versickerte, sondern sich sammelte und mit starkem Gefälle dem Rhein zufloß, hat über Jahrtausende durch seine enorme Erosionskraft steile, teilweise schluchtartige Kerbtäler geschaffen, z. B. das Höllental im Westen (Tour 30) und die Täler der Wehra, Schwarza, Schlücht und Alb (Tour 39) im Süden. So eng ist ein Abschnitt des Durchbruchstals der Alb, daß er »Teufelsküche« genannt wird.

Aufgrund dieses starken Gefälles haben sich die rheinischen Zuflüsse immer weiter in den Schwarzwald eingegraben (rückschreitende Erosion) und so einige der Wasserläufe, die einst der Donau zuflossen, regelrecht umgedreht. Ein Beispiel dafür ist der Rotbach, der sich rückwärts bis unterhalb des Hinterzartener Beckens eingegraben hat – wobei das eindrucksvolle Höllental entstand – und dort einen Wasserlauf, der zuvor der Donau zufloß, umlenkte. Paradebeispiel einer durch das größere Gefälle zum Rhein hin bedingten Ablenkung ist auch die Wutach: Ein Blick auf die Karte zeigt, daß ihre beiden Quellflüsse Gutach und Haslach im Feldbergmassiv entspringen und sie vereint als Wutach in Richtung Osten fließen, ganz so, als strebten sie der Donau zu. Doch kurz vor Blumberg knickt die Wutach abrupt nach Südwesten ab, um sich doch in den Rhein zu ergießen. Noch vor 20 000 Jahren floß dieser im Feldbergmassiv entspringende und nach Osten strömende Wasserlauf tatsächlich im heutigen Tal der Aitrach der Donau zu, weshalb er »Feldberg-Donau« genannt wird. Doch Aufschotterungen im Flußbett bewirkten, daß bei Hochwasserstand sich eines Tages das Wasser den südlichen Hang hinunter ergoß und der Donau nur noch 10% der eigentlichen Wassermenge verblieben. Durch die Ablenkung zum Hochrhein und das dadurch verstärkte Gefälle setzte intensive Erosion ein, und es entstand die eindrucksvolle Wutachschlucht.

Das Gefälle der dem Hochrhein zufließenden Flüsse machte man sich inzwischen zunutze, indem man die Wasserläufe zur Energiegewinnung aufstaute, z. B. die Wehra, die Alb, die Mettma und die Schwarza. An deren Oberlauf liegt das größte Staubecken, der Schluchsee, bei dessen Aufstauung man sich eines bereits vorhandenen natürlichen Sees bediente. Dieser war, genauso wie der Titisee, in einem durch Gletscherzungen ausgehöhlten Bekken entstanden, in dem sich, aufgestaut durch die Endmoränen, beim Abschmelzen der Gletscher ein See bildete. Auch der Windgfällweiher ist ein ehemaliger Gletschersee, der auf der Wasserscheide liegt und dessen Wasser, bevor der Weiher Ende des letzten Jahrhunderts aufgestaut wurde, in zwei Richtungen abfloß: sowohl nach Norden als auch nach Süden, was eine geographische Besonderheit ist (Tour 30).

Diese starke Zertalung im südlichen Schwarzwald erleichterte nicht gerade die Besiedlung. Als sich die ersten Siedler ab dem 9. Jh. im Umkreis der Klöster St. Blasien (Tour 33), St. Trudpert (Tour 29) und St. Peter (Tour 28) niederließen und unter Anleitung der Mönche rodeten und das Land urbar machten, mußten sie sich an die Gegebenheiten anpassen. So entstanden keine geschlossenen Dörfer, da hierfür gar keine Flächen vorhanden waren, sondern Streusiedlungen, die heute so typisch für diesen Teil des Schwarzwalds sind. Auf dem Land, das den Bauern vom Kloster zur Verfügung gestellt wurde – es blieb übrigens bis zur Freigabe der Lehen im Jahr 1835 im Besitz der Klöster –, errichteten sie Häuser, die an das rauhe Klima hier angepaßt waren.

So ist allen Hausformen gemein, daß sie unter einem teilweise bis zum Boden herabgezogenen Walmdach gegen Schnee und Wind Schutz finden und alles unter diesem einen Dach vereinen: Wohnung, Stall und Scheune. Bei der ältesten Hausform des Schwarzwalds, dem Heidenhaus, das zur Fall-Linie des Hanges stand, war sogar das Innere des Hauses noch so eingeteilt, daß die Wohnräume zum Hang hin lagen, um sie vor dem Wind zu schützen. Ihren Namen erhielt diese zwischen St. Peter und St. Georgen beheimatete Hausform aufgrund der Konstruktionsweise, die so alt ist, daß behauptet wurde, schon die Heiden hätten so gebaut: Eine mächtige Firsthochsäule stützt den First, weitere Säulen das Dach, so daß Haus und Dach eine Einheit bilden. Man bediente sich beim Bau der Häuser des Baumaterials, das zur Verfügung stand: Holz. Auch die Wände wurden vollkommen aus Holz aufgebaut. Zwischen senkrechte Pfosten wurden behauene Balken eingelegt, und so entstand die sogenannte Ständerbohlenwand. Selbst das Walmdach wurde manchmal mit Holzschindeln bedeckt.

Ab Ende des 16. Jh. wurden die Häuser beim Bau so gedreht und an den Hang gestellt, daß die Wohnräume auf der Talseite liegen und der Blick von der Stube ins Tal geht. Auf der Bergseite befindet sich die Scheuneneinfahrt in den Dachboden, die sogenannte »Wiederkehr«. Über eine Brücke oder eine angeschüttete Rampe kann das Heu direkt in den Dachraum gefahren werden, was die Arbeit beim Einbringen wesentlich erleichtert. Beinahe der gesamte riesige Dachraum dient als Heuspeicher.

Gewaltige Mengen an Heu müssen eingelagert werden, um das Vieh im Stall durch den langen, schneereichen Winter zu bringen. Eingebracht wird das Heu von den Matten, d. h. Wiesen, die bewässert werden und somit zwei- bis dreimal pro Jahr gemäht werden können. Diese Wiesen liegen meist auf Flächen, die gut mit Maschinen zu bearbeiten sind. Die schwierigen Hangflächen hingegen werden vom Vieh im Sommer beweidet, genauso wie die Gemeindeweiden, die auf dorffernen Höhen liegen.

Daß im südlichen Schwarzwald die Viehzucht gegenüber dem Ackerbau im Vordergrund steht, liegt daran, daß der magere Boden wenig für die Landwirtschaft geeignet ist. Nur dort, wo noch Muschelkalk- und Keuperschichten das Grundgebirge aus Granit und Gneis bedecken wie auf dem Dinkelberg (Tour 38), gibt es fruchtbares Ackerland.

»Auf dem Wald« sah man sich deshalb schon früh nach anderen Erwerbs- und Nutzungsmöglichkeiten um, und es ließen sich Siedler nieder, die nicht von der Vieh- und Landwirtschaft, sondern vom Waldgewerbe lebten. Glashütten entstanden, die bei der Herstellung von Pottasche, einem Bestandteil von Glas, vom Rohstoff Holz abhingen. So wurden selbst in unzugänglichen Gebieten die Bäume gefällt, bis die weitere Umgebung der Glashütte entwaldet war. Dann zog die Glashütte weiter, z. B. von Blasiwald nach Äule (Tour 33).

Auch ein anderer Rohstoff wurde entdeckt: die silberhaltigen Blei- und Zink-Erzgänge. Da durch den verstärkten Handel im Mittelalter der Bedarf an Metall für die Herstellung von Münzen stieg, wurde ab dem 11. Jh. mit dem Abbau von Silbererz begonnen, vor allem im oberen Münstertal, im Wiesetal, am Schauinsland bei Hofsgrund und bei Sulzburg (Tour 35). Die Bergleute wurden in eigens für sie angelegten Siedlungen untergebracht, die, wie im Falle von Münster, inzwischen vollkommen verschwunden sind (Tour 29) oder aus denen sich kleine Städtchen wie Sulzburg und Badenweiler (Tour 36) entwickelten. Auch andere Städte profitierten indirekt durch den Silberbergbau, wie z.B. das in der Nähe von Sulzburg gelegene Staufen (Tour 35) und ganz besonders Freiburg (Tour 27).

Der Holzbedarf für den Bergbau und das Hüttenwesen stieg so an, daß die vorderösterreichische Verwaltung im Jahr 1765 anordnete, Häuser nur noch in Steinbauweise zu errichten, um das Holz für die Bergwerke und Hüttenbetriebe zu erhalten. Die benachbarte markgräflich-badische Herrschaft Badenweiler ging noch weiter: Hier mußten selbst Türbogen und Schwellen aus Stein gebaut werden. So fällt in den Orten südlich von Freiburg heute auf, daß Steinhäuser vorherrschen, meist eingeschossige Gebäude, die in den Weindörfern zusätzlich ein Kelleruntergeschoß haben.

Diese Weindörfer liegen in den klimatisch begünstigten Vorbergen, im Markgräflerland (Touren 35 und 36). Wein wird aber auch im Glottertal nördlich von Freiburg (Tour 28) und vor allem am Kaiserstuhl (Tour 26) angebaut, an dem aufgrund des ausgesprochen warmen Klimas und des Lößbodens Spitzenweine wachsen.

So vielfältig wie die Landschaft, so abwechslungsreich sind auch die Radtouren durch Wald und Weinberge, vorbei an Seen und durch grüne Täler. Mühelos allerdings sind sie nicht. Schon in den Vorbergen und im Kaiserstuhl geht es ständig auf und ab, aber noch anstrengender wird es, wenn z.B. die Höhenunterschiede zwischen dem Dreisamtal und dem Hochplateau um St. Peter überwunden werden müssen (Tour 28). Deshalb wurden im Gebiet des Hochschwarzwalds bei zwei Touren Hilfsmittel in Anspruch genommen: die Bahn von Freiburg hinauf zum Schluchsee (Tour 30) und die Kabinenbahn von Freiburg zum Schauinsland (Tour 29). Etwas geringer sind die Anstiege bei den beiden Touren, die schon auf der Höhe beginnen, in Hinterzarten (Tour 31) und in Neustadt (Tour 32).

»Von der Sonne verwöhnt«, das trifft besonders auf die an den Hängen des Kaiserstuhls wachsenden Reben zu, scheint hier doch die Sonne häufiger als an anderen Orten Deutschlands.

26 Durch die Weinberge des Kaiserstuhls

Ihringen – Breisach – Achkarren – Bickensohl – Oberrotweil – Endingen – Riegel – Eichstetten – Bötzingen – Ihringen

Tourencharakter: Etwas anstrengende Rundtour aufgrund der Länge und mehrerer Anstiege; vorwiegend auf asphaltierten Radwegen, Wirtschaftswegen und Sträßchen.

Länge der Tour: 55 km.

Ihringen und Achkarren – Namen, die unter Weinkennern bekannt sind. Denn an den Hängen des Kaiserstuhls, dieser vulkanischen, mit einer dicken Lößschicht bedeckten und aus der Rheinebene herausragenden Erhebung wachsen vor allem an den Südhängen Spitzenweine, die tatsächlich von der Sonne verwöhnt sind, hat der Kaiserstuhl doch das wärmste Klima Deutschlands. Reben benötigen ein jährliches Minimum an 1300 Sonnenscheinstunden, und das wird am Kaiserstuhl weit überschritten. Um diese idealen Anbaubedingungen auch optimal ausnutzen zu können, wurden beinahe sämtliche Berghänge terrassiert, so daß der Kaiserstuhl aus der Ferne wie eine riesige Treppe erscheint. Diese Rebterrassen haben den Vorteil, daß sie mit Fahrzeugen zu erreichen sind und außerdem bei Regen der Boden nicht mehr abgeschwemmt wird. Dies erleichtert den Winzern die Arbeit: Abgeschwemmte Erde muß nicht mehr steile Weinbergtreppen hinauf, geerntete Trauben müssen nicht mehr hinunter geschleppt werden. Mit der Terrassierung verschwanden aber auch die jahrzehntelang von den Winzern benutzten Hohlwege: bis zu 30 m tiefe Gassen, die sich durch häufiges Befahren eingetieft hatten und durch Regen ausgewaschen wurden. In die Wände dieser Lößhohlwege hatten die Weinbauern Stollen gegraben, in denen sie Rüben und Kartoffeln aufbewahrten.

Die meisten der rund 5000 Winzer des Kaiserstuhls haben sich heute in Winzergenossenschaften zusammengeschlossen, deren größte die in Ihringen ist. Noch mehr Auswahl, ca. 400 Weinsorten, bietet die Badische Weinkellerei bei Breisach, die größte Weinkellerei Europas.

Streckenbeschreibung

Vom Bahnhof in *Ihringen* fahren Sie zur querlaufenden Eisenbahnstraße, wenden sich nach rechts und sofort wieder nach links in die Breulstraße, der Sie für einige hundert Meter folgen. Sie biegen nach links auf die Elsässer Straße ab und folgen einem Wirtschaftsweg entlang der Bahnlinie Freiburg – Breisach und eines schmalen Kanals zur Straße Ihringen – Breisach (2 km). Auf der Straße fahren Sie 300 m nach links bis zu einer Straßengabelung, halten sich auf einem Radweg nach rechts (Ww. Kaiserstuhl-Radwanderweg, Breisach) entlang der Straße nach Oberrotweil und wenden sich an einer weiteren Straßengabelung nach links in Richtung Breisach. Kurz vor Breisach kommen Sie am Badischen Winzerkeller, einer Genossenschaftskellerei, vorbei, kreuzen die Gleise der Museumsbahn Riegel – Breisach und erreichen wenig später den Stadtrand von *Breisach* (5 km).

Unterhalb des Münsterbergs stoßen Sie auf die Kupfertorstraße, der Sie nach links folgen. Durch das Gutgesellentor und auf der gepflasterten Münsterbergstraße steigen Sie zum Münster an (6,5 km). Vom Münsterplatz blicken Sie sowohl auf den Rhein und das Elsaß mit den Vogesen als auch auf den Kaiserstuhl und den Schwarzwald.

Auf dem Münsterberg folgen Sie der Radbrunnenallee zum Radbrunnenturm und weiter zur Goldengasse, auf der Sie, nach links bergab, zunächst das Kapftor passieren, anschließend, schon am Fuß des Münsterbergs, das Stadtmuseum. Auf der Rheintorstraße wenden Sie sich nach rechts (Ww. Stadtmitte) und gelangen zum Kupfertor, durch das Sie auf der Burkheimer Landstraße die Altstadt wieder verlassen.

Am Stadtrand überqueren Sie eine zum Rhein führende Straße (9 km), halten sich an einer Gabelung nach rechts und folgen ei-

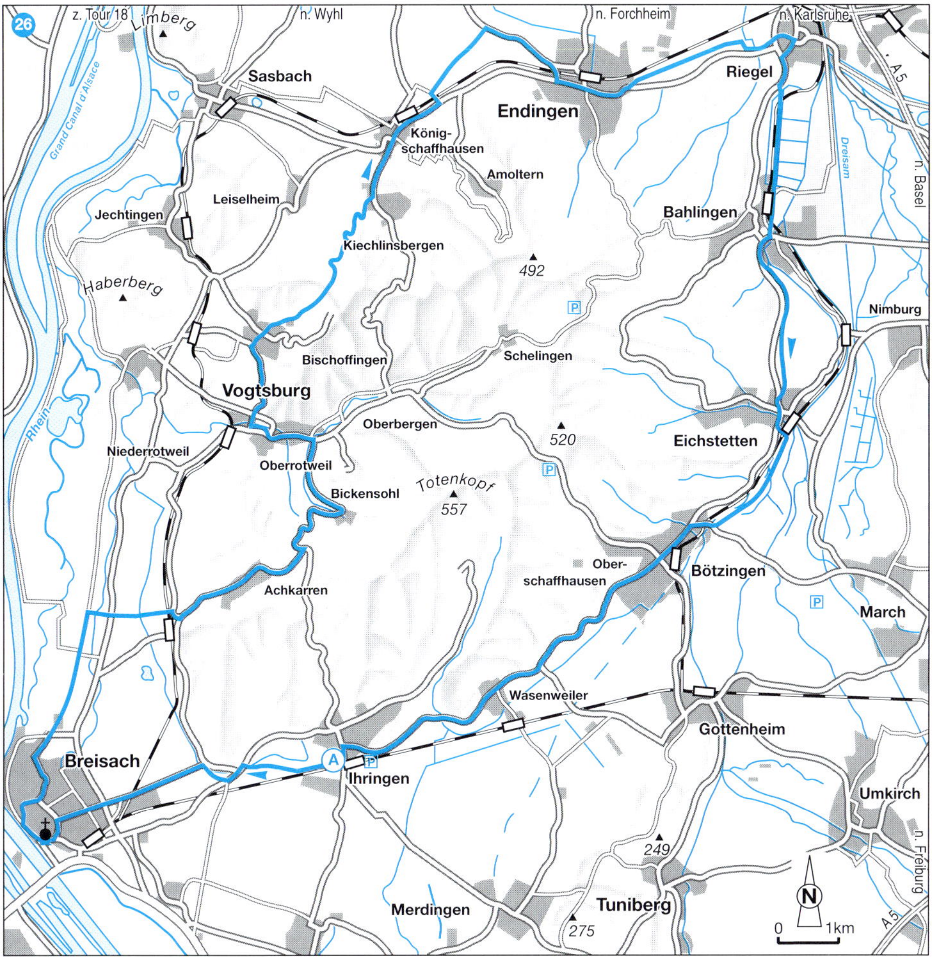

nem Wirtschaftsweg, vorbei an einem Aussiedlerhof, in der Ebene zwischen Rhein und Kaiserstuhl. Sie biegen auf den zweiten rechts abzweigenden Weg ab (11 km), kreuzen die Straße Breisach – Burkheim und die Gleise der schon erwähnten Museumsbahn (12,5 km) und stoßen auf eine schmale Straße, auf der Sie nach rechts die wenigen Häuser von *Achkarren-Kreuzmatten* erreichen. Wenig später überqueren Sie die Straße nach Achkarren und steigen zwischen Weinfeldern leicht an. Die in Fahrtrichtung zu sehende Sendeanlage befindet sich auf dem Totenkopf (557 m), der höchsten Erhebung des Kaiserstuhls.

In *Achkarren* (14 km) steigen Sie auf der Hauptstraße, vorbei an einem Weinbaumuseum, in Richtung Bickensohl zu einem Sattel an (16 km). Zunächst sanft, dann steiler bergab gelangen Sie nach *Bickensohl*, wobei Sie an einer der unter Naturschutz stehenden Lößhohlgassen vorbeikommen (16,5 km). Auf der Hauptstraße durchfahren Sie Bickensohl (17 km) und erreichen *Oberrotweil* (18,5 km).

Der querlaufenden Hauptstraße folgen Sie nach links durch den Ort und biegen gegen Ortsende nach rechts ab (19,5 km) auf die breite, leicht ansteigende Straße in Richtung *Bischoffingen*, das Sie wenig später erreichen (21 km). Im Ort halten Sie sich geradeaus, wenden sich am Rathaus nach rechts (Ww. Krankenhaus) in die Bergstraße, verlassen sie aber nach 30 m wieder nach links.

Am Friedhof folgen Sie dem Rosenkranzweg nach rechts zu einem Aussiedlerhof und steigen auf 800 m Länge zwischen Weinbergen sehr steil zu dem mit etwa 330 m höchsten Punkt der Tour an (23 km).

Das Sträßchen führt geradeaus weiter und wenig später sehr steil bergab (Vorsicht: zwei Haarnadelkehren!) und am Ortsrand von Kiechlinsbergen entlang (25 km) nach *Königschaffhausen* (26 km). Auf der Hauptstraße halten Sie sich geradeaus durch den Ort hindurch in Richtung Endingen. 500 m nach dem Ortsende biegen Sie auf den zweiten links abzweigenden Wirtschaftsweg ab (27,5 km), überqueren die Gleise der Museumsbahn und folgen kurz darauf einem Sträßchen nach rechts (Radwegmarkierung), das zwischen Obstplantagen hindurchführt und in die Straße Endingen – Wyhl einmündet (29,5 km). Nach rechts gelangen Sie auf einem Radweg an den Stadtrand von *Endingen* (31,5 km), kreuzen erneut die Bahngleise und folgen der stark befahrenen Durchgangsstraße in die Altstadt (32 km).

Am östlichen Stadtrand biegen Sie nach links in die Kenzinger Straße ein, verlassen sie aber schon nach 20 m wieder nach rechts (Radwegmarkierung). Ein parallel zur Straße verlaufender Wirtschaftsweg führt kurz vor Riegel zur Straße (35 km), ein Radweg entlang der Straße zum Ortsrand von *Riegel.*

Sie biegen nach links ab, wenden sich nach 25 m nach rechts und fahren auf der Dürlebergstraße durch ein Wohngebiet. Auf der Üsenbergstraße wenden Sie sich nach rechts und passieren nach einigen hundert Metern, inmitten eines Wohngebiets, die Überreste eines römischen Mithrasheiligtums. Auf der folgenden Querstraße, der Hauptstraße, halten Sie sich nach rechts und biegen nach wenigen Metern wieder nach links ab. Auf der Kehnerstraße gelangen Sie in die Ortsmitte von *Riegel* (36,5 km).

Auf demselben Weg kehren Sie zurück zur Hauptstraße, der Sie nach links folgen in Richtung Bahlingen. Ab dem Ortsende verläuft ein Radweg neben der Straße, biegt nach einigen hundert Metern links ab, kreuzt die Bahnlinie Riegel – Gottenheim und verläuft schnurgerade durch ein Feuchtgebiet der Dreisam. Am Ortsrand von *Bahlingen* überqueren Sie die Bahnlinie (40 km) und folgen ihr zu einem neueren Ortsteil. Auf der Teninger Straße halten Sie sich nach rechts, stoßen auf die Durchgangsstraße (41 km) und folgen ihr ab dem Ortsrand auf einem Radweg unmittelbar entlang der terrassierten Hänge des Kaiserstuhls.

Nach etwa 1 km verläßt der Radweg die Straße und führt entlang eines Baches nach *Eichstetten.* In der Ortsmitte (44 km) wenden Sie sich nach links, biegen aber an der Kirche nach rechts ab in Richtung Breisach.

Am Ortsende folgen Sie der Straße Mühlmatten nach links, überqueren sowohl die Bahngleise als auch den Mühlbach und gelangen unmittelbar entlang des windungsreichen Baches nach *Bötzingen* (47 km). Nach rechts über den Mühlbach erreichen Sie die Ortsmitte. Der Durchgangsstraße folgen Sie nach links in Richtung Breisach durch den Ort und durch das mit Bötzingen zusammengewachsene *Oberschaffhausen.*

In leichtem Auf und Ab fahren Sie nun am Fuß des Kaiserstuhls entlang. Kurz vor Wasenweiler stoßen Sie auf die stark befahrene Straße Gottenheim – Breisach (51 km), auf der Sie nach rechts über das Straßendorf *Wasenweiler* (51,5 km) Ihren Ausgangsort Ihringen erreichen (54 km). In der Ortsmitte, wo die Hauptstraße nach rechts abknickt, biegen Sie nach links ab in die Eisenbahnstraße und kehren zum Bahnhof zurück.

Nützliche Informationen

Ausgangsort: Ihringen, Winzerdorf am Fuß des Kaiserstuhls.
Anfahrt: A 5, Karlsruhe – Basel, Ausfahrt Freiburg-Mitte; über Gottenheim nach Ihringen; Parkplatz am südlichen Ortsrand bei Bahnhof und Winzergenossenschaft.
Höhen: AP = EP 200 m; HP 330 m, Anstieg 330 m.
Etappen: Ihringen – Breisach (Münster) 6,5 km – Oberrotweil 12 km (18,5 km) – Königschaffhausen 7,5 km (26 km) – Endingen 6 km (32 km) – Riegel 4,5 km (36,5 km) – Bötzingen 10,5 km (47 km) – Ihringen 8 km (55 km).
Einkehr unterwegs: In allen Ortschaften.
Bademöglichkeiten: Freibäder in Ihringen, Breisach, Oberrotweil und Bötzingen.

Sehens- und Wissenswertes: • *Badischer Winzerkeller*, Führungen durch die Kellerei mit Weinprobe vormittags und nachmittags, täglich außer So. Anmeldung unter Tel. (07667) 900-0. • *Breisach*, ehemalige *Reichsfestung*, auf einer vulkanischen Erhebung am Rheinufer gelegen; mehrere Stadttore; *Münster St. Stephan* (1200–1300), mit Kunstwerken von europäischer Bedeutung: Fresken von Martin Schongauer (15. Jh.), steinerner Lettner, spätgotischer geschnitzter Hochaltar des Meisters HL.; *Museum für Stadtgeschichte*, Rheintorplatz 1, geöffnet Di.–Fr. 14–17, Sa. 11.30–17, So. 11.30–18 Uhr, Eintritt frei. • *Kaiserstühler Weinbaumuseum* in Achkarren, geöffnet Palmsonntag bis Allerheiligen, Di.–Fr. 14–17 Uhr, Sa. und So. 11–17 Uhr. • *Endingen*, sehenswerter Stadtkern mit Altem Rathaus, Kaufhaus und Neuem Rathaus. • *Mithraeum* in Riegel, Fundamentmauern eines Mithrastempels (2. Jh.), jederzeit zugänglich.

Fahrradverleih: Firma Schneider, Am Krebsbach 1, Tel. (07668) 655 und Firma Müller, Am Kirchplatz 5, Tel. 233.

Auskunft: Fremdenverkehrsbüro, Badenstr. 38, 79241 Ihringen, Tel. (07668) 9343.

Karte: TK 1:50000, Blatt 6 Kaiserstuhl – Freiburg – Feldberg.

Durch Hohlwege, die sich im weichen Lößboden tief eingegraben haben, erreichten die Winzer früher ihre Weinberge.

27 Freiburg – Metropole des Schwarzwalds

Bhf. Wiehre – Ebnet – Freiburg-Altstadt – Stadtgarten – Alter Friedhof – Lorettokapelle – Bhf. Wiehre

Tourencharakter: Vorwiegend auf ebenen Radwegen durch und um die Stadt.

Länge der Tour: 16 km.

Freiburg, die über 800 Jahre alte Universitätsstadt, ist ein Muß für jeden Schwarzwaldbesucher, und, da sie als besonders radfahrerfreundlich gilt, auch für jeden Radler. Allerdings läßt sich der Altstadtkern am besten zu Fuß erkunden, da Einbahnstraßen und Fußgängerzonen hier auch dem Radfahrer das Leben erschweren. Am besten stellt man das Rad am Radparkplatz am Schwabentor ab und betritt die Stadt auf der einstigen Salzstraße, einem alten Handelsweg, an dem die Zähringer, die ihre Burg auf dem Schloßberg oberhalb des Schwabentors hatten, im Jahr 1120 diesen Marktort anlegten. Direkt hinter dem Schwabentor, im Stadtteil Oberlinden, siedelten sich auch die ersten Bürger an, u. a. auch Gastwirte. Bis zum Jahr 1387 lassen sich die Namen der Wirte zurückverfolgen, die im »Bären« ausschenkten, weshalb sich dieser Gasthof rühmen kann, Deutschlands ältester zu sein. Handwerker, die zur Ausübung ihres Gewerbes auf Wasser angewiesen waren – Gerber, Müller, Edelsteinschleifer, Fischer –, ließen sich an dem Kanal nieder, der von der Dreisam abgezweigt worden war und der die südwestlich des Schwabentors (d. h. nach dem Tor nach links) gelegene Vorstadt durchfloß, wo viele Häuser aus dem 16. und 17. Jh. erhalten sind. Innerhalb der Stadtmauern wohnten die Geistlichen in der einstigen »Pfaffengasse« – der heutigen Herrenstraße, die am Oberlindenplatz abbiegt –, die geistlichen Novizen im Theologischen Konvikt in der Konviktstraße (rechts des Schwabentors), heute eine vorbildlich sanierte Gasse. Beide Straßen führen in Richtung Münsterplatz, auf dem um 1200 mit dem Bau des Münsters begonnen wurde, das rund 300 Jahre später fertiggestellt war – ein Zeitraum, der heute lang erscheint, für Münsterbauten aber kurz war, denn das Freiburger Münster ist das einzige sakrale Bauwerk am Oberrhein, das innerhalb der gotischen Epoche auch vollendet wurde. Einnahmen aus dem Silberbergbau am Schauinsland hatten die Stadt in die Lage versetzt, dieses glanzvolle Bauwerk zu finanzieren. Die Skulpturen an der Münstervorhalle und an den Portalen sowie der Westturm gelten als Meisterwerke deutscher Gotik, die Glasmalereien und der Flügelaltar von Hans Baldung Grien als wertvollste Schätze des Münsters. Vom Turm aus lassen sich der geschäftige Münsterplatz sowie die anliegenden Sträßchen überblicken: das Kornhaus mit dem Treppengiebel, das historische Kaufhaus mit seinen Arkaden und Erkern, die Marktstände, und, wenn man genau hinschaut, auch die »Bächle«, die gefaßten Rinnsale, deren Wasser früher dem Vieh als Tränke, aber auch im Falle eines Feuers zum Löschen diente, und die heute zum Markenzeichen von Freiburg geworden sind.

Auf Freiburg herab schaut man auch vom Restaurant Dattler auf dem Schloßberg, zu dem vom Stadtpark aus eine Seilbahn hinauffährt. Der Blick auf Freiburg von der Lorettokapelle aus, von wo im Jahr 1744 der französische König Ludwig XV. die Belagerung Freiburgs verfolgte und dabei beinahe von einer Kanonenkugel getroffen wurde, ist heute leider durch Bäume versperrt. Die Kanonenkugel ist deutlich sichtbar über der Tür der Lorettokapelle eingemauert, die im Jahr 1657 in Erinnerung an eine der blutigsten Schlachten des Dreißigjährigen Krieges (1644) und an den Sieg der kaiserlich-bayrischen Truppen unter General Mercy gegen die Franzosen errichtet worden war.

Streckenbeschreibung

Vom *Bhf. Wiehre* in Freiburg fahren Sie auf der Türkenlouisstraße talaufwärts und biegen auf die erste Querstraße, die Peter-Sprung-Straße, rechts ab. Am Ende dieser Straße folgen Sie der Sternwaldstraße kurz nach links, dann der Erwinstraße nach rechts und wenden sich auf der Bürgerwehrstraße erneut nach rechts. Nach Überqueren der Bahnlinie Freiburg – Donaueschingen steigen Sie auf der Waldseestraße entlang des bewaldeten Talhangs sanft an, passieren auf einem Radweg den Konrad-Günter-Park sowie den *Waldsee* (2 km) und erreichen den Ortsanfang von *Littenweiler* (3,5 km), wo Sie am Friedhof Bergäcker in den Kunzenweg abbiegen.

Nach 100 m wenden Sie sich nach rechts, fahren an der Pädagogischen Hochschule Freiburg vorbei und biegen auf die folgende Querstraße nach links ab. Nach nur 50 m, unmittelbar vor einem Bahnübergang, wenden Sie sich nach rechts in die Höllentalstraße, überqueren nach 200 m die Gleise auf einem schmalen Rad- und Fußweg, kreuzen die Kappeler Straße und fahren geradeaus bis in die Reinhold-Schneider-Straße, von wo ein Rad- und Fußweg nach links an die Dreisam führt. Auf dem Schloßsteg, einer Fußgängerbrücke (5 km), überqueren Sie die Dreisam, kurz danach einen Parkplatz – jetzt befinden Sie sich in *Ebnet* – und fahren auf dem Heinrich-von-Gayling-Weg nach rechts zu der querlaufenden Bruggastraße. Nach links erreichen Sie die stark befahrene B 31 Freiburg – Titisee-Neustadt, der Sie nach links folgen, das barocke Schloß (heute in Privatbesitz) passieren und unmittelbar nach der Brücke über die Dreisam (6 km) nach rechts auf einen Rad- und Fußweg abbiegen. Dieser Weg führt durch eine schmale Grünanlage entlang der Dreisam talabwärts, vorbei an einem Freibad (6,5 km), an Sportplätzen sowie Schulen und einigen Dreisambrücken (Querverkehr beachten!) bis kurz vor die Altstadt von Freiburg (9,5 km).

Nach einem langgestreckten Brauereigebäude steigen Sie zum Schwabentorring leicht an, wenden sich nach rechts und sind beim *Schwabentor* an der Freiburger Altstadt angelangt (10 km).

Da die Fußgängerzone in der Altstadt auch für Radfahrer gesperrt ist, empfiehlt es sich, das Fahrrad auf dem Fahrradparkplatz am Schwabentor abzustellen und die Innenstadt zu Fuß zu erkunden.

Vom Schwabentor aus fahren Sie auf einem Radweg entlang des Schloßbergrings zum *Stadtgarten* (10,5 km), von dem aus sich ein Abstecher mit der Seilbahn zum Schloßberg (mit Aussichtsrestaurant) lohnt.

Entlang des Stadtgartens fahren Sie durch die Jakob-Burckhardt-Straße und die Stadtstraße zum *Alten Friedhof* (11 km), ein im Jahr 1683 vor den Festungsmauern angelegter Friedhof, heute eine Oase der Stille inmitten der geschäftigen Stadt; im Umkreis der barocken Michaelskapelle stehen kunstvolle Grabmäler unter alten Bäumen.

Auf demselben Weg kehren Sie zum Schwabentor zurück, wenden sich nach einigen Metern nach rechts in die Wallstraße und fahren geradeaus weiter über den Holzmarkt und durch die Rempartstraße zum querlaufenden Werderring (12,5 km), auf dem Sie nach links zur B 31 gelangen, die Kronenbrücke überqueren und geradeaus

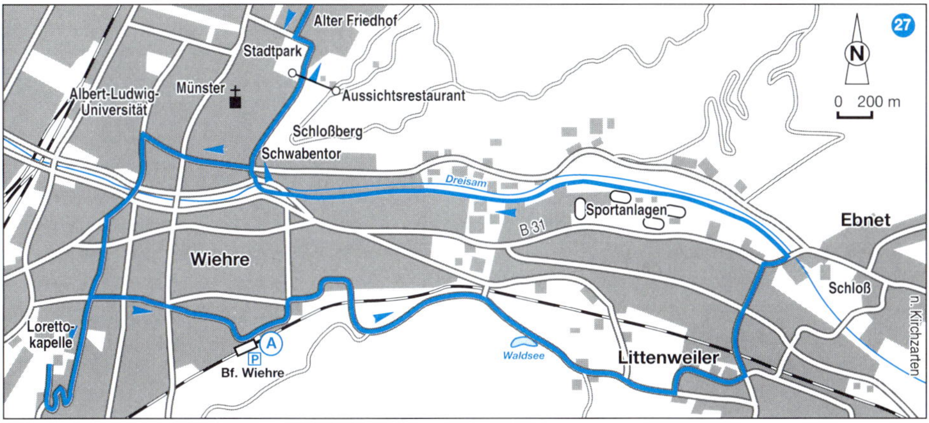

Ein gut ausgebauter Radweg führt entlang der Dreisam direkt in die Altstadt von Freiburg hinein.

der Kronenstraße folgen. Auf der ersten links abzweigenden Querstraße (13 km), der Schwimmbadstraße, erreichen Sie die Lorettostraße (13,5 km), die Sie, leicht nach rechts versetzt, überqueren. Die Mercystraße führt am Lorettokrankenhaus vorbei und steigt in mehreren Kehren zum Lorettoberg an, wo Sie auf der Höhe dem Kapellenweg nach rechts zur *Lorettokapelle* folgen (14,5 km).

Auf demselben Weg kehren Sie zurück, halten sich auf der Lorettostraße nach rechts, überqueren die breite Günterstraße und gelangen auf der Prinz-Eugen-Straße zurück zum Bhf. Wiehre (16 km).

Nützliche Informationen

Ausgangsort: Bhf. Wiehre in Freiburg (116 000 E.), »Hauptstadt« des Schwarzwalds mit altem Stadtkern, JH.
Anfahrt: IC-Bahnstation. PKW: A 5, Karlsruhe – Basel, Ausfahrt Freiburg-Mitte; auf der B 31 in Richtung Freiburg Stadtmitte; abbiegen in Richtung Schauinslandbahn, dann nach links zum Bhf. Wiehre; dort ein Parkplatz.
Höhen: AP = EP 280 m; HP 350 m; Anstieg 130 m.
Etappen: Bhf. Wiehre – Ebnet 5,5 km – Schwabentor 4,5 (10 km) – Alter Friedhof 1 km (11 km) – Lorettokapelle 3,5 km (14,5 km) – Bhf. Wiehre 1,5 km (16 km).
Einkehr unterwegs: Zahlreiche Lokale in der Altstadt; Restaurant am Waldsee; Café Dattler auf dem Schloßberg; Schloß-Café an der Lorettokapelle.
Sehens- und Wissenswertes: • *Münster*, zur Besichtigung geöffnet Mo.–Sa. 10–18 Uhr, So. 13–18 Uhr. • *Schloßbergseilbahn* vom Stadtgarten aus, Blick über Freiburg, täglich außer Di. 10.30–20.30 Uhr, Di. 10.30–17 Uhr; an der Bergstation Café Dattler (RT Di.). • Zahlreiche *Museen* in Freiburg, Auskunft bei Freiburg Information s. u.
Fahrradverleih: Bahnhof, Tel. (07 61) 21 43 37.
Auskunft: Freiburg Information, Rotteckring 14, 79098 Freiburg, Tel. (07 61) 3 68 90 90.
Karte: TK 1:50 000, Blatt 6 Kaiserstuhl – Freiburg – Feldberg.

Radparkplatz am Schwabentor: Von hier aus läßt sich die fußgängerfreundliche Altstadt am besten zu Fuß erkunden.

FENINGER

28 Auf die Höhe nach St. Peter

Bhf. Wiehre – Stegen – Ibental – St. Peter – Glottertal – Herdern – Freiburg

Tourencharakter: Sportlich anspruchsvolle Tour mit langgezogenem Anstieg; steile Abfahrt auf befahrener Straße; vorwiegend auf Straßen.

Länge der Tour: 47 km.

Das ehemalige Benediktinerkloster in St. Peter ist eines der Klöster, die maßgeblich an der Besiedlung des Schwarzwalds beteiligt waren. Im Jahr 1093 stiftete der Zähringerherzog Berthold II. das Kloster, was bedeutete, daß er der Klostergemeinschaft, die bis dahin im ursprünglichen zähringischen Hauskloster in Weilheim/Teck wirkte, ein ausgedehntes Gebiet schenkte, das sich am Westhang des Kandels und bis hinunter ins Glottertal erstreckte. Für die Zähringer, die damals am Fuß des Schwarzwalds Besitzungen hatten und dort Städte wie Freiburg und Offenburg anlegten, bedeutete die Stiftung dieses Hausklosters eine Ausdehnung ihres Machtbereichs in den bis dahin unbesiedelten Teil des Schwarzwalds hinein. Es darf durchaus vermutet werden, daß handfeste wirtschaftliche Interessen dahinter standen, denn schließlich wurde Holz im 11. Jh., auch bedingt durch den Bau der Städte, zu einem immer begehrteren Baustoff. Doch zuerst mußte das Gebiet zugänglich und das Gelände urbar gemacht werden, eine Aufgabe, die die Mönche übernahmen: Fällen der Bäume, Ausstocken der Wurzeln, Abbrennen des Gestrüpps, Pflügen des Bodens. Erst dann konnte Getreide und Obst angepflanzt und Vieh zur Weide getrieben werden. Unterstützt wurden sie bei dieser langwierigen und schweren Arbeit durch Bauernsöhne aus der Umgebung. Da hier nur immer ein Nachkomme den Hof erbte, war dies für die bei der Erblassung unberücksichtigt gebliebenen Söhne eine Chance, sich im Gebiet

Als »gastfreundliches Dorf« bezeichnet sich der durch die Barockkirche des ehemaligen Benediktinerklosters bekannte Luftkurort St. Peter.

des Klosters niederzulassen, was zudem noch mit dem Vorteil verbunden war, daß sie nur dem Kloster unterstellt waren und keine Verpflichtungen einem anderen Grundherrn gegenüber hatten. So entstand im Umkreis des Klosters eine Streusiedlung, wurden Straßen angelegt, Sägewerke gebaut, Bäche zu Mühlen geleitet, Fischweiher angelegt.

Heute noch liegen auf der gegliederten Hochfläche die Einzelhöfe in weitem Umkreis um das Dorf St. Peter, das beherrscht wird von der barocken Klosterkirche, einem »Neubau«, der im 18. Jh. (1724–27) nach einem Brand errichtet wurde. Von der mittelalterlichen Klosteranlage ist nichts erhalten, sehenswert ist jedoch die von Baumeister Peter Thumb entworfene Kirche und die Bibliothek.

Streckenbeschreibung

Vom Parkplatz am *Bhf. Wiehre* in Freiburg folgen Sie der Türkenlouisstraße talaufwärts, biegen am Ende dieser Straße nach links ab und fahren auf der Dreikönigstraße zur Schwarzwaldstraße (B 31). Diese überqueren Sie, folgen für einige Meter der Unteren Schwarzwaldstraße und gelangen durch eine Straßenunterführung auf einen Radweg (1 km) an der Dreisam. Talaufwärts fahrend, passieren Sie ein Wohngebiet, Schulen, Sportanlagen sowie einige Dreisambrücken (Vorsicht: Querverkehr!) und überqueren – etwa 500 m nach einer Straßenunterführung – die Dreisam auf dem Schloßsteg (4,5 km). In *Ebnet* halten Sie sich geradeaus über einen Parkplatz und folgen nach rechts dem Heinrich-von-Gayling-Weg zur querlaufenden Bruggastraße, auf der Sie, nach links, auf die B 31 Freiburg – Donaueschingen stoßen (5 km).

Sie halten sich auf der stark befahrenen B 31 nach links, biegen aber nach nur 50 m nach rechts in die Straße Steinhalde ein, die sich am Ortsende als Wildbachweg fortsetzt. Sie folgen der Radmarkierung im breiten Dreisamtal aufwärts, vorbei an der Häuserzeile von Wittental (8 km) und dem großen Baldenwegerhof (9 km), zum Ortsrand von *Stegen* (10 km).

Hier halten Sie sich auf einer Straße nach rechts über den Eschbach und stoßen am Schloß Weiler auf eine Straße, die nach St. Peter führt. Dieser folgen Sie nach links in Richtung Kirchzarten und biegen nach wenigen hundert Metern an einem Parkplatz links ab (11 km, Ww. Kagenbeckhalle) in die Schulstraße. Ein Wirtschaftsweg führt weiter nach *Oberbirken* (11,5 km).

Am Ortsrand entlang, dann nach rechts an einigen Höfen vorbei, gelangen Sie auf einer sehr schmalen Straße zum Weiler *Burg am Wald* (12,5 km) und zur Straße Kirchzarten – St. Peter, der Sie nun nach links in Richtung St. Peter folgen.

Zunächst verläuft im Dreisamtal neben der Straße noch ein markierter Radweg, der jedoch nach wenigen hundert Metern nach rechts abbiegt. Hier halten Sie sich geradeaus, überqueren den Wagensteinbach und befinden sich jetzt im Ibental, in dem Sie auf der Straße talaufwärts fahren. Sie passieren einen Ortsteil von *Unteribental* (14 km), große Einzelhöfe und die Siedlung *Unteribental-Hofacker* (15,5 km). Auf der kurvenreichen Straße im sich verengenden Tal steigen Sie teilweise sehr steil an zum *Schafhof* (21 km), der am Rand einer gegliederten Hochfläche liegt. Eine kurze Abfahrt bringt Sie zum Ortsrand von *St. Peter*, wo Sie eine Straße kreuzen und zum Kloster nochmals einige Meter ansteigen (22 km).

Auf der Hauptstraße, der Zähringer Straße, fahren Sie um die Klosteranlage herum und leicht bergab, kreuzen die breite Eschbacher Straße und steigen auf der schmalen Scheuergasse durch ein Wohngebiet und den Scheuerwald an zur stark befahrenen Straße St. Peter – Glottertal (knapp 23 km).

Im engen Glottertal führt die kurvenreiche Straße mit sehr starkem Gefälle (!) talabwärts, vorbei an den Höfen von Ränke (26 km), nach *Glottertal* (Ortsschild bei 30 km). Kurz nach dem zur Rechten gelegenen Freibad (31 km) biegen Sie nach links ab und folgen jetzt am Talhang der schmalen Kandelstraße, vorbei am bemerkenswerten Kappenhof, zu einer Gabelung. Nach rechts erreichen Sie das Ortszentrum der Gemeinde *Glottertal* (32,5 km).

Talabwärts fahren Sie durch den Ort hindurch, passieren am Ortsende den strohgedeckten Flammenhof und biegen wenig später (34,5 km) links nach *Heuweiler* ab. Sie stoßen auf die querlaufende Hauptstraße (35,5 km), auf der Sie nach links durch den Ort hindurchfahren und über ein am Fuß der Vorberge verlaufendes Sträßchen *Gundelfingen* (38,5 km) erreichen.

Einer querlaufenden Straße folgen Sie nach rechts und wenden sich unmittelbar vor einer Bahnunterführung nach links in die Straße Glotterpfad (Ww. Radmarkierung Freiburg). Wo diese Straße sich von der Bahnlinie entfernt, biegen Sie nach rechts auf einen mit Schranken verengten Rad- und Fußweg ab (39 km), der unmittelbar entlang der Bahngleise, an Gundelfingen und Zähringen vorbei, nach *Herdern* führt.

In Herdern unterqueren Sie zweimal die Bahnlinie (42 und 43 km), biegen 200 m danach in die Richard-Wagner-Straße nach links ab, folgen nach 500 m an einer Straßenspinne der Brucknerstraße nach rechts zum Botanischen Garten und gelangen auf der Lerchenstraße zu der kleinen Grünanlage am Ludwig-Aschoff-Platz. Geradeaus weiter durch die Weiherhof- und die Stadtstraße – rechts der sehenswerte Alte Friedhof (45 km, s. Tour 27) – und auf der Jakob-Burckhardt-Straße, vorbei am Stadtgarten, gelangen Sie zum Rand der Freiburger Altstadt (45,5 km). Hier folgen Sie auf einem Radweg dem Leopoldring 150 m nach links, dann dem Schloßbergring zum Schwabentorplatz. Unmittelbar nach Überqueren der Dreisam folgen Sie einem Radweg nach links in die Untere Schwarzwaldstraße, die in die Schwarzwaldstraße (B 31) einmündet. Auf demselben Weg, auf dem Sie Ihre Tour begannen, kehren Sie zum Bhf. Wiehre zurück (47 km).

Nützliche Informationen

Ausgangsort: Bhf. Wiehre in Freiburg (116 000 E.), »Hauptstadt« des Schwarzwalds mit altem Stadtkern, JH.
Anfahrt: Station der Höllentalbahn. PKW: A 5, Karlsruhe – Basel, Ausfahrt Freiburg-Mitte; auf der B 31 in Richtung Freiburg-Stadtmitte; abbiegen in Richtung Schauinslandbahn, dann nach links zum Bhf. Wiehre.
Höhen: AP = EP 280 m; HP 730 m; Anstieg 580 m.

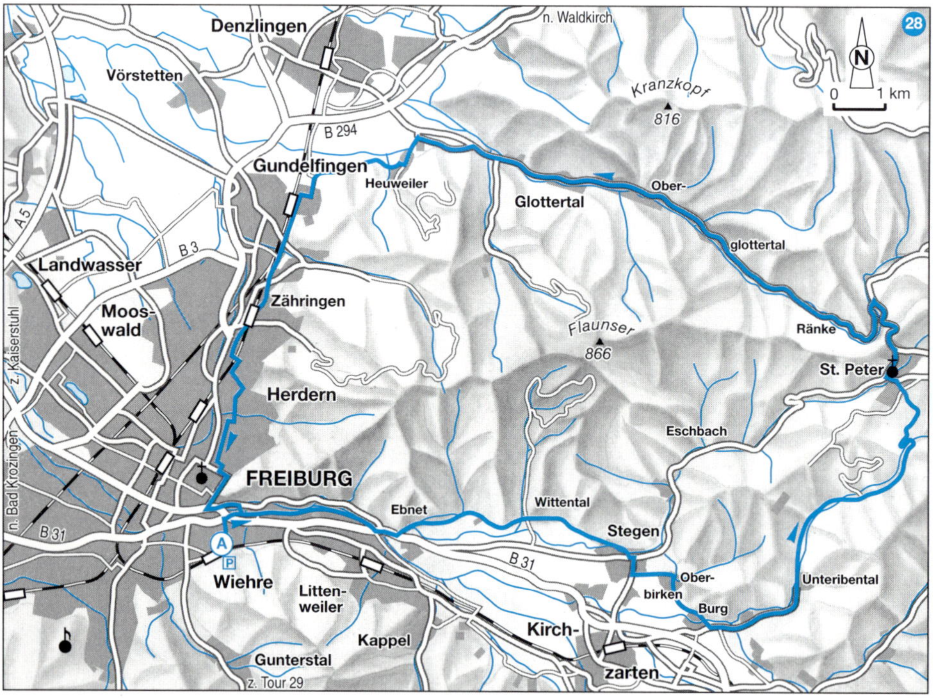

Ein beliebtes Ausflugsziel ist das Glottertal, an dessen sonnigen Talhängen bis auf Höhen um 500m Wein angebaut wird.

Etappen: Bhf. Wiehre – Stegen 10km – St. Peter 12km (22km) – Glottertal Ortszentrum 10,5km (32,5km) – Gundelfingen 6,5km (39km) – Altstadt Freiburg 6,5km (45,5km) – Bhf. Wiehre 1,5km (47km).
Einkehr unterwegs: Im Ibental, in St. Peter, im Glottertal (tradit. Gasthöfe, u.a. Hirsch und Adler), in Heuweiler, Zähringen, Herdern.
Bademöglichkeiten: Freibad in Glottertal, Ortsteil Dörfle.
Sehens- und Wissenswertes: • *St. Peter*, Führungen durch die Klosterkirche und -bibliothek Mo. 11, Di. 14.30, Mi. 11, Do. 14.30, So. 11.30 Uhr; Eintrittsgebühr.
• *Glottertal*, sonniges Seitental der Elz, Weinanbau; beliebtes Ausflugsziel mit gepflegten Gasthöfen.
Fahrradverleih: Bahnhof, Tel. (0761) 214337.
Auskunft: Freiburg Information, Rotteckring 14, 79098 Freiburg, Tel. (0761) 3689090.
Karte: TK 1:50000, Blatt 6 Kaiserstuhl – Freiburg – Feldberg.

29 Schauinsland – der Hausberg Freiburgs

Bhf. Wiehre – mit der Seilbahn auf den Schauinsland – Münstertal – St. Trudpert – Staufen – Freiburg

Tourencharakter: Trotz der Benutzung der Seilbahn keine einfache Tour; langgezogener Anstieg und steile Abfahrt auf engem Sträßchen; größtenteils auf Straßen; nur bedingt für Kinder geeignet.
Länge der Tour: 45km.
Ausrüstung: Warme Kleidung mitnehmen, da der höchste Punkt bei 1220m liegt.

Als »Hausberg« Freiburgs gilt der Schauinsland, von dessen 1284m hohem Gipfel man wirklich weit ins Land schauen kann. Bequemen Zugang ermöglicht die Schauinslandbahn, in deren Kabinen auch Räder transportiert werden und die den Höhenunterschied von 747 m in knapp 20 Min. bewältigt. Nur wenige Minuten, und doch ist der Unterschied, was das Wetter anbetrifft, erstaunlich: Während in Freiburg beispielweise im Februar schon die Forsythien blühen, liegt hier oben noch Schnee, oder wenn im Sommer unten am Fuß des Berges drückende Hitze herrscht, weht hier oben eine kühle Brise. Im Herbst hingegen scheint hier oben die Sonne, während die Rheinebene im Nebel liegt. Zu welcher Jahreszeit man auch hier hochkommt, bei klarem Wetter bietet sich ein schöner Blick von den kahlen Flächen, auf denen nur einige windzerzauste Wetterbuchen stehen. Dies sind die letzten Überreste eines ehemaligen Buchenwaldes, der im Zusammenhang mit dem Bergbau am Schauinsland abgeholzt wurde. Ab dem 13. Jh. wurde in der Nähe des Gipfels jahrhundertelang Silbererz gefördert, was dem Schauinsland den Namen »Erzkasten« und Freiburg einigen Wohlstand als bedeutendem Silbermarkt einbrachte, denn Silber hatte im Mittelalter einen höheren wirtschaftlichen Wert als heute Gold.

Kein Wunder, daß die Freiburger versuchten, Konkurrenten im Geschäft mit dem Silber loszuwerden. So überfielen sie im Jahr 1346 kurzerhand die Stadt Münster, die im Münstertal unweit des Klosters St. Trudpert lag und ebenfalls vom Silberbergbau lebte. Geblieben ist von dieser Stadt nur der Name, den sie an das Tal weitergab. Auch nicht zimperlich gingen zwei gedungene Knechte – so die Legende – mit dem iroschottischen Mönch Trudpert um, als sie im Jahr 604 den als Missionar in einer Einsiedelei lebenden mit einer Axt erschlugen. Aus dieser frühen Zelle des Christentums entwickelte sich das Benediktinerkloster St. Trudpert, seit 1920 Mutterhaus der in der Sozialarbeit tätigen St.-Josef-Schwestern. Die Klosterkirche wurde nach der Zerstörung im Dreißigjährigen Krieg unter der Bauleitung von Peter Thumb im barocken Stil (1715–22) wieder aufgebaut.

Streckenbeschreibung

Vom Parkplatz am *Bhf. Wiehre* in Freiburg kehren Sie zurück zur Günterstalstraße, auf der Sie zum Bhf. Wiehre gelangten, und folgen nach links der Schauinslandstraße auf einem Radweg. Im Tal des Bohrerbachs fahren Sie leicht bergauf, durch *Günterstal* hindurch (3 km) und erreichen im Weiler *Bohrer* eine Straßengabelung (5,5 km), an der Sie nach rechts zur Talstation der *Schauinslandbahn* ansteigen (6 km). Mit der Kabinenbahn gelangen Sie auf den Schauinsland (1220 m).

Wer genügend Kondition hat, kann auf der 7 km langen, kehrenreichen Straße (bis zu 12% Steigung) zum Parkplatz am Schauinsland fahren.

Das Kloster St. Trudpert ist eines der Klöster, von denen im 8./9. Jh. die Besiedlung des Schwarzwalds ausging.

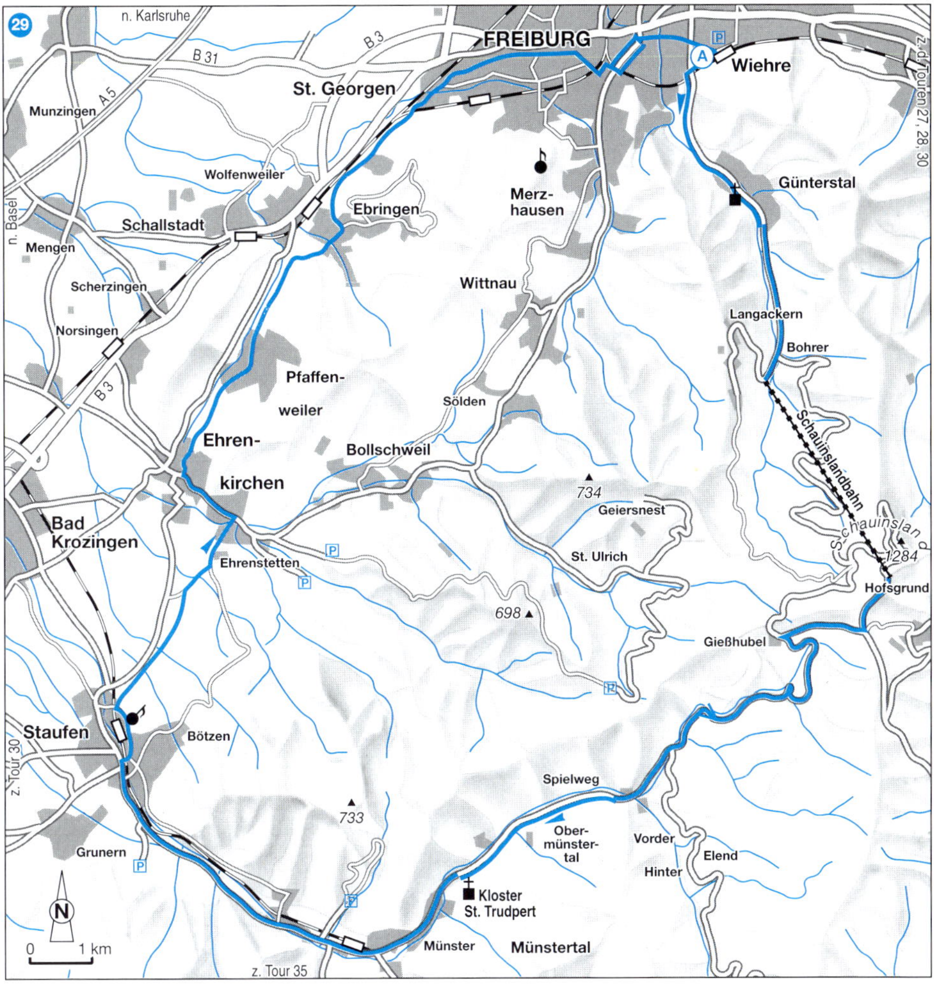

Von der Bergstation – die Aussichtsterrasse bietet einen schönen Blick auf Freiburg – fahren Sie zum Parkplatz am Schauinsland. Ein Abstecher zu Fuß führt in ca. 15 Min. zum Gipfel mit Aussichtsturm. Auf der stark befahrenen Straße wenden Sie nach links bergab in Richtung Todtnau, biegen aber nach 1 km nach rechts (7 km) in Richtung Staufen/Münstertal ab.

Sie folgen dieser weniger befahrenen Straße steil bergab, stoßen beim *Gasthof Gießhübel* (8,5 km) auf eine Querstraße, die scharf nach links in zahlreichen Kurven und mit einem Gefälle von bis zu 18% (!) im sehr engen Tal bergab führt und in die ausgebaute Straße Bad Krozingen – Wieden einmündet (13,5 km). Sie halten sich rechts, passieren im sich verbreiternden Münstertal den Weiler *Spielweg* (14,5 km) – einer der zahlreichen Ortsteile der Gemeinde Obermünstertal – und erreichen auf einem Radweg neben der sanft fallenden Straße das *Kloster St. Trudpert* (18 km).

Wenige hundert Meter weiter endet der Radweg beim Ortsteil *Neubruck*, und Sie durchfahren nun, immer leicht bergab, auf der Straße Münster (19,5 km) und Hof (21,5 km), Ortsteile von *Untermünstertal*. Nach den wenigen Häusern des links der Straße gelegenen Weilers *Kropbach* biegen Sie nach rechts ab (23 km), überqueren das Flüßchen Neumagen sowie die Bahnschie-

In wenigen Minuten transportiert die Schauinslandbahn Passagiere und Räder bis auf 1220m Höhe, von wo aus man weit über Freiburg und die Rheinebene blickt.

nen, folgen diesen nach links und gelangen direkt in die Altstadt von *Staufen*, einem malerischen, unterhalb der Burgruine Staufen gelegenen Städtchen (25 km).

Auf der Hauptstraße (Fußgängerzone) verlassen Sie die Stadt in Richtung Ruine Staufen und biegen an der am Fuß des Berges gelegenen Magdalenenkapelle nach rechts ab (26,5 km). Die schmale Kirchhofener Straße verläuft am Fuß der Vorberge in nördlicher Richtung, kreuzt, um einige Meter nach rechts versetzt, eine Querstraße (27,5 km) und mündet in die Straße Staufen – Ehrenstetten (28,5 km) ein, der Sie geradeaus in die Ortsmitte von *Ehrenstetten* folgen (30 km).

Am Rathaus biegen Sie nach links in die Hauptstraße ein und erreichen das mit Ehrenstetten zusammengewachsene *Kirchhofen*. Der querlaufenden Lazarus-Schwendi-Straße folgen Sie nach rechts bergauf zur Ortsmitte, biegen an einer Kreuzung bei der Kirche (31 km) nach links in die Batzenbergstraße ein und wenden sich nach 50 m an einem mit einer Bärenskulptur geschmückten Brunnen nach rechts in die Bärenstraße (Ww. Markgräfler Radwanderweg).

Dieser Markierung folgen Sie im weiteren Verlauf der Tour. Das Sträßchen führt durch Wiesen und Weinberge nach *Pfaffenweiler* (32,5 km), wo Sie der Radmarkierung durch den Ort folgen. Ab dem Ortsende fahren Sie auf einem nahezu ebenen Wirtschaftsweg nach *Ebringen* (36 km), folgen der mehrmals abknickenden Radroute durch den Ort hindurch und gelangen zunächst auf dem unmittelbar entlang der Weinhänge verlaufenden Rennweg, dann entlang der Bahnlinie Freiburg – Basel nach *Leutersberg* (38 km).

Nach Überqueren eines Sträßchens führt Sie die Radmarkierung zwischen den Weinbergen und der Bahnlinie zur Kirche von *St. Georgen* (39,5 km), an der Sie sich nach rechts wenden, wenig später links abbiegen und wieder zur Bahnlinie gelangen. Stets der Markierung folgend, durchfahren Sie den Freiburger Ortsteil *Uffhausen*, ein ausgedehntes Sportgelände (41,5 km) und das Freiburger Gewerbegebiet-Süd. Der breiten Merzhauser Straße folgen Sie am Fuß des Lorettoberges 500 m nach links in Richtung Stadtmitte und biegen an der Petruskirche nach rechts in die Lorettostraße ab. Nach Überqueren der Günterstalstraße (44,5 km) gelangen Sie auf der Prinz-Eugen-Straße zurück zum Bhf. Wiehre.

Nützliche Informationen

Ausgangsort: Bhf. Wiehre in Freiburg (116 000 E.), »Hauptstadt« des Schwarzwalds mit altem Stadtkern, JH.
Anfahrt: Station der Höllentalbahn. PKW:

A 5, Karlsruhe – Basel, Ausfahrt Freiburg-Mitte; auf der B 31 in Richtung Freiburg-Stadtmitte; abbiegen in Richtung Schauinslandbahn, dann nach links zum Bhf. Wiehre.
Höhen: AP = EP 280 m; HP 1220 m; Anstieg 320 m; Abstieg 1010 m.
Etappen: Bhf. Wiehre – Talstation Schauinslandbahn 6 km – St. Trudpert 12 km (18 km) – Staufen 7 km (25 km) – Ehrenstetten 5 km (30 km) – Ebringen 6,5 km (36,5 km) – Bhf. Wiehre 8,5 km (45 km).
Einkehr unterwegs: In allen Orten sowie in der Tal- und der Bergstation der Schauinslandbahn und im Berggasthof Gießhübel.
Bademöglichkeit: Freibad in Staufen.
Sehens- und Wissenswertes: • *Schauinslandbahn*, 1.5. bis 30.9. von 9–18 Uhr, 1.10. bis 30.4. von 9.30–17 Uhr, verkehrt nach Bedarf; Radtransport Mo.–Fr. problemlos, Sa./So. muß man evt. Wartezeiten in Kauf nehmen; Preis für Fahrrad zusätzlich DM 11; Auskunft über Fahrzeiten beim VAG-Informationszentrum, Tel. (07 61) 45 11-5 00. • *Kloster St. Trudpert*, Kirche frei zugänglich. • *Bienenkundemuseum* in Obermünstertal, im ehem. Rathaus, geöffnet Mi./Sa./So. 14–17 Uhr. • *Waldmuseum* in Untermünstertal, geöffnet in der Hauptsaison Mi./Sa. 14–17 Uhr. • *Staufen*, s. Tour 35.
Fahrradverleih: Hauptbahnhof Freiburg, Tel. (07 61) 21 43 37.
Auskunft: Freiburg Information, Rotteckring 14, 79098 Freiburg, Tel. (07 61) 3 68 90 90.
Karte: TK 1:50 000, Blatt 6 Kaiserstuhl – Freiburg – Feldberg.

30 Im Zentrum des Hochschwarzwalds

Bhf. Schluchsee – Altglashütten – Bärental – Hinterzarten – Rinken – Zastlertal – Kirchzarten

Tourencharakter: Anstrengende Streckentour von den Höhen des Hochschwarzwalds ins Dreisamtal; mit mehreren Anstiegen und mit teilweise starkem Gefälle. Großteils markiert. Anfahrt mit der Bahn. Kürzere Rundtour um den Schluchsee s. Variante.

Länge der Tour: 57 km.

Allein schon die Anfahrt mit der Höllentalbahn macht diese Tour zu einem Erlebnis. Mit Hilfe mehrerer Tunnels und Schleifen sowie des Ravenna-Viadukts schafft es die Bahn, in dem engen, schluchtartigen Tal einen Höhenunterschied von 625 m auf der 27 km langen Strecke zwischen Freiburg und Hinterzarten zu überwinden. Was niemand für möglich gehalten hatte, schaffte der Ingenieur Robert Gerwig, nach dessen Plan die Bahn in knapp vier Jahren (1884–1887) erbaut wurde. Nun gab es plötzlich einen bequemen Weg durch diese Felsenschlucht, die zuvor für Reisende, Händler und Fuhrleute eine beschwerliche Hürde darstellte. »Höllental« nannten die 40 000 französischen Soldaten, die Ende des 18. Jh. hier durchzogen, den Abschnitt zwischen dem Gasthof Sternen und dem Gasthof Lafette bei Hinterzarten. 22% Steigung hatten die Fuhrwerke auf dem Güter- und Postweg zu bewältigen, was nur mit extra gemieteten Vorspannpferden zu schaffen war.

Ein Tal, das mit seinem alpinen Charakter so gar nicht in die Landschaft des Mittelgebirges paßt. Entstanden ist es durch die noch immer stattfindende rückschreitende Erosion des Rotbachs, der mit starkem Gefälle dem Rhein zufließt, sich immer weiter in Richtung Osten eingrub und so das schroffe Tal einkerbte, wobei er einen ehemaligen Donauzufluß angriff und diesen ablenkte.

Große Wassermengen waren es auch, die am Ende der letzten Eiszeit beim Abschmelzen des Feldberggletschers abflossen und ein vom Gletscher ausgehöhltes Becken mit Wasser füllten, den heutigen Schluchsee. Seine ursprüngliche Größe wurde jedoch um 1930 mittels einer Staumauer auf das Fünffache erweitert, so daß er heute mit einer Länge von 8 km der größte Schwarzwaldsee ist. Das bei Wassersportlern beliebte Speicherbecken wird durch das Gefälle zum Hochrhein hin zur Gewinnung von Elektrizität genutzt. Gletscherseen sind auch der Titisee und der Windgfällweiher.

Streckenbeschreibung

Vom *Bhf. Schluchsee* fahren Sie in südöstlicher Richtung (Ww. Waldshut/St. Blasien) unter der B 500 hindurch und biegen am Ortsrand von Schluchsee rechts ab in Richtung Faulenfürst. Auf der schmalen Straße steigen Sie im Wald recht steil an und erreichen in stetem Auf und Ab den auf einer freien Hochfläche gelegenen Weiler *Faulenfürst* (3,5 km), in dem Sie nach rechts abbiegen und nach einer längeren Abfahrt auf die Straße Rothaus – Schluchsee stoßen (5 km). Ihr folgen Sie wenige Meter nach rechts zur B 500, Schluchsee – Waldshut, überqueren die Bundesstraße und biegen an der JH in *Seebrugg* (5,5 km) links ab (Radmarkierung Drei-Seen-Weg). Der stark befahrenen Bundesstraße folgen Sie auf einem Radweg knapp 1 km weit nach rechts, überqueren die Staumauer des Schluchsees (7 km) und wenden sich nach links zum Weiler *Eisenbreche* (knapp 8 km).

An der Kreuzung halten Sie sich nach rechts, steigen in einem bewaldeten Tal leicht an und stoßen am Ufer des *Schluchsees* auf einen breiten Kiesweg (9,5 km), dem Sie nach links entlang des Schluchsees folgen. Sie passieren das *Gasthaus Unterkrummenhof* (13 km), überqueren am Westufer einen Seezufluß und steigen leicht an zu den wenigen Höfen von *Aha* (17 km). Hier folgen Sie der von Menzenschwand kommenden Straße nach rechts zur B 500, folgen dieser wenige hundert Meter nach rechts bis *Unteraha* und biegen nach links ab (Ww. Bhf. Aha). Nach nur 10 m halten Sie sich erneut nach links (Radmarkierung), unterqueren die Bahnlinie Titisee – Schluchsee und wenden sich an der unmittelbar folgenden Wegkreuzung (18 km) nach links. Nun folgen Sie einem entlang der Bahngleise leicht ansteigenden markierten Weg und stoßen oberhalb des *Windgfällweihers* auf einen Querweg (20,5 km), dem Sie bergab zu einer Straße und zum Ufer des Windgfällweihers (21 km) folgen.

Kurz darauf kommen Sie wieder an die B 500, steigen nach rechts auf einem Radweg an und biegen ab nach *Altglashütten*, einer einstigen Glashütte (21,5 km).

Auf der früheren Durchgangsstraße durchfahren Sie den Ort, passieren die außerhalb des Orts stehende Feldberghalle und kreuzen die B 500 (knapp 24 km). Eine schmale Straße steigt in einem Seitental in Richtung *Neuglashütten* an. Schon am Ortsanfang wenden Sie sich nach rechts, kurz darauf erneut nach rechts auf den steil ansteigenden Schrofenweg, dem Sie nach *Bärental* und zur B 317 folgen (25 km).

Auf der B 317 fahren Sie bergab und biegen kurz vor einer verkehrsreichen Kreuzung im zentralen Ortsteil von Bärental (25,5 km) nach links in Richtung Bruderhalde ab. Die Straße führt in das Tal des Seebachs hinunter und auf den Titisee zu. Bei den ersten großen Höfen von Brudertal biegen Sie links ab (29 km), steigen zu den wenigen Höfen von *Erlenbruck* steil an (30,5 km) und fahren wenig später zum Ortsbeginn von *Hinterzarten* hinunter (31 km).

Sie fahren durch den Ort hindurch und biegen unmittelbar vor einer Eisenbahnunterführung links in die Alpersbacher Straße (32,5 km) ab. Zunächst noch zwischen Wohnhäusern, dann im Wald steigen Sie recht steil an, passieren die Weiler *Windeck* (34 km) und *Bisten* (35 km) – von hier oben blicken Sie in das Höllental – und erreichen *Alpersbach*, wo Sie sich an einer Straßengabelung (38 km) scharf nach links wenden und auf der Rinkenstraße steil ansteigen. Wenig später verläuft die Straße im Wald, führt an einer Schutzhütte sowie einer Lichtung mit der Urbanshütte vorbei und gelangt zu den beiden Gasthöfen von *Rinken* (42 km), bei denen Sie auch den mit 1200 m höchsten Punkt der Tour erreicht haben. Zu Ihrer Linken erhebt sich das Feldbergmassiv mit den kahlen Kuppen von Seebuck (1448 m), Baldenweger Buck (1462 m) und dem eigentlichen Feldberggipfel (1495 m).

Nach einigen hundert Metern stoßen Sie an einem Wanderparkplatz auf eine Wegkreuzung. Sie halten sich geradeaus (Radmarkierung) und folgen einem Kiesweg im NSG Feldberg durch Wald in das Tal des Zastlerbachs. Nach 1 km beginnt an einem Parkplatz der Asphaltbelag. Ab hier müssen Sie während der Woche mit PKW-Verkehr rechnen, da die Straße nur an Samstagen, Sonn- und Feiertagen gesperrt ist. Denken Sie daran, daß Ihnen auch Radfahrer und Fußgänger entgegenkommen können!

Auf über 5 km Länge führt die schmale Straße mit sehr starkem Gefälle in zahlreichen, teilweise unübersichtlichen Kurven am streckenweise sehr steilen Hang talabwärts. Sie passieren den unterhalb der Straße gelegenen Parkplatz Kluse mit Grillstelle (46 km), gelangen im nun etwas breiteren und sanfter fallenden Tal zu den ersten großen Höfen (48 km) und stoßen bei *Zastler* auf eine Straße (49,5 km), der Sie weiter talabwärts folgen. Vorbei an einem Gasthof und dem kleinen Ort *Winterhalterhof* (52 km) erreichen Sie den Ortsrand von *Oberried* (53 km) und stoßen auf die Straße

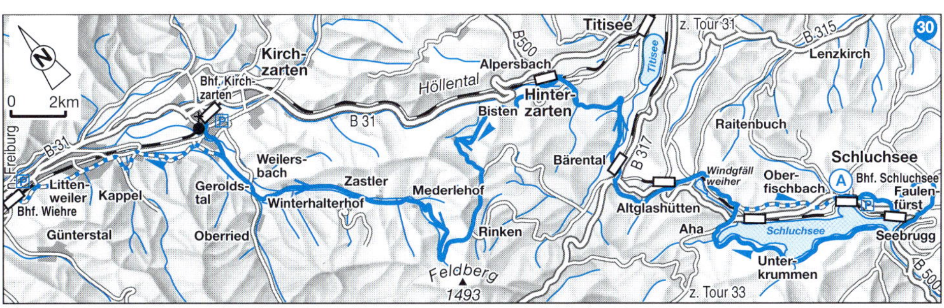

Oberried – Kirchzarten, neben der Sie auf einem Radweg bequem talabwärts fahren. Kurz vor Kirchzarten folgen Sie an einer Straßengabelung (55,5 km) der Straße nach rechts und gelangen in die Ortsmitte von *Kirchzarten* (56 km).

Nützliche Informationen

Ausgangsort: Schluchsee, beliebter Ferienort (1800 E.) an der Nordseite des Sees. JH Schluchsee.
Anfahrt: PKW: A 5, Karlsruhe – Basel, Ausfahrt Freiburg-Mitte. Auf der B 31 über Freiburg nach Kirchzarten. Kurz nach Überqueren der Bahnlinie der Ausschilderung »Parkplatz Ortsmitte« folgen. Vom Parkplatz fahren Sie per Rad zurück zur Durchgangsstraße, auf ihr 100 m in Richtung Ortsmitte und nach links zum Bahnhof. Mit der Bahn nach Schluchsee.
Höhen: AP 940 m; EP 390 m; Anstieg 710 m; Abstieg 1520 m.
Etappen: Schluchsee – Eisenbreche 8 km – Aha 9 km (17 km) – Bärental 8,5 km (25,5 km) – Hinterzarten 6,5 km (32 km) – Rinken 10 km (42 km) – Oberried 11 km (53 km) – Kirchzarten 4 km (57 km).
Unterkunft/Einkehr unterwegs: In Faulenfürst (3,5 km), Eisenbreche (8 km), im Unterkrummenhof am Schluchsee (13 km, RT. Mo.), im Gasthof am Windgfällweiher (RT Di., 21 km), in Altglashütten (21,5 km), Bärental (25,5 km), Hinterzarten (31 km), Alpersbach (37 und 37,5 km), am Rinken (42 km), im Zastlertal (50,5 km) und in Oberried (53 km); JH in Seebrugg (5,5 km).
Grillplatz: Im oberen Zastlertal (46 km).
Bademöglichkeiten: Spaßbad in Schluchsee; Strandbad Seebrugg; im Schluchsee; im Windgfällweiher; Freibad in Kirchzarten.

Der Schluchsee, ein einstiger Gletschersee, wurde zum Zweck der Energiegewinnung aufgestaut.

Sehens- und Wissenswertes: • *Anfahrt mit der Bahn* ab Bhf. Wiehre in Richtung Seebrugg, Dauer bis Bhf. Schluchsee 1 Std.; Fahrkartenausgabe Wiehre, Tel. (07 61) 214-3 56, geöffnet Mo.–Fr. 8.30–11.30 und 12.30–18 Uhr, Sa. 8.30–13.15 Uhr. Zentrale Auskunft für Fahrzeiten (07 61) 1 94 19, 7–22 Uhr. • *St.-Gallus-Kirche* in Kirchzarten, erwähnt im 9. Jh., heutiger Bau gotisch.
Fahrradverleih: Bhf. Schluchsee, Tel. (0 76 56) 7 08 00, April bis Okt.; Schalter geöffnet Mo.–Fr. 8.15–11.15 und 13.30–17.30 Uhr.
Auskunft: Verkehrsamt, 79199 Kirchzarten, Tel. (0 76 61) 3 93-9. Kurverwaltung, 79857 Schluchsee, Tel. (0 76 56) 77 32-33.
Karten: TK 1:50 000, Blatt 6 Kaiserstuhl – Freiburg – Feldberg und Blatt 9 Schluchsee – Wutachtal.

Streckenvariante 1

Rundtour um den Schluchsee
Länge: 24 km, Anstieg: 170 m.
Strecke: Von Schluchsee nach Unteraha s. obige Beschreibung bis zur Angabe »18 km«. An der Wegkreuzung unmittelbar nach der Bahnunterführung halten Sie sich geradeaus und steigen im Wald 1,5 km weit recht steil an, ehe Sie nach einer bequemen Abfahrt die B 500 queren und einen Campingplatz sowie die ersten Häuser von Schluchsee passieren. Sie unterqueren die B 500 erneut, steigen zur Ortsmitte von Schluchsee leicht an und kehren zu Ihrem Ausgangspunkt zurück.

Streckenvariante 2

Verlängerung der Tour bis Freiburg
Gesamte Länge: 66 km; Abstieg erhöht sich auf 1640 m.
Strecke: Der obigen Beschreibung bis zur Angabe »55,5 km« kurz vor Kirchzarten folgen. Anstatt an der Straßengabelung nach Kirchzarten zu fahren, halten Sie sich links und folgen der Straße entlang der Bahnlinie nach Bruckmühle, biegen links ab nach Kappel (60 km), fahren am Fuß des Talhangs entlang und durch Littenweiler (62 km) zum Bhf. Wiehre in Freiburg.
Anfahrt zum Bhf. Wiehre s. Tour 29. Mit der Bahn nach Schluchsee.

Hinterzarten, einer der beliebtesten Ferienorte im Schwarzwald, entwickelte sich in einem weiten Hochtal.

31 Zum Titisee, dem größten Natursee des Schwarzwalds

Hinterzarten – Alpersbach – Rinken – Titisee – Hinterzarten

Tourencharakter: Langgezogener, streckenweise steiler Anstieg; hauptsächlich auf schmalen Straßen durch reizvolle Schwarzwaldlandschaft, vorbei an alten Gehöften.

Länge der Tour: 31 km.

Eines der Zentren des Fremdenverkehrs ist – dank seiner Lage im Feldberggebiet – Hinterzarten, ein Kurort, der mehr Gästebetten als Einwohner hat und in dem manche der Hotels auf eine lange Tradition als Beherbergungsstätten an der alten Durchgangsstraße durch das Höllental zurückblicken können. Hier wurden nach dem beschwerlichen Wegstück durch das Höllental Pferde gewechselt und Pausen eingelegt. Denn hier weitet sich das Tal zu einem flachen Hochtal, dem Hinterzartener Becken. Vom Feldberg herabfließende Gletscher hatten die bei der Anhebung des Schwarzwalds in einer Bruchzone entstandene Senke mit Schotter aufgefüllt und abgedämmt, so daß sich ein See bildete, aus dem mit der Zeit durch Verlandung ein Moor entstand. Bis zu 3 m mächtig sind die Torfschichten des größten erhaltenen Moorgebiets im Schwarzwald, das unter Naturschutz steht.

Das weite Hochtal mit seinem milden Klima bot sich zur Besiedlung an, so daß einige der verstreut liegenden Gehöfte auf das 15. Jh. zurückgehen. Ackerbau war hier zwar möglich, doch da die aufgeschotterten Böden nicht sehr ertragreich waren, wurde auch Viehzucht betrieben. An diese Form der Landwirtschaft wurde das Haus angepaßt, so daß sich hier ein ganz eigener Haustyp entwickelte: das Zartener Haus. Gegen die Wetterseite, die Westseite, ist das Haus mit einem tief herabgezogenen Walmdach geschützt, während auf der Ostseite das kürzere Walmdach weit vorragt, so daß die Erntewagen untergestellt werden können. Zur Versorgung des Viehs im Sommer legten einige Bauern weit oberhalb der Höfe kleinere Häuser an, »berghiesli«, in denen während des Sommers die Weidetiere untergebracht wurden und wo es auch eine kleine Wohnung für den Taglöhner gab. Diese Berghäusle haben sich häufig vom Haupthof abgelöst und wurden zu einem selbständigen Hof. Die ehemalige Zugehörigkeit ist dann nur noch am Namen zu erkennen. So gehörte z. B. die Urbanshütte am Rinken, die auf der Radtour passiert wird, zum Urbanshof in Alpersbach.

Ein anderer Touristenmagnet im Feldberggebiet ist der Titisee, der größte Natursee im Schwarzwald. Entstanden ist er, wie der jetzt zusätzlich noch aufgestaute Schluchsee auch, nach dem Abschmelzen der Eiskappe auf dem Feldberg in einem ausgehöhlten Gletscherbecken.

Streckenbeschreibung

Vom Parkplatz am Bahnhof in *Hinterzarten* wenden Sie sich in die Ortsmitte und folgen der Markierung »Drei-Seen-Radweg« in der Rathausstraße nach rechts. Unmittelbar vor einer Eisenbahnunterführung biegen Sie nach links in die Alpersbacher Straße ab, die zunächst zwischen Wohnhäusern, dann im Wald stellenweise recht steil ansteigt. Die schmale Straße windet sich durch Wald, über Lichtungen und an den Gehöften von *Windeck* vorbei (2 km). Wenig später bietet sich nach rechts ein Blick in das tief eingeschnittene, felsige Höllental. Sie passieren die wenigen Gehöfte von *Bisten* (3 km) und erreichen *Alpersbach*, wo Sie sich an einer Straßengabelung (6,5 km) scharf nach links wenden.

Auf der steil ansteigenden Rinkenstraße passieren Sie eine linker Hand gelegene Lichtung mit der Urbanshütte und gelangen auf der nun merklich flacher ansteigenden Straße zum *Rinken* (10,5 km). Gegenüber den beiden Gasthöfen erhebt sich das Feldbergmassiv, das aus den drei kahlen Kuppen Seebuck (1448 m), Baldenweger Buck (1462 m) und dem eigentlichen Feldberggipfel (1495 m) besteht.

Das Sträßchen endet bei einem Wanderparkplatz. Hier biegen Sie nach links auf die Seewaldstraße ab. An den folgenden drei Gabelungen wenden Sie sich jeweils nach links (Ww. Bärental). Leicht bergab fahrend, erreichen Sie kurz nach der Rufenhütte den Rufenholzplatz, eine Wegkreuzung (14 km). Hier fahren Sie auf einem Kiesweg nach rechts bergab (Ww. Raimartihof), passieren die Abzweigung zum Raimartihof, kreuzen einen breiten Wanderweg sowie einen Abfluß des Feldsees, der mit weiteren Abflüssen des Feldbergmassivs den Seebach bildet. Kurz darauf mündet der Fahrweg in einen breiten Schotterweg (16,5 km) ein, dem Sie nun steiler bergab nach links folgen, parallel zum Seebach. An einem Parkplatz auf der Talsohle (18,5 km) geht der Schotterweg in ein asphaltiertes Sträßchen über, das sich kurz darauf gabelt. Sie halten sich auf dem Seebachweg nach links und erreichen die Straße Bärental – Titisee (21 km).

Auf der Straße fahren Sie nach links, im Seebachtal talabwärts, passieren einen Gasthof sowie schöne Einzelhöfe, die zum Ortsteil Bruderhalde gehören. In dem nun breiter werdenden Wiesental gabelt sich die Straße (23 km). Hier stoßen Sie wieder auf die Markierung des Drei-Seen-Radwegs, der Sie geradeaus folgen, vorbei am Gasthof Heizmannshof (23,5 km) und an der Jugendherberge. Oberhalb des Sees fahren Sie nach *Titisee* hinein und biegen kurz nach dem zu Ihrer Rechten gelegenen Kurpark von der Durchgangsstraße nach links in die Alte Poststraße ein (26,5 km), die leicht bergauf zur Kirche führt (Radmarkierung).

Unmittelbar vor einer Eisenbahnunterführung wenden Sie sich nach links und folgen einem Sträßchen zum Südufer des Eisweihers, steigen am Hang einige hundert Meter weit an und stoßen am Jockelishof (28,5 km) oberhalb des Hinterzartener Bekkens, einem unter Naturschutz stehenden Feuchtgebiet, auf ein Sträßchen, auf dem Sie zum Bahnhof in *Hinterzarten* gelangen.

Nützliche Informationen

Ausgangsort: Hinterzarten (2100 E.), heilklimatischer Kurort im Hochschwarzwald, bekannter Wintersportort. JH.
Anfahrt: Station an der Bahnlinie Freiburg – Donaueschingen. PKW: A 5, Karlsruhe – Basel, Ausfahrt Freiburg-Mitte; auf der B 31 über Freiburg und Kirchzarten nach

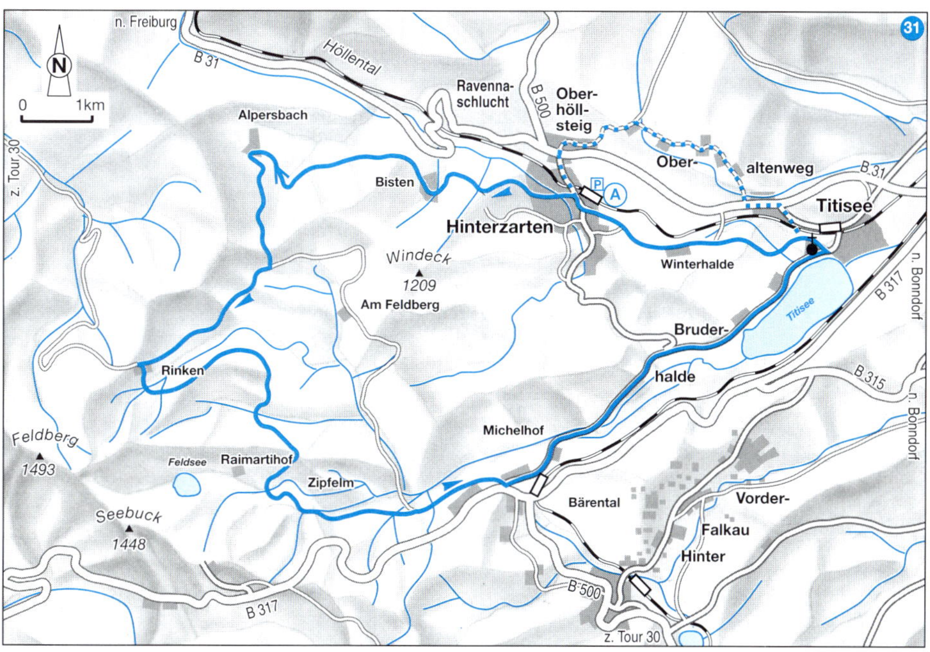

»Größter Natursee des Schwarzwalds« kann sich der Titisee nennen, der zwar flächenmäßig kleiner ist als der Schluchsee, aber nicht wie dieser aufgestaut wurde.

Hinterzarten; Parkplatz am Bahnhof.
Höhen: AP=EP 890 m; HP 1200 m; Anstieg 450 m.
Etappen: Hinterzarten – Rinken 10,5 km – Seebachtal (Parkplatz) 8 km (18,5 km) – Titisee 8,5 km (27 km) – Hinterzarten 4 km (31 km).
Unterkunft/Einkehr unterwegs: In Alpersbach (5 und 5,5 km); am Rinken (RT Mi., 10,5 km); Löffelschmiede (RT Mo., 21,5 km); Heizmannshof (RT Di. und Mi. bis 14 Uhr, 23,5 km); mehrere Gasthöfe in Titisee; JH Veltishof am Titisee.
Bademöglichkeit: Freibad am Titisee.
Sehens- und Wissenswertes: • *Wallfahrtskirche Maria in der Zarten* in Hinterzarten, 1148 geweiht; aus dieser Zeit nur der untere Teil des Turms erhalten; barockes Oktogon mit Zwiebelhaube.
Fahrradverleih: In der Kurverwaltung, Tel. (07652) 120642 und am Bhf., Tel. (07652) 331.
Auskunft: Tourist-Information, 79856 Hinterzarten, Tel. (07652) 120642.
Karte: TK 1:50000, Blatt 6 Kaiserstuhl – Freiburg – Feldberg.

Streckenvariante

Verlängerung über Oberaltenweg

Gesamtlänge: 33 km; Anstieg 450 m; reizvolle Streckenvariante aufgrund der schönen Höfe.

Strecke: Sie folgen der obigen Beschreibung bis zur Angabe »26,5 km«. Statt in die Alte Poststraße einzubiegen, bleiben Sie auf der Durchgangsstraße, passieren das Ortszentrum von Titisee, folgen nach links der Seestraße, dann der Neustädter Straße und unterqueren die B 31, Freiburg – Titisee-Neustadt. Kurz vor der Einmündung in die B 31 biegen Sie nach rechts ab in Richtung Oberaltenweg und steigen am Hang auf einem Sträßchen an, das an den stattlichen Höfen von Oberaltenweg vorbeiführt. Auf einem querlaufenden Sträßchen wenden Sie sich nach links, biegen aber an einem Gehöft mit aufgesetztem Glockentürmchen nach rechts, kurz darauf wieder nach links ab und erreichen Oberhöllsteig. 25 m nach einem Linksknick der Straße wenden Sie sich nach rechts und folgen einem Rad- und Fußweg zur B 500, der Sie nach links bergab folgen und durch Hinterzarten hindurch zum Bahnhof gelangen.

32 Durch die Täler um Neustadt

Neustadt – Jostal – Waldau – Hochberg – Langenordnachtal – Neustadt

Tourencharakter: Landschaftlich äußerst reizvolle Tour mit einem langgezogenen Anstieg; vorwiegend auf schwach befahrenen Straßen.

Länge der Tour: 28 km.

Die Heimat der Schwarzwalduhr, das ist die Gegend zwischen Neustadt, Triberg und St. Georgen, wurde Mitte des 18. Jh. zu einem Uhrmacherzentrum. Begonnen hatte diese Entwicklung mit der Vorliebe mancher Schwarzwaldbewohner, an langen Winterabenden zu tüfteln und zu basteln. Gegen Ende des 17. Jh. soll es gewesen sein, daß es einem Bauern aus Waldau gelang, eine Uhr ganz aus Holz zu schnitzen. Als Anregung hat ihm – so wird angenommen – eine eiserne Standuhr gedient, die Händler auf dem

»Wiederkehr« wird die Einfahrt genannt, durch die der mit Heu beladene Wagen von der Bergseite her mittels einer Rampe oder Brücke direkt in den Dachraum einfahren kann.

Handelsweg, der durch das Turnergebiet bei Waldau führte und auf dem im 17. Jh. bereits reger Handelsverkehr herrschte, nach Waldau brachten. Auch zwei weitere Bauern in der Gegend um St. Peter und St. Georgen sollen sich erfolgreich an Holzuhren versucht haben. Da sie als Hofbauern aber ihr Einkommen hatten, wurde diese Erfindung nicht weiter verfolgt, geriet in Vergessenheit, bis die Idee 30 Jahre später wieder aufgegriffen wurde. Dieses Mal jedoch nicht von wohlhabenden Bauern, sondern von Kleinbauern und Taglöhnern, die sich von der Herstellung von Uhren ein Zubrot versprachen. Franz Ketterer aus Schönwald – zwischen Triberg und Furtwangen gelegen – und Simon Dilger aus Urach wurden zu den Begründern des Uhrengewerbes. Sie lernten wiederum andere Taglöhnersöhne an, so daß sich die Uhrmacherei bis in die entlegensten Siedlungen und Höfe verbreitete. Dies hatte langfristig Auswirkungen auf die Sozialstruktur, waren doch durch diese Einnahmen nun auch Kleinbauern und Taglöhner in der Lage, Höfe zu bauen. Sie waren kleiner als die der Großbauern, denn Landwirtschaft betrieben sie nur noch, um ihr Gewerbe abzusichern.

Je mehr Personen sich jedoch mit der Herstellung von Uhren befaßten, desto größer wurde die Konkurrenz, desto stärker der Zwang, technische Neuerungen zu ersinnen, präzisere Uhrwerke zu entwerfen, indem die Zahnräder aus Metall hergestellt wurden, neue, verkaufsfördernde Ideen zu entwickeln. Und so entstand um 1730 der Verkaufsschlager: die Kuckucksuhr. Sie fand solch reißenden Absatz, daß die Uhrmacher damit begannen, einzelne Teile der Uhr nicht mehr selbst zu fertigen, sondern sie von Zulieferern herstellen zu lassen. Auf diese Weise entwickelten sich eine Reihe ganz neuer Berufe: die Gestellmacher, die sich nur mit dem Gehäuse beschäftigten, die Zifferblattmacher, die Schildmaler, die Uhrenschnitzer. Auch den zeitaufwendigen Vertrieb konnten die Uhrmacher nicht mehr selbst übernehmen, und so entstand im Jahr 1740 ein erster Handels- und Umschlagplatz für Uhren in Margrutt, in der Nähe von Eisenbach. Später übernahmen die Uhrenhändler-Kolonien im Ausland diese Aufgabe, und so kam es, daß um 1800 über 2200 Menschen im Uhrengewerbe tätig waren, davon 900 als Händler.

Streckenbeschreibung

Vom Parkplatz am Freibad in *Neustadt* fahren Sie in der Gutachstraße in Richtung Titisee, stoßen im Ortsteil *Hölzlebruck* auf die Freiburger Straße, die frühere Durchgangsstraße (1 km), der Sie wenige hundert Meter nach links folgen und dann in Richtung Jostal nach rechts abbiegen. Sie folgen nun der verkehrsarmen Straße im flachen Jostal, einem Wiesental, nahezu stetig leicht bergauf. Im Jostal und den kleinen Seitentälern sind weit verstreut liegende zahlreiche Einzelhöfe zu sehen, eine Siedlungsform, die als Zinken bezeichnet wird. Zunächst passieren Sie die Höfe von *Jostal*, steigen in *Oberjostal* steiler an (7 km) und gelangen am Talschluß nach einigen hundert Metern steilen Anstiegs am *Gasthaus Schweizerhof* an die B 500 Hinterzarten – Furtwangen (9 km), die hier auf einem flachen Bergkamm verläuft.

Der stark befahrenen Bundesstraße folgen Sie nach rechts leicht bergab, biegen nach knapp einem Kilometer wieder nach rechts ab in Richtung Langenordnach und erreichen das im oberen Bereich des Langenordnachtals gelegene *Waldau* (11 km). Unmittelbar nach der Kirche folgen Sie nach links der Straße Obertal und steigen, vorbei an den Einzelhöfen von Obertal, auf einer schmalen, kurvenreichen Straße steil an zu einer Wegkreuzung (14 km) auf dem Kamm eines bewaldeten Bergrückens. Sie fahren auf der Kammhöhe nach rechts zunächst weiter leicht bergan zum mit 1128 m höchsten Punkt der Tour (15,5 km), dann bequem bergab nach *Hochberg* (16 km).

Vorbei am Gasthof Engel, entlang des Waldrands, später im Wald, folgen Sie einem breiten Kiesweg zu einer ausgedehnten Lichtung mit den Höfen *Vorder- und Hinter-Margrutt* (18,5 km). Hier steigen Sie auf der von Mittelschollach heraufführenden Straße nach rechts einige hundert Meter im Wald an und fahren dann bequem – mit Blick auf den Titisee und das Feldbergmassiv –, stellenweise auch recht steil ab, ehe Sie nach

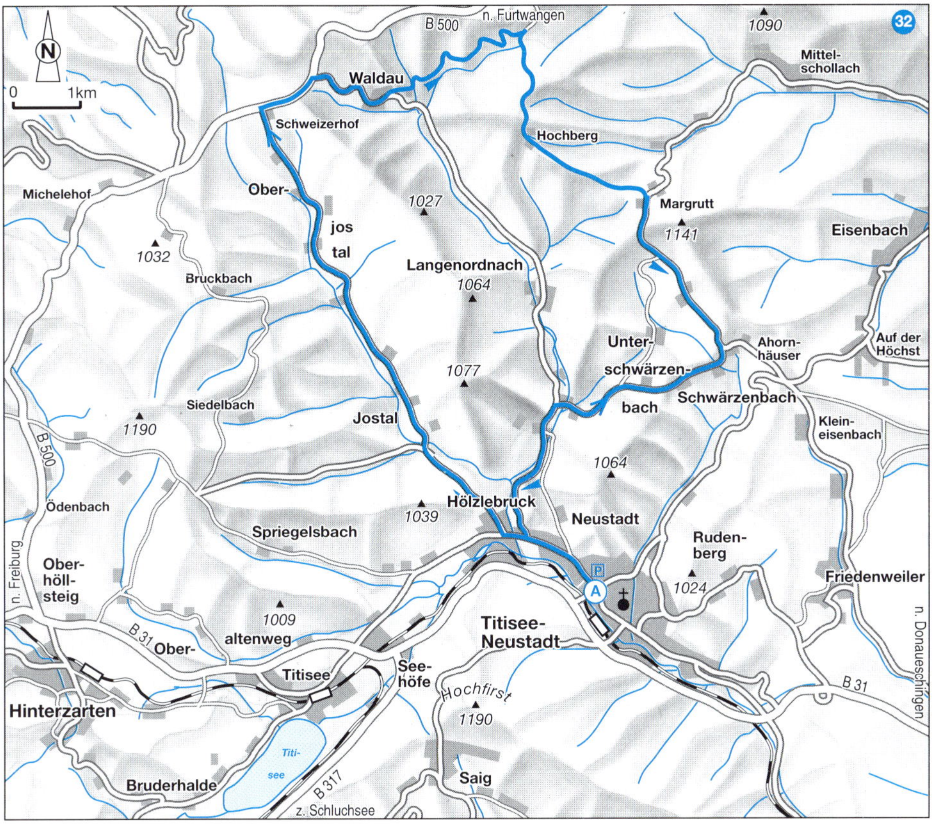

leichtem Auf und Ab an eine Straßengabelung gelangen (21,5 km).

Sie halten sich nach rechts bergab, passieren das Gasthaus Ahornhof und folgen der schmalen Straße nach rechts steil bergab, vorbei an den Einzelhöfen von *Unterschwärzenbach*, zur Straße, die im Langenordnachtal verläuft (24 km).

Nach links folgen Sie der etwas breiteren Straße talabwärts nach *Hölzlebruck*, wo Sie auf die frühere Durchgangsstraße Neustadt – Titisee stoßen (26,5 km). Sie halten sich 30 m nach rechts, biegen in die Gutachstraße ein und gelangen zu Ihrem Ausgangspunkt zurück.

Nützliche Informationen

Ausgangsort: Neustadt (8700 E.), heilklimatischer Kurort im Hochschwarzwald. JH Rudenberg.

Anfahrt: Station an der Bahnlinie Freiburg – Donaueschingen. PKW: A 5, Karlsruhe – Basel, Ausfahrt Freiburg-Mitte; auf der B 31 bis zur Ausfahrt Neustadt-West; am Ortsbeginn von Neustadt der Ausschilderung »Sportzentrum« folgen. Parken entlang der Straße am Freibad.

Höhen: AP = EP 830 m; HP 1128 m; Anstieg 420 m.

Etappen: Neustadt – Schweizerhof (B 500) 9 km – Hochberg 7 km (16 km) – Ahornhof 5,5 km (21,5 km) – Neustadt 6,5 km (28 km).

Einkehr unterwegs: Im Jostal (4,5 km und 6,5 km); an der B 500 Gasthof Schweizerhof (RT Mo., 9 km); in Waldau (11 km); in Hochberg Gasthof Engel (alter Gasthof mit Ausblick, RT Mi., 16 km); Gasthof Ahorn (alter Hof, RT Do., 21,5 km); Gasthaus Löwen an der Straße nach Langenordnach (RT Mo., 24 km).

Bademöglichkeit: Freibad in Neustadt.

Sehens- und Wissenswertes: • *Heimatmuseum* in Neustadt, Scheuerlenstr., geöffnet

Die Einzelhöfe, wie hier im Jostal, sind meist von einer Reihe kleinerer Gebäude umgeben: Backhaus, Altenteil, Speicher.

15.5. bis 30.9. Mo.–Fr. 14–17 Uhr, Sa. 10–12 Uhr, vom 1.10. bis 14.5. Do. 14–17 Uhr, So. 10–12 Uhr.
Fahrradverleih: Bhf. Neustadt, Tel. (07651) 1415.
Auskunft: Tourist-Information, Strandbadstr. 4, 79822 Titisee-Neustadt, Tel. (07651) 20 62 50.
Karte: TK 1:50 000, Blatt 7 Triberg – Donaueschingen.

33 St. Blasien und Schluchsee – beliebte Ausflugsziele

St. Blasien – Menzenschwand – Äule – Aha am Schluchsee – Eisenbreche – Blasiwald – Häusern – St. Blasien

Tourencharakter: Schwere Rundtour mit zwei steilen Anstiegen und steiler Abfahrt; durch typische Schwarzwaldlandschaft mit schönen Ausblicken; je zur Hälfte auf schwach befahrenen Straßen und Forstwegen.
Länge der Tour: 37 km.

Ein beliebtes Ausflugsziel im südlichen Schwarzwald ist St. Blasien mit dem ehemaligen Benediktinerkloster, dessen Dom (1783) mit einer Höhe von 64 m und einer Spannweite von 32 m die drittgrößte Kuppelkirche Europas ist. Heute unvorstellbar, daß mutige Mönche, die sich im 8./9. Jh. hier im unzugänglichen Albtal niederließen, nur Wald und Wildnis vorfanden. Sie erbauten eine Einsiedelei, aus der im Jahr 1065 das Benediktinerkloster hervorging, begannen zu roden und das Tal urbar zu machen. Durch Landschenkungen von adligen Familien wurde das Kloster zum größten Grundherrn im südlichen Schwarzwald und hatte eine wirtschaftliche Vorrangstellung, die auch durch die Erträge aus dem Silberbergbau und der Glasherstellung bedingt war.

In den ausgedehnten Waldungen des Klosters wurde vermutlich schon im 12./13. Jh. in Blasiwald eine Glashütte eingerichtet, denn Holz in großen Mengen war eine wichtige Voraussetzung für die Herstellung von Glas, dessen wesentliche Bestandteile Quarzsand, Soda, Kalk und Pottasche sind. Pottasche aber wurde durch Verbrennen

von Holz gewonnen. Solch gewaltige Mengen wurden von den Glashütten dafür benötigt, daß diese ihre Produktionsstätten nach etwa 60–70 Jahren jeweils an neue Standorte verlegen mußten, wo es noch genügend Holz gab. So »wanderte« auch die Glashütte von Blasiwald im Jahr 1716 in das noch holzreiche Gebiet am Westende des Schluchsees. Dort wurde gerodet, und es entstand eine kleine Au, das Äule, auf der 10 Glasmeister ihre Werksiedlung anlegten und wo die Abtei St. Blasien die kleine St.-Johannes-Kapelle (1786) bauen ließ.

Streckenbeschreibung

Vom Parkplatz in *St. Blasien* fahren Sie auf einem Radweg (Markierung: R8) neben der Umgehungsstraße talaufwärts, unterqueren die Umgehungsstraße und folgen der Alb zu einem Sportgelände (1 km).

Obwohl der markierte Wanderweg weiter entlang der Alb verläuft, sollten Sie im Interesse der Fußgänger hier einen Umweg von ca. 500 m auf sich nehmen, denn der Weg wird stellenweise so schmal – rechts die Alb, links eine Felswand –, daß schon Fußgänger

Mühe haben, sich gegenseitig auszuweichen. Biegen Sie deshalb auf Höhe des Sportgeländes nach links auf einen Kiesweg ab, der am bewaldeten Hang entlang eines Bächleins zu einer Hütte (2,5 km) ansteigt. Dort wenden Sie sich nach rechts bergab und stoßen bei der *Glashofsäge* (3,5 km) wieder auf den Talweg, auf dem Sie zwischen Gebäuden des Sägewerks hindurchfahren. Wenige Meter vor der Straße St. Blasien – Bernau biegen Sie links ab auf den Klusenweg (Radmarkierung), der zu einer Wegkreuzung und einem Grillplatz führt (gut 5 km). Sie halten sich rechts, überqueren wenig später die Straße und folgen nun der Menzenschwander Alb talaufwärts – Abzweigungen lassen Sie unbeachtet – nach *Vorderdorf* (8,5 km), einem Ortsteil der Gemeinde Menzenschwand.

Sie folgen der Hauptstraße bergauf, halten sich an einer Straßengabelung nach rechts in Richtung Feldberg (Radmarkierung) und fahren steil auf zu einer Straße, die vom Ortsteil Hinterdorf am Hang hinaufführt. Auf dieser Straße steigen Sie weiter recht steil an zu der ausgebauten Straße St. Blasien – Schluchsee (10,5 km), der Sie, ohne Schatten, zum *Äulener Kreuz* folgen (knapp 13 km), dem mit 1138 m höchsten Punkt der Tour.

Auf der folgenden Abfahrt passieren Sie einen Grillplatz (14 km), kurz danach die wenigen Höfe von *Äule,* dann von *Aha* (16 km) und einen Parkplatz. 300 m nach diesem Parkplatz biegen Sie scharf nach rechts auf einen Kiesweg ab (17,5 km), der zum Ufer des *Schluchsees* hinunterführt.

Diesem bequemen, schattigen Weg folgen Sie entlang des Seeufers, passieren den *Gasthof Unterkrummenhof* (21 km) und halten sich an einer Weggabelung (24 km) nach rechts (Ww. Hotel Blasiwälder Hof/Gasthaus Eisenbreche). Durch Wald leicht bergab gelangen Sie zum Weiler *Eisenbreche* (25,5 km).

An der Straßenkreuzung steigen Sie nach rechts sehr steil an, passieren eine ausgedehnte Lichtung im Tal des Habsmoosbächles mit dem Ort Sommerseite am Südhang und dem Ort Winterseite am Nordhang und halten sich an einer Straßengabelung nach links (27 km). Kurz darauf fahren Sie in leichtem Auf und Ab zwischen den Höfen von *Blasiwald, Ortsteil Straß,* hindurch und gelangen zu den alten Höfen von *Althütte* (29 km). Nach einigen hundert Metern halten Sie sich an einer Wegkreuzung nach links (Ww. Häusern), steigen noch kurzzeitig leicht an und erreichen den mit etwa 1110 m höchsten Punkt dieses Streckenabschnitts (29,5 km).

Nach einer zunächst sanften Abfahrt stoßen Sie auf eine Lichtung (31 km) mit einer Weggabelung. Sie halten sich nach rechts und folgen dem Glaserkopfweg zu einem breiten Kiesweg, auf dem Sie nach links zum Waldrand, kurz danach zum Ortsrand von *Häusern* gelangen (32,5 km).

Im Ort folgen Sie der B 500 nach rechts

Ursprünglich waren die übergroßen Dächer der Schwarzwaldhöfe mit Stroh oder Holzschindeln gedeckt.

und halten sich nach wenigen Metern wiederum nach rechts in Richtung St. Blasien. Diese breite, stark befahrene Straße führt recht steil bergab in das Albtal. Am Ortsrand von *St. Blasien* (35,5 km) verlassen Sie diese Straße nach rechts und steigen auf der Hauptstraße leicht an zur Ortsmitte (36,5 km) mit dem Kloster. Nach dem Kloster biegen Sie links ab in die Todtmooser Straße und folgen der ersten rechts abzweigenden Straße zu Ihrem Parkplatz.

Nützliche Informationen

Ausgangsort: St. Blasien, heilklimatischer Kurort (4200 E.) im Tal der Alb.
Anfahrt: PKW: A 5, Karlsruhe – Basel, Ausfahrt Freiburg-Mitte. Auf der B 31 zum Titisee; auf der B 500 nach St. Blasien.
Höhen: AP = EP 790 m; HP 1138 m; Anstieg 640 m.
Etappen: St. Blasien – Menzenschwand 8,5 km – Aha 7,5 km (16 km) – Eisenbreche 9,5 km (25,5 km) – Häusern 7 km (32,5 km) – St. Blasien 4,5 km (37 km).
Unterkunft/Einkehr unterwegs: In Menzenschwand, Äule, im Unterkrummenhof am Schluchsee (RT Mo.), in Eisenbreche, Sommerseite, Blasiwald-Althütte (RT Di.), Häusern; JH in Menzenschwand.
Grillplätze: Im Albtal zwischen St. Blasien und Menzenschwand (5 km); vor Äule (14 km); vor Häusern (32 km).
Bademöglichkeiten: Freibad in St. Blasien; im Schluchsee; Freibad in Häusern.
Sehens- und Wissenswertes: • *Dom* in St. Blasien, geöffnet 1.5. bis 30.9. 8–18.30 Uhr, 1.10. bis 30.4. 8–17.30 Uhr, Besichti-

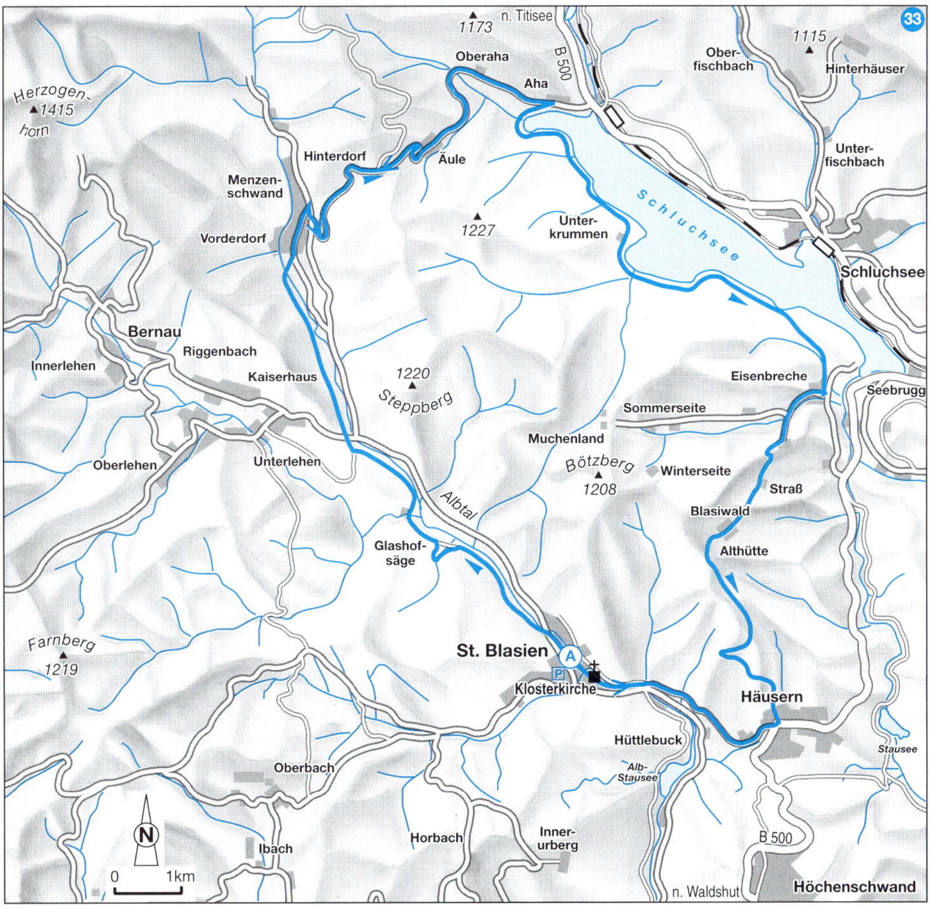

Der Schluchsee, ein beliebtes Ausflugsziel für Wassersportler und (Rad-)Wanderer, die den See auf gut ausgebauten Wegen umrunden können.

gungen außerhalb der Gottesdienstzeiten.
- *Menzenschwand,* in einem sonnigen Hochtal am Südhang des Feldbergs gelegener Luftkurort, geriet in den 50er Jahren in die Schlagzeilen, als im Feldberggebiet Uran gefunden wurde; die Pläne zum Abbau wurden in den 80er Jahren aufgegeben.
- *Aha,* verschindelte Hofkapelle (1745) beim Hinterbauernhof, hübsche Ausmalung.

Fahrradverleih: Firma Mutter, St. Blasien, Im Frongarten 10, Tel. (07672) 1537.
Auskunft: Kurverwaltung St. Blasien, Am Kurgarten, 79837 St. Blasien, Tel. (07672) 41430.
Karte: TK 1:50000, Blatt 9 Schluchsee – Wutachtal.

34 Durch das Steinatal

Roggenbach im Steinatal – NSG Schlüchtsee – Rothaus – Sommerau – Steinatal

Tourencharakter: Landschaftlich reizvolle Rundtour durch bewaldete Täler; langgezogener Anstieg vom Steinatal zur Hochfläche; auf Waldwegen und verkehrsarmen Sträßchen.
Länge der Tour: 22 km.

Vom tief eingeschnittenen, bewaldeten Steinatal führt die Radstrecke zunächst bergauf nach Grafenhausen, das auf der sogenann-

Bei Sommerau entspringt die Steina, die eines der engen Täler des südlichen Schwarzwalds eingekerbt hat.

ten Ostabdachung des Schwarzwalds liegt, was bedeutet, daß die im Südosten abgekippten Schichten des Deckgebirges hier bereits flach in Richtung Osten auslaufen. Gipfel gibt es hier also nicht mehr zu bezwingen, weshalb wohl auch der Touristenstrom, im Vergleich zu der Feldbergregion, geringer ist. Trotzdem kann die Hochfläche als klimatisch begünstigt bezeichnet werden – es regnet vergleichsweise wenig, und Nebel ist recht selten – und es gibt auch hier einige Attraktionen, so den idyllischen Schlüchtsee, ein idealer, kleiner Badesee, und das Heimatmuseum »Hüsli«, Millionen von Fernsehzuschauern bekannt als das Wohnhaus von Dr. Brinkmann in der Serie »Schwarzwaldklinik«.

Von der gegliederten Hochfläche führt die Strecke durch Wald hinunter zu den wenigen Häusern von Sommerau, die im Quellgebiet der Steina liegen. Diesem Flüßlein folgt man durch das enge Tal bergab, das kaum besiedelt ist; nur einige ehemalige Sägen und Mühlen liegen in diesem Landschaftsschutzgebiet.

Streckenbeschreibung

Vom Parkplatz am *Gasthaus Roggenbacher* überqueren Sie die Straße Bonndorf – Waldshut und folgen dem links des Gasthauses vorbeiführenden Fahrweg auf der Sohle des engen Erlenbachtales aufwärts. Sie passieren eine Sägemühle und überqueren den Erlenbach (1 km). Der Trestenbachweg steigt im Wald recht steil an, kreuzt den Wasenweg und erreicht die Rombachhütte (3 km). Auf dem jetzt sanfter ansteigenden Weg fahren Sie geradeaus weiter (Ww. Grafenhausen) und erreichen auf seiner Fortsetzung, dem Feldermoosweg, die im Tal der Schlücht verlaufende Straße Ühlingen – Grafenhausen (4,5 km), auf der Sie einige hundert Meter weit nach rechts in Richtung Grafenhausen ansteigen. Kurz vor dem Ort biegen Sie an einem Feldkreuz (5 km) nach

Rast- und Grillplätze laden immer wieder zu einer Pause ein.

rechts auf ein Sträßchen ab (Ww. Schlüchtsee), dem Sie, mit Blick auf das auf einer Hochfläche gelegenen Grafenhausen, leicht bergauf folgen. An einer Straßengabelung (7 km) biegen Sie nach links ab und erreichen kurz darauf den *Schlüchtsee*. Wenn Sie baden möchten, wenden Sie sich auf Höhe des stattlichen Schlüchtseehofs nach rechts zu einem Badeplatz.

Das Sträßchen, der sogenannte Schlüchtseeweg, führt am Südufer des malerisch im Wald gelegenen Sees vorbei und steigt entlang des Waldrands an zur Straße Grafenhausen – Rothaus (8,5 km), auf der Sie nach rechts weiterfahren. Schon nach 50 m zweigt rechts ein Fahrweg zum Heimatmuseum »Hüsli« ab (Abstecher hin und zurück 300 m).

Sie kreuzen vor der Badischen Staatsbrauerei Rothaus, die 1792 von St. Blasien aus gegründet wurde und die höchstgelegene Brauerei Deutschlands ist (940 m), die Straße Bonndorf – Schluchsee (9 km), fahren geradeaus zwischen einem Hotel und den Brauereigebäuden hindurch und folgen der im Wald leicht ansteigenden Straße Rothaus – Faulenfürst nach rechts. Nach 500 m biegen Sie am Waldrand auf einen rechts abzweigenden Kiesweg ein (Radmarkierung), auf dem Sie leicht ansteigen zu einer Weggabelung (10,5 km) an dem mit 1020 m höchsten Punkt der Tour. Sie fahren nach rechts (Radmarkierung) auf dem schnurgeraden, leicht fallenden Hardtackerweg zu einer querlaufenden Schotterstraße (12 km) mit der *Ebersbacher Hütte*, einer Schutzhütte und Grillstelle.

Sie halten sich nach links bergab, wo alsbald der Asphaltbelag beginnt, passieren ein großes Gehöft und gelangen auf dem Sträßchen zum *Gasthof Sommerau* im Tal der Steina (14 km). Entlang der Steina führt ein schmales, schattiges Sträßchen talabwärts, vorbei an der Pension Walkenmühle (17,5 km), zur Straße Bonndorf – Rothaus (18,5 km). Linker Hand liegt das Hotel-Restaurant Steinasäge.

Sie wenden sich talabwärts, biegen nach wenigen Metern links ab auf die Straße in Richtung Waldshut und fahren im bewaldeten Tal der Steina, vorbei an einem Grill- und Spielplatz links der Straße (20 km) sowie

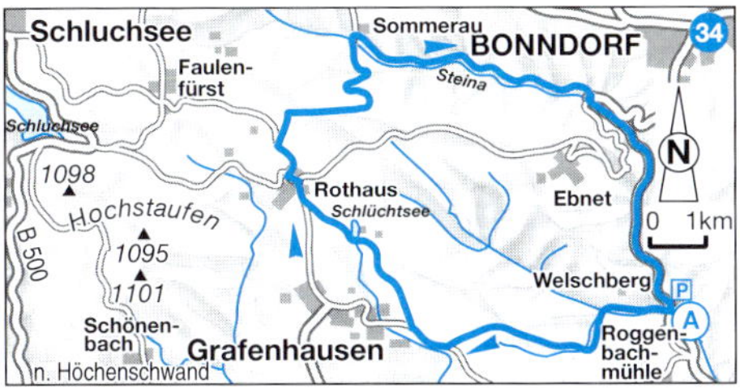

der stillgelegten Wellendinger Säge, bequem zurück zu Ihrem Ausgangspunkt.

Nützliche Informationen

Ausgangsort: Roggenbach im Steinatal (zum Luftkurort Grafenhausen).
Anfahrt: PKW: A 81, Stuttgart – Singen, Ausfahrt Geisingen. Über Blumberg nach Bonndorf. Durch Bonndorf hindurch und links abbiegen in das Steinatal; 4,5 km talabwärts zum Gasthof Roggenbach. Waldparkplatz auf der gegenüberliegenden Straßenseite.
Höhen: AP = EP 670 m; HP 1020 m; Anstieg 390 m.
Etappen: Roggenbach – Rothaus 8,5 km – Sommerau 5,5 km (14 km) – Steinasäge 4,5 km (18,5 km) – Roggenbach 3,5 km (22 km).
Einkehr unterwegs: Kiosk am Schlüchtsee, Brauerei-Wirtschaft in Rothaus, in Sommerau (RT Mo. und Di.), in der Steinasäge (kurzer Abstecher, während der Saison kein RT), im Roggenbacher Gasthof.
Grillplatz: Am Schlüchtsee (7 km), an der Ebersbacher Hütte (12 km).
Bademöglichkeit: Im Schlüchtsee.
Sehens- und Wissenswertes: • *Heimatmuseum »Hüsli«* in Rothaus, ein im Jahr 1912 erbautes Ferienhaus, das mit Originalbauteilen und Gebrauchsgegenständen von alten Höfen ausgestattet wurde; geöffnet Okt. bis März Di.–Sa. 10–12 und 13.30–17 Uhr, So. 13.30–17 Uhr, April bis Sept. Di.–Sa. 9.30–12 und 13.30–17.30, So. 13.30–17.30 Uhr.
Fahrradverleih: Fahrradgeschäft Krämer-Bächle, Spiechergässle 6, Tel. (07748) 237.
Auskunft: Kurverwaltung, 79865 Grafenhausen, Tel. (07748) 52041.
Karte: TK 1:50000, Blatt 9 Schluchsee – Wutachtal.

Badevergnügen auf 900 m Höhe im idyllisch gelegenen Schlüchtsee.

35 Zu Stauferburg und Malteserschloß

Bad Krozingen – Kirchhofen – Staufen – Grunern – Ballrechten – Sulzburg – Heitersheim – Gallenweiler – Bad Krozingen

Tourencharakter: Landschaftlich reizvolle und kulturhistorisch interessante Tour durch Weinanbaugebiete und idyllische Orte im Markgräflerland; leichter Anstieg zum Gotthardhof; vorwiegend auf Sträßchen und Wirtschaftswegen.

Länge der Tour: 31 km.

Eine Tour, die es, sowohl was die kulturellen Sehenswürdigkeiten als auch die Einkehrmöglichkeiten anbetrifft, in sich hat:

Auftakt ist gleich die Glöcklehofkapelle

St. Ulrich, eine Kostbarkeit aufgrund der bedeutenden Wandmalereien (um 900). An der Chorwand der äußerlich schlichten ehemaligen Taufkapelle befindet sich eine Darstellung von Christus in der Mandorla, einer mandelförmigen Glorie, links von ihm ein Heiliger sowie Kain und Abel, rechts von ihm das Gastmahl des Herodes.

In Staufen begeistert vor allem das Stadtbild mit dem Marktplatz, dem Renaissance-Rathaus (1546) und den Barockhäusern. In der Hauptstraße fällt der Gasthof Löwen auf, an dessen Hauswand die Legende erzählt wird, wie der Doctor Faustus hier vom Teufel geholt worden sein soll. Eher zutreffend ist, daß der Alchimist beim Versuch, Gold herzustellen, durch eine Explosion getötet wurde. Eine Siedlung wurde bereits um 770 erwähnt, doch der Name der Stadt bezieht sich auf den kegelförmigen Berg, den Staufen – ein Staufen war ein Becher, und mit Staufen wurden häufig kegelförmige Berge bezeichnet, da die Form an einen umgestülpten Becher erinnert –, auf dem im 12. Jh. die Zähringer eine Burg erbauten, die nach dem Aussterben der Zähringer von den Staufern übernommen wurde. Von der im 17. Jh. verlassenen Burg sind nur noch der Bergfried sowie Mauerreste erhalten.

Sulzburg ist eine der kleinsten deutschen Städte: Mittelpunkt ist der Marktplatz mit Brunnen, barockem Rathaus, Resten des ein-

Auch das macht den Reiz des Radfahrens im Schwarzwald aus: Einkehr in einem der traditionsreichen Gasthöfe oder in einer Gartenwirtschaft wie dem Gotthardhof.

stigen Schlosses der badischen Markgrafen sowie mit der ehemaligen Stadtkirche, in der heute das Landesbergbaumuseum über die Geschichte der Bergbaustadt Sulzburg informiert. Ein kunsthistorisches Kleinod ist die Kirche St. Cyriak des ehemaligen Benediktinerinnenklosters (993): zwei Seitenschiffe sowie ein schlichtes Langschiff mit einem erhöhten Altarraum, unter dem sich eine Krypta mit gewölbter Decke befindet, die von einer einzigen Mittelsäule abgestützt wird.

Heitersheim war zwischen dem 15. und 19. Jh. Sitz des Johanniter-Malteserordens, eines von kirchlichen Instanzen unabhängigen Ritterordens, dessen erste Ordensbrüder im 11. Jh. in Jerusalem ein Hospital des hl. Johannes unterhielten, in dem sie sich um Pilger und später um Kreuzritter kümmerten. Diese Gemeinschaft, die von Jerusalem nach Rhodos und von dort nach Malta übersiedelte – daher der Beiname Malteser –, hatte Filialen in mehreren Ländern, so auch in den deutschen Landen. Die deutschen Ordensbrüder erwarben Güter in Heitersheim und erbauten dort im 16. Jh. eine gewaltige Wasserburg, die zur Residenz des Malteserordens wurde. Von dieser Burg sind heute nur Reste erhalten, so der Kanzleibau (18. Jh.) mit Torturm und Mansardendach und das restaurierte Ritterhaus, heute Museum. Andere Teile der Schloßanlage werden als Sonderschule und Behindertenwerkstätte genutzt.

Streckenbeschreibung

Vom Parkplatz am Freibad in *Bad Krozingen* biegen Sie nach rechts in den Südring ein, halten sich nach 500 m links, folgen der St.-Georg-Straße und der sich anschließenden Straße In den Mühlenmatten über das Flüßchen Neumagen und biegen unmittelbar nach dem Mühlenbach nach rechts ab. Nach wenigen Metern führt ein schmaler Weg nach links zur romanischen *Glöcklehofkapelle St. Ulrich* (gut 1 km).

Auf der Straße in Richtung Staufen halten Sie sich nach rechts, biegen nach wenigen hundert Metern auf Höhe des Gasthofs Adler links ab (Radmarkierung, Freiburg) und queren auf dieser Straße sowohl die Bahnlinie Bad Krozingen – Münstertal als auch eine Umgehungsstraße. Zwischen den großen Höfen von *Unterambringen* (3,5 km) hindurch erreichen Sie *Kirchhofen* (4 km), kreuzen die Offnadinger Straße und biegen nach 200 m leichtem Anstieg rechts ab (Radmarkierung) in die Ortsmitte des Winzerdorfs Kirchhofen.

Sie umrunden die Kirche, folgen der Lazarus-Schwendi-Straße 150 m bergab und wenden sich auf der querlaufenden Durchgangsstraße nach links (Ww. Bollschweil). Am Rathaus von *Ehrenstetten* (6 km) – der Ort ist mit Kirchhofen zu »Ehrenkirchen« zusammengewachsen – biegen Sie nach rechts in Richtung Staufen ab und fahren ab Ortsende auf einem Radweg leicht bergan. Wenige hundert Meter nach dem Friedhof (7 km) biegen Sie auf ein Sträßchen nach links ab und steigen auf den Ausläufern des Schwarzwalds zu einer Weggabelung am Waldrand an (8 km). Nach rechts gelangen Sie zu einer weiteren Gabelung, an der Sie geradeaus einem grasbewachsenen Waldweg folgen, der nach wenigen Metern rechts abknickt. Stetig leicht ansteigend, stoßen Sie auf ein Sträßchen (9,5 km), dem Sie nach links folgen. An der folgenden Gabelung halten Sie sich nach rechts zum *St. Gotthardhof*, einem Ausflugslokal mit Gartenterrasse (10 km).

Mit Blick auf die Rheinebene, den Kaiserstuhl und die Vogesen passieren Sie die wenigen Gebäude von *Bötzen* – kurz danach zweigt nach rechts ein Fußweg ab zur Ruine Staufen (Abstecher hin und zurück gut 1 km) – und gelangen nach einer bequemen Abfahrt zur Altstadt von *Staufen* (12 km), einem malerischen Städtchen am Fuß der weithin sichtbaren Ruine Staufen.

Nach Überqueren des Flüßchens Neumagen fahren Sie auf der Münstertäler Straße nach links (Radmarkierung), biegen nach 50 m rechts ab (Ww. Sulzburg) und folgen der Radmarkierung nach *Grunern* (13,5 km). Am Rathaus (14 km) biegen Sie in die Altenbergstraße ab und folgen nun der Ausschilderung »Straußwirtschaft« entlang des Ortsendes, dann in einem Weinberg steil bergauf zur *Straußwirtschaft Schleifsteinhof* (15 km). Rechts des Lokals steigen Sie auf einem Wirtschaftsweg (Ww. Bettlerpfad) zunächst

weiter steil an, fahren zum *Ziegelhof* (16,5 km) ab, an dem Sie sich nach links wenden, und gelangen nach *Ballrechten* (gut 17 km).

Nach links, vorbei an der Kirche (Ww. Markgräfler Radwanderweg), fahren Sie zwischen Weinfeldern stets geradeaus, halten sich, schon im Tal des Sulzbachs, an einer Gabelung (18 km) nach rechts und gelangen auf dem Erlenweg, durch eine Wohnsiedlung hindurch, wenig später auf der Hauptstraße in die Altstadt von *Sulzburg* (19,5 km).

Auf demselben Weg kehren Sie zum Ortsrand zurück, biegen nach links ab auf die Straße in Richtung Laufen (20,5 km) und folgen auf Höhe des Ortsschilds einem Sträßchen nach rechts. Zwischen Obstwiesen, dann zwischen Feldern verläuft dieses Sträßchen auf einem niederen Höhenrücken, kreuzt zahlreiche Querwege und mündet am Ortsbeginn von *Heitersheim* (25 km) in die Durchgangsstraße.

Sie steigen zum Malteserschloß hoch und folgen entlang der Schloßummauerung der Straße in Richtung Staufen. Nach wenigen hundert Metern, kurz nach einem Weingut, folgen Sie einer nach links abzweigenden verkehrsarmen Straße durch eine flache Senke hindurch nach *Gallenweiler* (27 km) und fahren geradeaus weiter über *Schmidhofen* (28 km) nach *Bad Krozingen.* Gleich am Ortsrand (30,5 km) folgen Sie nach links der Kastelbergstraße, anschließend dem Südring zu Ihrem Ausgangspunkt zurück.

Nützliche Informationen

Ausgangsort: Bad Krozingen, Thermalheilbad (13 000 E.) im Markgräflerland.
Anfahrt: Station an der Bahnlinie Frankfurt – Basel. PKW: A 5, Karlsruhe – Basel, Ausfahrt Bad Krozingen. Auf einer Landstraße 3 km in Richtung Bad Krozingen; links abbiegen in Richtung Schlatt und erneut nach links; vorbei an einer Kurklinik; die B 3 kreuzen und zu einem Parkplatz am Sportbad.
Höhen: AP 235 m; HP 370 m; Anstieg 340 m.
Etappen: Bad Krozingen – Kirchhofen 4 km – Staufen 8 km (12 km) – Sulzburg 7,5 km (19,5 km) – Heitersheim 5,5 km (25 km) – Bad Krozingen 6 km (31 km).
Einkehr unterwegs: In Kirchhofen (hist. Gasthaus Krone), Ehrenstetten, im Gotthardhof (Ausflugslokal mit Aussichtsterrasse, RT Mo. und Di.), in Staufen (u. a. stilvolles Gasthaus Löwen und hist. Gasthaus Krone), Ballrechten, Sulzburg (u. a. Gourmetrestaurant Hirschen), Heitersheim (u. a. Hotel Krone mit Gartenterrasse und Gewölbekeller).
Bademöglichkeiten: Mineral-Thermalbad und Sportbad in Bad Krozingen; Alemannenbad in Staufen; Naturschwimmbad in Sulzburg; Sportbad in Heitersheim.
Sehens- und Wissenswertes: • *Glöcklehofkapelle* in Bad Krozingen, sehenswerte Fresken aus dem 11. Jh., täglich geöffnet. • *Keramikmuseum* in Staufen, Wettelbrunner Str. 3, geöffnet Mi./Do./Sa./So. 15–18 Uhr. • Sulzburg: *Landesbergbaumuseum* in der ehem. Stadtkirche am Marktplatz, geöffnet täglich außer Mo. 14–17 Uhr. *Kirche St. Cyriak*, ehem. Klosterkirche aus dem Jahr 993, bewahrter mittelalterlicher Charakter, Reste der Wandmalereien. • Heitersheim: *Museum zur Geschichte des Malteserordens*, geöffnet April bis Okt. So. und feiertags 11–12, Mi. 15–17 Uhr.
Fahrradverleih: Bei der Kurverwaltung.
Auskunft: Kur- und Bäderverwaltung, Herbert-Hellmann-Allee 12, 79189 Bad Krozingen, Tel. (076 33) 40 08 63.
Karte: TK 1:50 000, Blatt 6 Kaiserstuhl – Freiburg – Feldberg.

Im Umkreis von Klöstern und Burgen entstanden im Mittelalter Städtchen wie das malerische Staufen.

Ein Kleinod romanischer Baukunst: St. Cyriak in Sulzburg.

36 Im Zentrum des Markgräflerlands

Müllheim – Badenweiler – Ober- und Niedereggenen – Schliengen – Auggen – Müllheim

Tourencharakter: Nicht ganz mühelose Rundtour vom Fuß des Schwarzwalds durch Weinanbaugebiete auf die ansteigenden Höhen; vorwiegend auf Sträßchen.

Länge der Tour: 34 km.

»Himmlische Landschaft« nannte der elsässische Dichter und Schriftsteller René Schickele (1883–1940) die Gegend um Badenweiler, wo er mehrere Jahre gelebt hatte, Johann Peter Hebel betrachtete sie als »ein Paradieslein und Mustergärtlein«, und Justinus Kerner, einst Badearzt in Bad Wildbad und Dichter, ging gar so weit, das Markgräflerland als ein »Stück Italiens auf deutschem Grund« zu bezeichnen. Auch heute noch scheinen Touristen diese Begeisterung zu teilen, denn die Zahl der Gästebetten in Badenweiler, dem Kurort im Markgräflerland, übersteigt die der Einwohner bei weitem. Wer hier »kurt«, befindet sich in bester Gesellschaft, denn im 18. Jh. galt es unter den feinen Leuten als schick, sich hier in den Thermen zu erholen. Erst 1784 waren diese durch den Markgrafen Carl-Friedrich wieder freigelegt worden, nachdem sie jahrhundertelang in Vergessenheit geraten waren. Denn, wie die Ruinen zeigen, schätzten bereits die Römer das aus dem Erdinnern austretende heiße Wasser. Angenehm warm ist auch das Klima in dieser Vorbergzone, wo ein zeitig einsetzendes Frühjahr und ein langer Herbst den Anbau von Wein auf dem fruchtbaren Lößboden ermöglichen, darunter den vorzüglichen »Gutedel«.

Streckenbeschreibung

Vom Parkplatz am Kreiskrankenhaus in *Müllheim* fahren Sie in Richtung Stadtmitte, kreuzen die Durchgangsstraße nach Badenweiler und biegen in die nächste Querstraße, die Werderstraße, links in Richtung Badenweiler ab. Am Ortsende folgen Sie auf einem Radweg der im Tal des Klemmbachs leicht ansteigenden Straße nach *Niederweiler* (2 km), fahren geradeaus durch den Ort und erreichen *Oberweiler* (3,5 km), einen Ortsteil von Badenweiler. Im Ort beschreibt die Straße einen Bogen (Ww. Kurverwaltung) und steigt recht steil an. Hier halten Sie sich weiterhin geradeaus in Richtung Schweighof und biegen nach wenigen hundert Metern – links zweigt die Straße zur imposanten Rheumaklinik der BVA ab – nach rechts ab (knapp 5 km) und folgen zwischen Wiesen einem sanft ansteigenden Kiesweg zum Ortsrand von *Badenweiler* (5 km).

Auf der steiler ansteigenden Brühlstraße passieren Sie den einstigen Bahnhof und steigen kurz danach auf der Ortsdurchgangsstraße weiter an zum Ortszentrum. Rechter Hand liegen der Kurpark mit den Ruinen der römischen Thermenanlage und das Markgrafenbad. Auf dem Schloßplatz – rechts das Kurhaus, darüber erhebt sich die Ruine Baldin – wenden Sie sich nach links und steigen auf der Blauenstraße zwischen Villen in parkähnlichen Gärten an in Richtung Sehringen, halten sich an zwei nacheinander folgenden Kreuzungen geradeaus und folgen einer Querstraße nach links (8 km) in Richtung Kandern/Sehringen. Sie fahren zwischen den einzeln stehenden Häusern von *Sehringen* (9 km) hindurch und steigen im folgenden Wald in zahlreichen Kurven an zu dem mit 540 m höchsten Punkt der Tour (11 km). Eine bequeme Abfahrt führt Sie zu einem Parkplatz an einer Straßenkreuzung (13 km), von wo sich ein schöner Ausblick auf die mit Obstbäumen und Weinstöcken bestandenen Vorberge des Schwarzwalds und die Rheinebene bietet.

Wer einen Abstecher zum schön gelegenen *Schloß Bürgeln* machen möchte, biegt hier nach links ab (Ww. Schloß Bürgeln, hin und zurück 5 km; Anstieg 220 m).

Zur Fortsetzung der Tour wenden Sie sich scharf nach rechts und fahren auf einer schmalen Straße bergab auf Schallsingen zu, biegen aber noch vor dem Ort nach links auf ein Sträßchen ab, das nach *Obereggenen* (14 km) hinunterführt.

Ein Kontrast, der nicht stört: die mittelalterliche Burgruine Badin oberhalb des modernen Kurhauses in Badenweiler.

Stets geradeaus durchfahren Sie den langgestreckten Ort und erreichen wenig später auf einem Radweg neben der Straße *Niedereggenen* (16 km). Am Ortsende passieren Sie die sehenswerte St.-Barbara-Cyriaka-Kirche und folgen einem sanft fallenden Radweg entlang der Straße, die Sie nach links verlassen (18 km, Ww. Radwanderweg Schliengen). Auf der früheren Durchgangsstraße durchfahren Sie Liel (19 km) und gelangen auf einem Radweg neben der Straße zum Ortsanfang von *Schliengen* (21 km). Auf der Straße fahren Sie weiter in Richtung Ortsmitte, biegen aber 200 m vorher rechts in Richtung Mauchen (22 km) ab.

Wenn Sie einen Blick auf das Wasserschloß Ententeich werfen möchten, fahren Sie auf der Durchgangsstraße noch 100 m weiter und biegen links in den kleinen Schloßpark ein (Abstecher hin und zurück 200 m).

Die Straße in Richtung Mauchen steigt einige Meter an und mündet in die Straße Schliengen – Mauchen (23,5 km). Diese überqueren Sie, erreichen auf einem Wirtschaftsweg, parallel zur Straße, den Ort *Mauchen* (24 km) und folgen der leicht ansteigenden Auggener Straße, die zunächst entlang des Ortsrands, dann zwischen Wiesen und Weinfeldern hindurch zu einer Wegkreuzung (26,5 km) führt. Sie fahren geradeaus auf einem Weg, der wenig später nach links (27 km) in den Winzerort *Auggen* hinunterführt und in die Oberdorfstraße einmündet, der Sie nach links bergab folgen. 200 m nach der Kirche biegen Sie rechts in die Sonnbergstraße ab, halten sich nach wenigen hundert Metern an einer Straßengabelung nach links und folgen weiterhin der Sonnbergstraße zum Ortsrand. Unmittelbar entlang der Weinberge erreichen Sie auf Höhe der wenigen Häuser von *Hach* eine Querstraße (29 km), die zur stark befahrenen B 3 führt.

Auf einem Radweg entlang der B 3 gelangen Sie nach rechts zu einer Kreuzung (31 km), an der Sie nach rechts einem Radweg folgen, der am Fuß der Straßenböschung verläuft und nach 200 m die Straße unterquert. An einer kurz darauf folgenden Stoppstelle wenden Sie sich nach rechts und folgen der Hauptstraße, die zunächst als Allee, dann als Wohnstraße durch einen ländlich wirkenden Ortsteil von *Müllheim* führt. Eine etwas breitere Querstraße (33 km) führt nach links in die Stadtmitte. Stets geradeaus, über den Klemmbach und an der Kirche vorbei, stoßen Sie auf die Durchgangsstraße in Richtung Badenweiler, nach deren Überquerung Sie wieder an Ihren Ausgangspunkt gelangen.

Nützliche Informationen

Ausgangsort: Müllheim (13 500 E.), größte Weinbaugemeinde im Markgräflerland.

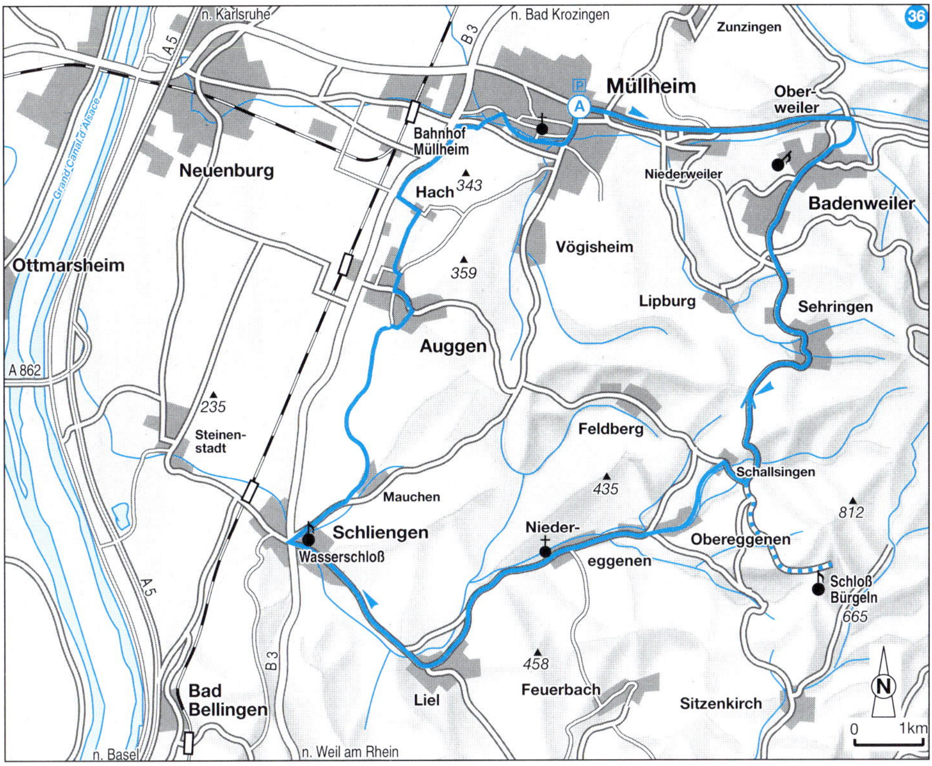

Anfahrt: Station der Bahnlinie Freiburg – Basel. PKW: A 5, Karlsruhe – Basel, Ausfahrt Müllheim/Neuenburg. Auf der B 378 nach Müllheim und weiter in Richtung Badenweiler. Parken am Kreiskrankenhaus.
Höhen: AP 270 m; HP 540 m; Anstieg 390 m.
Etappen: Müllheim – Badenweiler 5 km – Obereggenen 9 km (14 km) – Schliengen 8 km (22 km) – Auggen 6 km (28 km) – Müllheim 6 km (34 km).
Einkehr unterwegs: In Niederweiler, Oberweiler, Badenweiler, Sehringen, Obereggenen, Niedereggenen, Liel, Schliengen, Auggen.
Sehens- und Wissenswertes: • *Kirche St. Martin* in Müllheim, gotisch, Fresken im mittelalterlichen Turm. • *Markgräfler Museum* in Müllheim, am Marktplatz, geöffnet So. 14–17 Uhr, Di./Do. 15–18 Uhr. • *Badenweiler,* oberhalb des Ortes Burg Badin, im 11. Jh. von den Zähringern erbaut; Ort kam Mitte des 15. Jh. an die Markgrafen von Baden, die zeitweilig ihre Residenz hier hatten. Zu Füßen der Ruine das Kurhaus und Thermalbad; Kurpark nach englischem Vorbild. *Römische Badruinen,* nur bei Führungen zugänglich, März bis Okt. Di. 17 Uhr, So. 11.15 Uhr. *Ev. Kirche* in Badenweiler, Fresken aus dem 14. Jh. • *Schloß Bürgeln,* Barockbau (um 1750), Führungen März bis Nov. täglich außer Di. jeweils um 11, 14, 15, 16 und 17 Uhr. Schloßwirtschaft (RT Di.). • *Niedereggenen,* Pfarrkirche St. Barbara Cyriaka mit romanischem Turm und gotischem Langhaus, Fresken um 1450. • *Liel,* Pfarrkirche St. Vinzentius mit Wandmalereien aus dem 15. Jh. • *Schliengen,* Wasserschloß Entenstein, heute Rathaus; Ursprünge um 1000, erweitert im 16. Jh., verändert im 18./19. Jh.; bei Restaurierung wurde der Wassergraben wiederhergestellt.
Fahrradverleih: Firma Imgraben, Mühlenstr. 39, Tel. (0 76 31) 1 48 00, und Firma Meier, an der B 3, Haus Nr. 9, Tel. 1 26 88.
Auskunft: Verkehrsamt, 79379 Müllheim, Tel. (0 76 31) 40 70.
Karte: TK 1:50 000, Blatt 8 Belchen – Wiesental.

In der »himmlischen Landschaft« um Badenweiler, wie sie vom Dichter René Schickele genannt wurde, wächst neben Wein auch Obst, das an der Straße zum Verkauf angeboten wird.

37 Zur Burgruine Rötteln

Kandern – Vogelpark Wiesental – Steinen – Burgruine Rötteln – Wittlingen – Kandern

Tourencharakter: Nicht ganz mühelose Rundtour auf einem Südausläufer des Schwarzwalds; mehrere teilweise steile Anstiege; hauptsächlich auf befestigten Wegen und Landsträßchen.

Länge der Tour: 36 km.

Von weitem sichtbar heben sich die bizarren Mauerreste der einstigen Burg Rötteln gegen den Himmel ab. Diese mittelalterliche Ritterburg war ursprünglich im Besitz der Herren von Rötteln, doch kam sie im Jahr 1315 in den Besitz der Markgrafen von Sausenberg. Ein einflußreiches Geschlecht, das die Burg zu ihrem heute noch sichtbaren gewaltigen Umfang ausbaute, so daß sie heute eine der größten badischen Burgen darstellt. Mehrere hundert Menschen lebten hier, von wo aus die Herrschaft von Sausenberg verwaltet wurde. Trotz weiterer Ausbauten und Anbau eines Vorwerks konnte die Burg im 17. Jh. dem Beschuß durch Kanonen nicht standhalten und wurde zerstört. Erhalten ist heute der aus Buckelquadern erbaute Bergfried, von dem aus der Blick über den Schwarzwald, die Vogesen und die Schweiz geht. Unterhalb der Burg liegt im Dorf Rötteln die Laurentiuskirche, eine spätgotische Wehrkirche, in deren Gruftkapelle schöne Grabdenkmäler zu sehen sind.

Kandern, bekannt als »Töpferstadt«, entwickelte sich durch Tonvorkommen zum einst wichtigsten Hafnerort im Schwarzwald. Begünstigt wurde diese Entwicklung dadurch, daß in der Gegend Rohstoffe vorhanden waren, aus denen Farben für die Glasuren gewonnen werden konnten: die Farbe Ockerbraun aus dem mit Rost versetzten Lößschlamm, Schwarz aus Braunstein. Die Tradition der ehemaligen Hafner – der letzte starb 1965 – setzen heute die seit 1900 in Kandern ansässigen Kunstkeramiker fort.

Streckenbeschreibung

Vom Parkplatz am Rathaus in *Kandern* fahren Sie auf der Straße 50m talaufwärts, biegen nach links in die Bibelisgasse zur Ortsmitte ab, folgen der Hauptstraße nach rechts talaufwärts und biegen am Ortsende in Richtung Steinen/Endenburg nach rechts ab. Im Wald steigt diese kurvenreiche Straße steil an, passiert eine Lichtung, dann die Abzweigung nach Endenburg (knapp 5km) und erreicht Scheideck (5km), den mit 541m höchsten Punkt der Tour, im Jahr 1848 Schauplatz der Schlacht von Kandern.

Am Talhang des Aubächles führt die weiterhin kurvenreiche Straße nun bergab, am Platzhof (JH) vorbei und zwischen Viehweiden und Wiesen im zunehmend flacheren Tal nach *Schlächtenhaus* (8km). In der Ortsmitte folgen Sie nicht der nach rechts abknickenden Straße, sondern halten sich geradeaus in Richtung Weitenau. Die Straße steigt zur eigenartig isoliert stehenden Kirche von Hofen an (9km) und fällt anschließend, vorbei am *Vogelpark Wiesental* (10km), zu dem in einer flachen Mulde liegenden *Weitenau* ab (10,5km).

Am Rathaus wenden Sie sich nach rechts und folgen in leichtem Auf und Ab, insgesamt aber leicht bergab, der Straße in Richtung Steinen. Das Tal verengt sich, und Sie biegen, wo es sich wieder verbreitert, nach rechts ab auf die Straße in Richtung Schlächtenhaus (14km). Nach nur 50m wenden Sie sich nach links, folgen einem Kiesweg entlang des Waldrands talabwärts zum Ortsrand von *Steinen* (15km) und stoßen auf die Straße Steinen – Hägelberg. Dieser folgen Sie nach links und biegen an einer Brücke über den Steinenbach nach rechts ab auf einen Radweg (Radmarkierung Lörrach). Unmittelbar entlang des Flüßchens führt der markierte, bequem zu fahrende Weg im Tal der Wiese nach *Hauingen* (18km).

Durch eine Wohnsiedlung fahren Sie geradeaus zur Ortsmitte (nicht weiter der Radmarkierung nach links folgen!) und durchfahren nun auf der stark befahrenen Durchgangsstraße die zusammengebauten Orte *Hauingen* und *Haagen*. Unmittelbar nach

Beim Aufstieg zur Burgruine Rötteln geht der Blick über die ehemalige Wehrkirche St. Laurentius bis in die Schweizer Berge.

der Autobahnunterführung (21,5 km) folgen Sie nach rechts der Straße Röttelnweiler (Ww. Burg Rötteln), halten sich nach 100 m geradeaus (nicht der Zufahrt zur Burg Rötteln folgen) und erreichen auf einem schmalen Kiesweg ein Sträßchen und eine Treppe, die zur Kirche von Rötteln hochführt (22 km).

Hinter der Kirche halten Sie sich nach rechts bergab, unterqueren die Autobahn, steigen auf einem Wirtschaftsweg steil an und blicken auf Lörrach und Basel hinunter. An einer Weggabelung unter einer Stromleitung halten Sie sich nach rechts bergab und stoßen wieder auf die Zufahrt der *Burg Rötteln*, auf der Sie steil zu einem Parkplatz ansteigen und auf dem Burgweg in die umfangreiche Burganlage gelangen (23,6 km).

Sie verlassen auf dem breiten Weg, der in der Burg ansteigt, die Anlage auf der Bergseite – hier befindet sich ein Grillplatz – und folgen einem im Röttler Wald ansteigenden Kiesweg geradeaus zu einem querlaufenden Weg, der Hohen Straße (24 km). Nach leichtem Auf und Ab mündet dieser Weg am *Wanderparkplatz Stern* in die Straße Wittlingen – Haagen ein (25,5 km). Nach links fahren Sie recht steil in das breite Tal der Kander hinunter und stoßen in Wittlingen auf eine stark befahrene Straße (27,5 km), der Sie nach rechts bis *Wollbach* folgen (29,5 km).

Gleich am Ortsanfang, unmittelbar am Bahnhof, wenden Sie sich nach links (Ww. Maugenhard), überqueren das Flüßchen und folgen einem Quersträßchen nach rechts (Radmarkierung). Zwischen Feldern und Wiesen führt das sanft ansteigende Sträßchen talaufwärts, passiert einen Gasthof (31,5 km) und erreicht den Ort *Hammerstein* (32,5 km). Der Radweg kreuzt sowohl das Flüßchen als auch die Gleise der Museumsbahn Haltingen – Kandern und verläuft bis Kandern direkt auf der Talsohle, wenige Meter unterhalb der Straße.

In *Kandern* folgen Sie der Hammersteiner Straße wenige Meter nach links, biegen rechts ab und gelangen in das Ortszentrum. Auf der Bibelisgasse kehren Sie zurück zu Ihrem Ausgangspunkt.

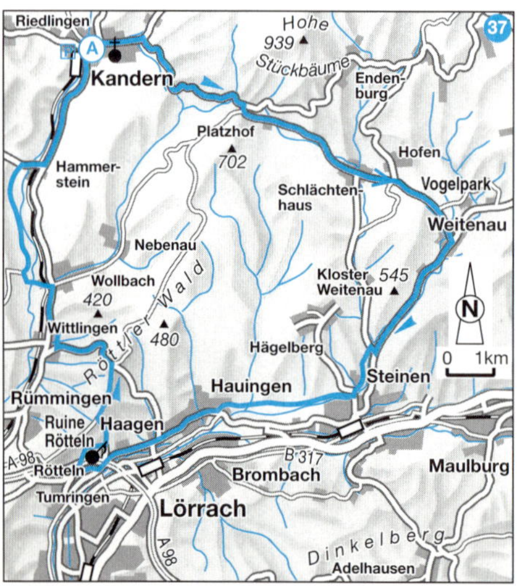

Nützliche Informationen

Ausgangsort: Kandern (7000 E.), Mittelpunkt des Markgräflerlands. JH Kandern-Platzhof.
Anfahrt: PKW: A 5, Karlsruhe – Basel, Ausfahrt Müllheim; auf der B 378 nach Müllheim und auf der B 3 nach Schliengen; auf Landstraße über Liel nach Kandern. Parkplatz am Rathaus.
Höhen: AP=EP 350 m; HP 541 m; Anstieg 580 m.
Etappen: Kandern – Schlächtenhaus 8 km – Steinen 7 km (15 km) – Rötteln 7 km (22 km) – Burgruine Rötteln 1,5 km (23,5 km) – Wittlingen 4 km (27,5 km) – Kandern 8,5 km (36 km).
Einkehr unterwegs: In Steinen, Hauingen, Haagen, Burgschenke in der Burgruine Rötteln, in Wittlingen, Landgasthof Krone (31,5 km).
Grillplatz: An der Burgruine Rötteln (23,5 km)
Sehens- und Wissenswertes: • *Kandern:* klassizistischer Blumenplatz; *Keramikmuseum*, geöffnet April bis Nov. Mi. 15–17.30, So. 10–12.30 Uhr. • *Vogelpark Wiesental*, täglich geöffnet 15.3.–31.10. 9–18 Uhr; im Juli und August länger geöffnet. • *Burgruine Rötteln*, geöffnet ganzjährig 10–18 Uhr; *Museum in der Landschreiberei*, geöffnet Mitte März–Ende Okt. 10–18 Uhr.
Auskunft: Verkehrsamt, Hauptstr. 18, 79400 Kandern, Tel. (07626) 899-60.
Karte: TK 1:50000, Blatt 8 Belchen – Wiesental.

38 Im Karstgebiet Dinkelberg

Öflingen – Wehr – Erdmannshöhle in Hasel – Eichener See – Schopfheim – Aussichtsturm Hohe Flum – Tschamberhöhle in Riedmatt – Öflingen

Tourencharakter: Geologisch interessante Rundtour mit einem sanften und einem kurzzeitig sehr steilen Anstieg; hauptsächlich auf Straßen und asphaltierten Radwegen.

Länge der Tour: 33 km. Verlängerung bis Bad Säckingen möglich, siehe Variante.

Seinen Namen erhielt dieses Gebiet im südwestlichen Schwarzwald durch das Getreide, das hier vorwiegend angebaut wurde, nämlich Dinkel. Denn ein für den Schwarzwald ungewöhnlich fruchtbarer Boden ermöglichte den intensiven Anbau auf diesem 400–500 m hoch gelegenen Plateau. Hier haben sich Schichten des Deckgebirges, Keuper und Muschelkalk, erhalten, die im Hochschwarzwald durch die Abtragung längst verschwunden sind. Daß dies hier nicht auch geschehen ist, liegt daran, daß vor Millionen von Jahren bei der Hebung des Schwarzwalds und der gleichzeitigen Senkung des Rheingrabens in der Bruchzone eine riesige Scholle durch Abtrennung nicht so weit angehoben wurde. Aufgrund der geringeren Höhe waren die Deckschichten in diesem Gebiet, dem heutigen Dinkelberg, der Abtragung weniger stark ausgesetzt und sind deshalb noch vorhanden. Dadurch finden sich hier auch Erscheinungen, die es sonst im gesamten Schwarzwald nicht gibt: Karsthöhlen. Da Muschelkalk wasserlöslich ist, hat das versickernde Regenwasser über Jahrtausende Kalk aufgelöst, abtransportiert und auf diese Weise unterirdische Hohlräume ausgespült, in denen Wasser fließt. Gut zu sehen ist dies in der Tschamberhöhle, eine von einem Höhlenbach durchflossene enge Höhle, die auf 500 m begehbar gemacht wurde.

Nur noch wenige Meter fließt der Höhlenbach durch die Erdmannshöhle, in deren weitverzweigten Gängen sich Tropfsteine gebildet haben. Kalk, der durch das versickernde Regenwasser gelöst wird, lagert sich wieder ab, und so wächst ganz langsam, nur etwa 1 cm in 100 Jahren, ein Tropfstein. Der älteste ist 4 m hoch. Den Namen verdankt diese einzige Tropfsteinhöhle des Schwarzwalds einer Sage, derzufolge hier Erdmännlein gehaust haben sollen. Diese überaus hilfsbereiten Wesen sollen den Bewohnern von Hasel bei allen möglichen Tätigkeiten, beim Kinderwiegen, beim Spinnen, Mahlen des Korns oder Versorgen des Viehs, geholfen haben und für all ihre Mühe nur ein Stück Kuchen oder Obst verlangt haben. Zu dumm, daß die Neugier einiger Jungen, die die Erdgeister verfolgten, diese für immer vertrieb.

Anders der Eichener See, er kehrt ständig

Der Aussichtsturm »Hohe Flum« auf dem höchsten Punkt des Dinkelbergs.

wieder. Abhängig ist dies vom Wasserspiegel in den Karsthöhlen: Steigt der Spiegel an, läuft das Wasser sozusagen über, und es bildet sich für einige Tage oder Wochen der kleine See.

Streckenbeschreibung

Vom Parkplatz am Ortsbeginn *Öflingen* folgen Sie der Durchgangsstraße (Ww. Wehr, R8) im flachen, dicht besiedelten Tal der Wehra aufwärts. Am Ortsende mündet die Straße in die B518 Brennet – Schopfheim (2 km). Ein Radweg (Radmarkierung) entlang der Straße führt an den Ortschaften Kreuzmatt zu Ihrer Linken und Hemmet, rechts der stillgelegten Bahnlinie gelegen, vorbei und durch den langgestreckten Ort *Wehr* hindurch – an den Bahngleisen nicht weiter der Radmarkierung nach links folgen! – zu einem Linksknick der Bundesstraße in der Ortsmitte (5,5 km). Hier fahren Sie geradeaus in Richtung Todtmoos weiter, biegen aber nach 400 m, wo die Todtmooser Straße nach rechts abknickt, nach links ab, wenden sich nach nur 100 m wieder nach rechts in die Industriestraße und verlassen diese auf der zweiten links abzweigenden Straße, dem Mettlerweg (6,5 km). Am Ortsrand folgen Sie einer Querstraße nach links und biegen nach 100 m rechts auf ein Sträßchen ab, das in einen Wirtschaftsweg übergeht und zu einem querlaufenden Weg ansteigt. Sie wenden sich nach links, biegen nach 100 m an einer Wegkreuzung nach rechts ab und steigen recht steil an zum Ortsbeginn von *Hasel* (8,5 km).

Wenn Sie die *Erdmannshöhle* besichtigen möchten, folgen Sie hier der Ausschilderung nach links (Abstecher hin und zurück 600 m).

An der Kirche biegen Sie nach links ab in Richtung Schopfheim, steigen aus einem Trockental steil an und biegen unmittelbar vor der Einmündung der Straße in die Bundesstraße (10 km) nach rechts auf einen Wirtschaftsweg ab, der parallel zur Bundesstraße ansteigt und in diese einmündet (11,5 km). Auf der stark befahrenen Straße erreichen Sie nach einigen hundert Metern den höchsten Punkt der Tour (472 m) und, wenig später, einen Parkplatz (13 km).

Möchten Sie einen Blick auf den *Eichener See* werfen, so steigen Sie von diesem Parkplatz aus auf einem Wirtschaftsweg nach links parallel zur Bundesstraße an (Abstecher hin und zurück 1 km).

Zurückgekehrt zum Parkplatz, folgen Sie dem Wirtschaftsweg geradeaus, durchfahren stetig bergab das Straßendorf *Eichen* (13,5 km), überqueren, schon im breiten Tal der Wiese, die B 317 Schönau – Lörrach und folgen einer Durchgangsstraße nach links in die Stadtmitte von *Schopfheim* (16 km).

Auf der Hauptstraße verlassen Sie den Stadtkern wieder, biegen nach mehreren hundert Metern links ab in Richtung Nordschwaben/Wiechs, durchqueren das Tal, überqueren die B 317 und steigen nun recht steil an, wobei Sie den Ort *Wiechs* (18 km) durchfahren (Ww. Minseln) und kurz nach dem Ortsende rechts abbiegen (Ww. Berghaus Hohe Flum). Weiterhin steil ansteigend, erreichen Sie eine Weggabelung, an der Sie sich nach rechts halten in Richtung Gasthof, nach wenigen Metern aber nach links abbiegen und entlang einer Baum- und Buschreihe auf einem rauhen Feldweg den *Aussichtsturm* auf der Hohen Flum (536 m) erreichen (20 km). Vom Aussichtsturm bietet sich ein lohnenswerter Rundblick auf die Höhenzüge des Schwarzwalds, auf das Rheintal und, bei klarem Wetter, auf die Alpenkette im Hintergrund.

Sie kehren zurück zu der Weggabelung und folgen nun einem Kiesweg nach rechts bergab zur Straße, auf der Sie den Ort *Nordschwaben* durchfahren (21 km). Am Ortsende biegen Sie nach links auf einen Kiesweg ab, der im Wald stetig bergab führt. An einer Gabelung (22 km) fahren Sie auf dem mittleren Weg geradeaus, kreuzen einen Querweg (23 km) und halten sich an einer kurz darauf folgenden Gabelung nach links. Sie erreichen *Riedmatt* (24,5 km) und wenden sich auf der Brombachstraße nach links (Radmarkierung).

Wenn Sie die *Tschamberhöhle* besichtigen möchten, fahren Sie geradeaus zur B 34 hinunter. Die Höhle befindet sich gleich auf der anderen Straßenseite (Abstecher hin und zurück 400 m).

Entlang des Waldrands erreichen Sie einen Parkplatz mit einer Grillstelle. Kurz danach biegen Sie rechts ab, überqueren die

Beim Blick von der Hohen Flum auf die Höhen des Schwarzwalds und über das deutlich niedriger gelegene Plateau des Dinkelbergs wird klar, daß diese abgebrochene Randscholle die Hebung des Grundgebirges nicht mitgemacht hat.

Bundesstraße und folgen der Radmarkierung 500 m nach links. Auf einer querlaufenden Straße halten Sie sich nach rechts bergab, unterqueren eine Bahnlinie und fahren, vorbei an einem Elektrizitätswerk, auf einem markierten Rad- und Fußweg zwischen der Bahnlinie und dem Rhein nach *Schwörstadt* (30 km). Kurz vor der Kirche biegen Sie nach rechts ab zur stark befahrenen Bundesstraße, folgen ihr 300 m weit und verlassen sie nach rechts (Radmarkierung). Sie unterqueren die Bahnlinie, folgen einem Wirtschaftsweg entlang des Rheins, durchqueren auf einem Dammweg ein kleines Naturschutzgebiet (32 km) und gelangen entlang der Wehra an eine Straße, der Sie nach links zu Ihrem Ausgangspunkt folgen.

Nützliche Informationen

Ausgangsort: Öflingen, Ortsteil von Wehr (12 500 E.), Erholungsort im Wehratal.
Anfahrt: Bhf. Brennet der Linie Basel – Singen. PKW: A 5, Karlsruhe – Basel, am Autobahndreieck Weil am Rhein auf die A 98 zur Ausfahrt Lörrach. Auf der B 316 nach Rheinfelden, von dort auf der B 34 über Schwörstadt zur Ausfahrt Öflingen/Brennet. Parkplatz am Ortsbeginn von Öflingen gegenüber Fabrikgebäude.
Höhen: AP = EP 300 m; HP 586 m; Anstieg 420 m.
Etappen: Öflingen – Erdmannshöhle (Hasel) 9 km – Schopfheim 7 km (16 km) – Hohe Flum 4 km (20 km) – Riedmatt 4,5 km (24,5 km) – Öflingen 8,5 km (33 km).
Einkehr unterwegs: In Wehr, Hasel, Schopfheim, Gasthaus Hohe Flum (20 km), Nordschwaben, Riedmatt.
Grillplätze: Am Eichener See (13 km) und bei Riedmatt (25 km).
Bademöglichkeit: Freibad in Schopfheim.
Sehens- und Wissenswertes: • *Wehr*, im Alten Schloß (16. Jh.) ist heute die Stadtverwaltung untergebracht. • *Erdmannshöhle* in Hasel, geöffnet 1. bis 30.4. und 1.10. bis 1.11. Mo.–Fr. 13–17 Uhr, Sa. und So. 9–12 und 13–17 Uhr; 1.5. bis 30.9. täglich 9–12 und 13–17 Uhr. • *Schopfheim*, alte Markgrafenstadt im Wiesental, unter Denkmalschutz stehende Altstadt mit ehem. Adelshöfen und Häusern aus dem 16. Jh.; der Dichter Johann Peter Hebel (1760–1826) ging hier zur Lateinschule; St. Michaeliskirche, im 13. Jh. gegründet, nach Brand im 15. Jh. umgestaltet, Wandmalereien um 1400 erhalten. • *Tschamberhöhle*, geöffnet So. 14–17 Uhr.
Auskunft: Verkehrsamt, Hauptstr. 14, 79664 Wehr, Tel. (07762) 80888.

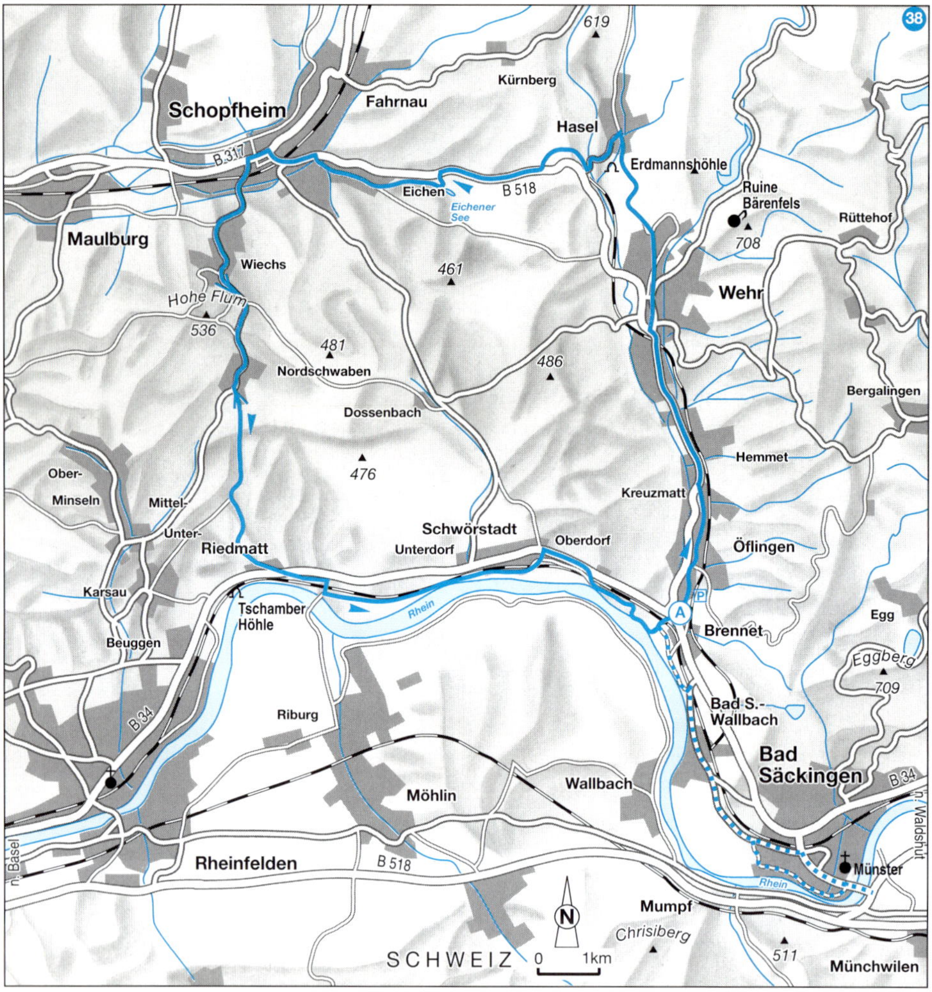

Karte: TK 1:50 000, Blatt 8 Belchen – Wiesental.

Streckenvariante

Verlängerung nach Bad Säckingen

Gesamtlänge: 44 km.

Strecke: Bis zur Angabe »32 km« der obigen Streckenbeschreibung folgen. Nach dem Dammweg und dem Weg entlang der Wehra stoßen Sie kurz vor der Eisenbahnunterführung auf eine Straße. Hier wenden Sie sich nach rechts und gelangen zwischen der Bahnlinie und dem Rhein nach *Wallbach* (34 km). Sie folgen der Straße geradeaus durch Wallbach hindurch zum Ortsbeginn von *Bad Säckingen* (36 km), durchfahren ein Industrie- und Gewerbegebiet und stoßen auf eine Querstraße, der Sie wenige hundert Meter nach links zum Rand der Altstadt folgen (5,5 km). Auf demselben Weg kehren Sie zurück.

Sehenswertes: Bad Säckingen: • *Historische Altstadt* mit einigen Häusern aus dem 17. Jh. • *Schloß Schönau* (um 1600), auch Trompeterschlößle genannt, da Schauplatz im Versepos »Der Trompeter von Säckingen« von Josef Victor Scheffel, heute Museum. • *Fridolinsmünster,* gotisch, später barockisiert, Krypta aus karolingischer Zeit (8./9. Jh.). • 220 m lange gedeckte *Holzbrücke* (z. T. 16. Jh.), längste gedeckte Holzbrücke Europas.

39 Durch den Hotzenwald

Waldshut – Bannholz – »Teufelsküche« im Albtal – Albbruck – Waldshut

Tourencharakter: Anstrengende Rundtour für sportliche Fahrer; lange, teilweise sehr steile Steigung sowie steile Abfahrt (16%) im engen, schattigen Albtal; hauptsächlich auf befahrenen Straßen; nicht für Familien geeignet.

Länge der Tour: 36 km.

Hotzenwald nennt man heute den südlichsten Teil des Schwarzwalds, ein wenig besiedeltes Gebiet, das bis ins 19. Jh. »uffem Wald« (auf dem Wald) hieß. Die neue Bezeichnung leitet sich von einem Kleidungsstück der Bewohner ab: von dem Hotzen, einem grauen Wolltuch, aus dem die Tracht geschneidert wurde. Vom Feldbergmassiv über den Hotzenwald dem Rhein zufließende Wasserläufe, die Wehra, Schwarza und die Alb, bildeten hier eindrucksvolle Schluchten aus. Das unter Landschaftsschutz gestellte Tal der Alb ist stellenweise so eng, daß die kurvenreiche Albtalstraße unter Galerien hindurchgeführt werden muß. Besonders bizarr sind die Felsformationen in der »Teufelsküche«. In dem schattigen Tal konnte sich ein ursprünglicher Eichenmischwald erhalten.

Um dieses Waldgebiet zu behüten, in dem die Habsburger umfangreiche Besitzungen hatten, wurde Ende des 13. Jh. die Stadt Waldshut in ihrer heutigen Form angelegt. Sie wurde zum Verwaltungssitz der österreichischen Gebiete am Hochrhein, zu denen außer Waldshut auch noch die Städte Rheinfelden, Säckingen und Laufenburg zählten. Zum Schutz wurde der Waldshuter Ortskern von einer Mauer umschlossen, durch die vier Tore hineinführten. So wehrhaft war diese Anlage, daß sie im Jahr 1468 trotz einer deutlichen Übermacht der Belagerung durch das eidgenössische Heer wochenlang standhalten konnte. Als die Vorräte knapp wurden, ersannen die Junggesellen der Stadt eine List. Sie präsentierten auf der Stadtmauer einen gemästeten Hammel, ein Anblick, der die Schweizer, im Glauben, die Stadt könne nicht ausgehungert werden, veranlaßte abzuziehen. In Wirklichkeit jedoch war es das letzte Schlachtier gewesen. Mit einem jährlich stattfindenden Fest, der Waldshuter Chilbi, wird dieser Rettung gedacht.

Waldshut hat bis heute sein mittelalterliches Stadtbild bewahrt. Zwei Stadttore, das Obere und Untere Tor, begrenzen nach wie vor die Kaiserstraße, an der mehrere alte Häuser stehen, wie z. B. das ehemalige städtische Kornhaus, das Haus »Zur Tauben« und das Haus »Zum Wilden Mann« mit der breit ausladenden Giebelhaube, Hotze genannt. Seit der Einrichtung einer Fußgängerzone in der Kaiserstraße fließt auch wieder der einstige Stadtbach, wenn auch nur als Bächle, durch die Stadt.

Streckenbeschreibung

Vom Parkplatz Chilbiplatz in *Waldshut* folgen Sie der im Tal des Seltenbachs recht steil ansteigenden Friedrichstraße (Radmarkierung R 18) zum Ortsende, durchfahren das Straßendorf *Schmitzingen* (3 km) und steigen weiterhin recht steil an nach *Waldkirch* (6 km). Im Ort wenden Sie sich am Gasthaus Storchen auf einer querlaufenden Straße nach rechts, folgen nach einigen hundert Metern der Auffahrt zur B 500 Titisee-Neustadt – Waldshut erneut nach rechts (Markie-

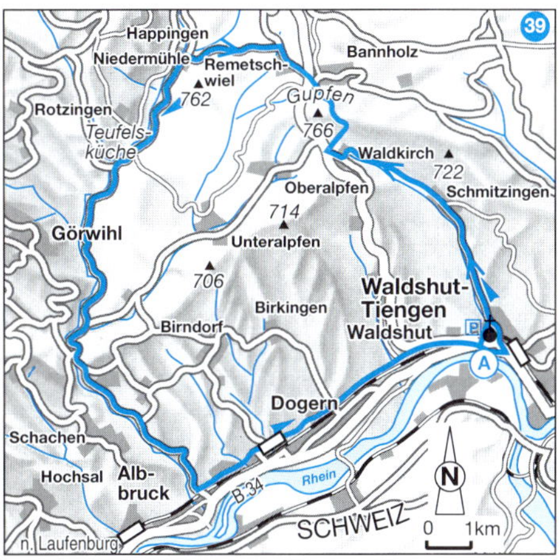

Die Ortsmitte von Waldshut: stattliche Bürgerhäuser an der breiten Kaiserstraße, die heute wieder von einem Stadtbächlein durchflossen wird.

rung R18) und biegen nach 50 m nochmals nach rechts ab (Ww. Ay, R16 und R18). Zwischen Wiesen und Feldern fahren Sie zu einer Gabelung auf der Scheitelhöhe des Bergrückens (7 km). Sie halten sich nach links leicht bergab, passieren die Kuppe des Gupfen (dort Grillplatz) und gelangen nach *Bannholz* (8,5 km).

Zunächst halten Sie sich rechts, biegen nach 100 m im Ort links ab (Ww. Waldshut/Remetschwiel) – nicht der Radmarkierung R18 nach rechts folgen! – und unterqueren die B500. Entlang des Ortsrands von Remetschwiel (9 km) steigen Sie zum Waldrand an, wo Sie der nach links abzweigenden Straße (Ww. Albtal, Albbruck) zum höchsten Punkt der Tour (712 m, 11 km) folgen und anschließend sehr steil – bis zu 16% Gefälle mit scharfen Kurven! – in das Albtal hinunterfahren (12 km).

Entlang der Alb fahren Sie nun im sich zunehmend verengenden Tal bergab, vorbei am Weiler *Niedermühle* (12,5 km) und der Abzweigung der Straße nach Unteralpfen (14,5 km). Jetzt beginnt der enge, felsige, als »Teufelsküche« bezeichnete Talabschnitt. Fahren Sie vorsichtig, denn die schmale Straße verläuft hier oberhalb des zur Rechten tief eingegrabenen Flußbetts und einer Felswand zur Linken. Stetig in zahlreichen Kurven bergab fahrend, passieren Sie ein Sägewerk (20 km), ein Gasthaus (20,5 km) an der Abzweigung nach Tiefenstein und Görwihl, durchfahren auf ca. 1 km Länge (bei 21,5 km) mehrere schmale Felsdurchbrüche und erreichen *Albbruck*.

Eine Warnung vorweg: Beachten Sie bitte, daß in den nun folgenden Orten meist der von rechts kommende Verkehr vorfahrtberechtigt ist.

Noch vor der Bahnlinie biegen Sie nach links in die Schulstraße ein (Radmarkierung Dogern), folgen nun im Rheintal der Radmarkierung durch *Kiesenbach* hindurch (28 km) nach *Dogern* (29 km) – auf der Schweizer Seite ist ein Kernkraftwerk zu sehen – und gelangen an der Kirche zu einer Querstraße.

Links der Kirche biegen Sie nach rechts in die Weinbergstraße ein, folgen ihr zum Ortsrand und erreichen entlang der Bahnlinie auf dem Trottenweg, einem Wirtschaftsweg, den Stadtrand von *Waldshut.*

Hier unterqueren Sie die Bahnlinie, kreuzen die Baseler Straße und folgen der Straße Bleiche, von der Sie nach links abbiegen auf den Auweg. Sie passieren ein Kraftwerk und folgen der Baseler Straße bis kurz vor die Unterführung der B 34. Am Kreiskrankenhaus halten Sie sich nach rechts und gelangen in die Altstadt von Waldshut (35 km). Am Rathaus biegen Sie nach links in die Waldtorstraße ab, unterqueren auf Treppen die Bundesstraße und folgen der Von-Kilian-Straße nach rechts zu Ihrem Ausgangspunkt.

Nützliche Informationen

Ausgangsort: Waldshut (11 000 E.), Stadtteil der Gemeinde Waldshut-Tiengen, am Hochrhein gelegen.
Anfahrt: Station an der Bahnlinie Basel – Singen. PKW: A 81, Stuttgart – Singen, Ausfahrt Geisingen; über Blumberg und auf der B 34 über Stühlingen und Tiengen nach Waldshut. Dort der Ausschilderung »Parkplatz Chilbiplatz« folgen.
Höhen: AP = EP 360 m; HP 775 m; Anstieg 510 m (auf knapp 10 km Länge).
Etappen: Waldshut – Bannholz 8,5 km – Niedermühle 4 km (12,5 km) – Tiefenstein 8 km (20,5 km) – Albbruck 5,5 km (26 km) – Waldshut 10 km (36 km).
Einkehr unterwegs: In Schmitzingen, Waldkirch, Albtal-Niedermühle, Tiefenstein, Hohenfels, Albbruck, Dogern.
Grillplatz: Auf dem Gupfen (Abstecher ca. 500 m hin und zurück).
Bademöglichkeiten: Freibad in Albbruck und Waldshut.
Sehens- und Wissenswertes: • *Heimatmuseum* in Waldshut, Kaiserstr. 62, geöffnet April bis Okt. Do. 16–18 Uhr, So. 11–12 Uhr.
Fahrradverleih: Bhf. Waldshut, Tel. (0 77 51) 8 13 93.
Auskunft: Verkehrsamt, Im Oberen Tor, 79761 Waldshut, Tel. (0 77 51) 83 31 98.
Karte: TK 1:50 000, Blatt 9 Schluchsee – Wutachtal.

40 Entlang des Hochrheins

Schaffhausen – Büsingen – Diessenhofen – Paradies – Schaffhausen

Tourencharakter: Leichte Genußtour entlang des Hochrheins; kaum Steigungen; vorwiegend auf schwach befahrenen Nebenstraßen und asphaltierten Wirtschaftswegen.
Länge der Tour: 18 km.
Ausrüstung: Personalausweis für den Grenzübertritt.

Die deutsch-schweizerische Grenze folgt zwischen dem Rheinknie bei Basel und dem Bodensee weitgehend dem Verlauf des Hochrheins. In der Gegend um Schaffhausen und Stein am Rhein jedoch greift die Grenze über den Rhein nach Norden hinaus. Beide Städte hatten sich im 15. Jh. dem eidgenössischen Bund angeschlossen, so daß heute ein kleines Gebiet um Büsingen eine deutsche Enklave auf dem rechtsrheinischen schweizerischen Territorium ist.

Schaffhausen war schon im Mittelalter ein wichtiger Umschlagplatz. Hier überquerte die Post den Rhein, und hier wurden die Lasten von den Booten auf Fuhrwerke umgeladen, da die Stromschnellen und der Rheinfall umgangen werden mußten. Diese »Schiffshäuser« der Rheinschiffer gaben der Stadt wohl auch den Namen. Bewacht wurden die Stadt und die Schiffslände von der Burg (16. Jh.), die nach Plänen von Albrecht Dürer erbaut wurde. Hier, in der runden Festung, waren die Bürger im Fall einer Gefahr »ohne Not«, daher der Name »auf'm Un-not«, aus dem Munot wurde. Am Rhein ließen sich

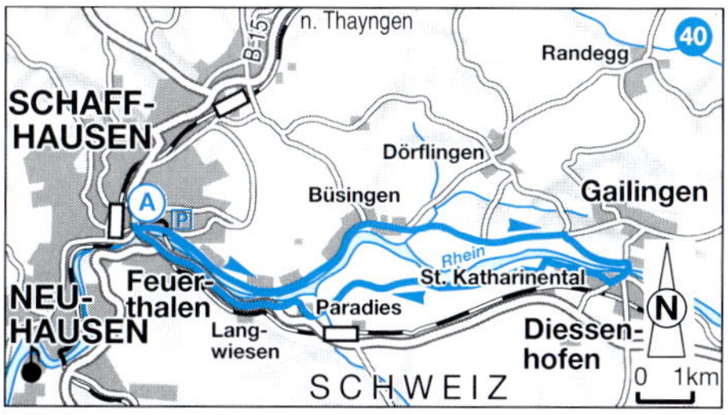

außer Schiffern auch Müller, Hammerschmiede, Leinenweber und Gerber nieder, so daß die Stadt zu einigem Wohlstand kam. Die stolzen Patrizierhäuser zeugen davon.

Streckenbeschreibung

Vom Parkplatz nahe der Schiffslände in *Schaffhausen* folgen Sie der Straße entlang des Rheins, unterqueren die Bahnlinie Schaffhausen – Bodensee und folgen der Uferstraße in Richtung Büsingen, passieren auf einem Kiesweg entlang der Straße zahlreiche Bootsanlegestellen, Liege- und Badeplätze und gelangen in sanftem Anstieg nach *Büsingen* (4 km), wo sich die Straße vom Rhein entfernt. Weiterhin sanft ansteigend passieren Sie zunächst die schweizerische (6,5 km), dann die deutsche Grenzstation (7 km), an der Sie nach rechts abbiegen, zum Rheinufer hinunterfahren und über die schmale, aus Holz gebaute Rheinbrücke, wo Sie wieder die Grenze überschreiten, nach *Diessenhofen* gelangen.

Im Ort steigen Sie einige Meter zur Hauptstraße an, auf der Sie sich nach rechts in Richtung Schaffhausen halten. Am Ortsende folgen Sie der Ausschilderung »St. Katharinental/See-Radweg Schaffhausen« nach rechts, erreichen das ehemalige Kloster St. Katharinental (9 km) auf einer schmalen Straße und biegen bei den letzten Gebäuden der Klosteranlage links ab.

Nach 200 m Anstieg halten Sie sich an einer Kreuzung nach rechts (Ww. See-Radweg Schaffhausen) und folgen der ausgezeichneten Radmarkierung zwischen Feldern und Wiesen, anschließend im Wald – auf zahlreichen Abzweigungen können Sie an den Rhein gelangen, falls Sie baden oder rasten möchten – in leichtem Auf und Ab nach *Paradies*, einer Klosteranlage (14 km).

Zwischen den Gebäuden des Klosterguts hindurch führt eine schmale Straße zu einem am Rheinufer gelegenen Gasthof (mit Garten) und beliebten Badeplatz. Entlang des Flusses erreichen Sie nach einem kurzen Anstieg eine stark befahrene Straße (15 km), der Sie auf einem Radweg nach rechts in den Ort *Feuerthalen* folgen (16,5 km). In leichtem Auf und Ab durchfahren Sie entlang der Bahnlinie den Ort und überqueren auf Höhe der Schaffhausener Festung Munot den Rhein (17,5 km). Geradeaus gelangen Sie auf der Moserstraße in die Altstadt, nach rechts, auf der Fischerhäuserstraße und vorbei an der Schiffslände, zu Ihrem Parkplatz. Möchten Sie die Festung Munot zu Fuß besteigen, benützen Sie den auf Höhe der Schiffslände abzweigenden Römersteig.

Nützliche Informationen

Ausgangsort: Schaffhausen (34 000 E.), zur Schweiz gehörende Stadt am rechten Rheinufer; ehemalige freie Reichsstadt mit sehenswertem mittelalterlichem Stadtbild, engen Gassen, Plätzen und Brunnen.

Anfahrt: Station an der Bahnlinie Basel – Kreuzlingen. PKW: A 81, Stuttgart – Singen – Schaffhausen.

Höhen: AP = EP 400 m; HP 430 m; Anstieg 110 m.

Etappen: Schaffhausen – Büsingen 4 km – Diessenhofen 4 km (8 km) – Paradies 6 km (14 km) – Schaffhausen 4 (18 km).

Einkehr unterwegs: In Büsingen, Diessenhofen, am Rhein bei Paradies, Feuerthalen.

Unterkunft: JH Belair, Hemishofer Str., Tel. (0 53) 25 88 00.

Bademöglichkeiten: Zahlreiche Badestellen am Rhein.

Sehens- und Wissenswertes: • Schaffhausen: *Ehem. Benediktinerkloster Allerheiligen,* 11. Jh., mit Kreuzgang, das Münster ist eine schlichte Säulenbasilika mit Fresken. *Museum zu Allerheiligen,* Klosterplatz 1, geöffnet Di.–So. 10–12 und 14–17 Uhr. *Festung Munot,* geöffnet 1.5. bis 30.9. von 8–20 Uhr, 1.10. bis 20.4. von 9–17 Uhr.

• *Diessenhofen,* eine der ältesten Stadtgründungen der Schweiz, mittelalterliches Stadtbild mit zahlreichen historischen Bauten; gedeckte Rheinbrücke (1814).

• *St. Katharinental,* von 1242–1869 Dominikanerinnenkloster, heute Altenpflegeheim; umgeben von einer Klostermauer, schönes Giebelhaus mit Fachwerk, spätbarocke Klosterkirche (kann besichtigt werden).

• *Paradies,* um 1600 entstandener Klosterbau an der Stelle eines durch Brand zerstörten früheren Clarissenklosters.

Auskunft: Verkehrsbüro, Fronwagturm, CH-8201 Schaffhausen, Tel. (0 53) 25 51 41.

Ein besonderes Vergnügen: Baden im Rhein bei Diessenhofen.

Der Fronwagplatz ist nur einer von mehreren Plätzen in der ehemals freien Reichsstadt Schaffhausen, deren mittelalterliches Stadtbild gut erhalten ist.

Karte: TK 1:50 000, Blatt 9 Schluchsee – Wutachtal und Blatt 10 Hegau – Bodensee.

Mehrtägige Rundtour

Durch das Zentrum des Hochschwarzwalds und das Markgräflerland

Länge der Tour: 120 km.
Tourencharakter: Leichte Rundtour, da der Anstieg zum Schauinsland mit der Kabinenbahn überwunden wird; im Wiesetal teilweise recht steil bergab; durch die Vorbergzone zurück nach Freiburg.
Strecke: Freiburg Bhf. Wiehre (s. Tour 29) – zur Talstation der Schauinslandbahn (6 km) – mit der Bahn zum Gipfel – bergab auf der Straße über Notschrei nach Todtnau (19 km) – auf dem Wiesetalweg abwechselnd rechts und links der Straße über Schönau (26 km) und Zell (38 km) nach Schopfheim (46 km, s. Tour 38, Möglichkeit einer Tagesrundtour durch das Karstgebiet Dinkelberg) – vorwiegend auf Nebenstraßen im Wiesetal weiter abwärts nach Steinen – die Wiese überqueren und zum nördlichen Ortsende (53 km) – nach Rötteln (s. Tour 37) und Anstieg zur Burg Rötteln – abwärts nach Wittlingen (64 km) – im Tal der Kander aufwärts nach Kandern (72 km) – auf Landstraße zur Abzweigung zum Schloß Bürgeln (78 km) – durch die Vorberge (s. Tour 36) nach Badenweiler (84 km) – auf Landstraße über Britzingen nach Sulzburg (92 km, s. Tour 35) – nach Staufen (99 km) und Kirchhofen (105 km) – zurück (s. Tour 29, Angabe »31 km«) zum Bhf. Wiehre (120 km).
Sehenswertes: Freiburg (s. Tour 27); Schopfheim (s. Tour 38); Burg Rötteln (s. Tour 37); Keramikstadt Kandern (s. Tour 37); Kurort Badenweiler (s. Tour 36); ehem. Bergbauort Sulzburg mit Kirche St. Cyriak (s. Tour 35); Staufen (s. Tour 35).
Unterkünfte: JH in Freiburg, Tel. (07 61) 6 76 56, in Lörrach, Tel. (0 76 21) 4 70 40 und Kandern, Tel. (0 76 26) 4 84.
Informationen: U. a. erhältlich bei: • Freiburg Information, Rotteckring 14, 79098 Freiburg, Tel. (07 61) 3 68 90 90; • Kurdirektion, 79674 Todtnau, Tel. (0 76 71) 6 49; • Kurverwaltung, Gentnerstr. 2b, 79677 Schönau, Tel. (0 76 73) 4 08; • Verkehrsverein Zeller Bergland, 79669 Zell im Wiesental, Tel. (0 76 25) 1 33 15; • Verkehrsbüro, 79650 Schopfheim, Tel. (0 76 22) 3 96-1 16; • Verkehrsbüro, Bahnhofsplatz 6, 79539 Lörrach, Tel. (0 76 21) 4 15-6 20; • Verkehrsamt, 79400 Kandern, Tel. (07 6 26) 8 99 60; • Kur und Touristik, Ernst-Eisenlohr-Str. 4, 79410 Badenweiler, Tel. (0 76 32) 7 21 10; • Verkehrsamt, Am Marktplatz, 79295 Sulzburg, Tel. (0 76 34) 56 00 40; • Verkehrsamt, 79219 Staufen i.Br., Tel. (0 76 33) 8 05-36.
Fahrradverleih: Hauptbahnhof Freiburg, Tel. (07 61) 21 43 37.
Karten: TK 1:50 000, Blatt 6 Kaiserstuhl – Freiburg – Feldberg und Blatt 9 Belchen – Wiesental.

Allgemeine Radkunde

Von Rudolf von Bitter

Das richtige Rad

Das richtige Rad zu den vorgestellten Touren oder die richtige Tour für Ihr Rad? Selbstverständlich kann jeder mit dem Rad fahren, mit dem er gerne fahren möchte. Unter dem Stichwort »Tourencharakter« finden Sie Angaben über den Schwierigkeitsgrad der jeweiligen Radtour.

Rennräder oder **Rennmaschinen** sind ausgelegt für Fahrten auf Asphalt, nicht für Feldwege und Kiesstraßen. Für Feld- oder Wirtschaftswege sind breitere Reifen und robustere Rahmen als bei Rennrädern üblich empfehlenswert. Wer trotzdem mit dem Rennrad fahren will, macht sich auf der Karte kundig, wie er Feld- und Waldwege auf befestigten Straßen umgehen kann.

Ein **Mountainbike** empfiehlt sich für Radtouren durchs Gebirge. Die Zahnkränze und Kettenblätter sind für extreme Steigungen gedacht. Grundsätzlich kann man mit einem Mountainbike alle Touren bewältigen.

Ein **Touren- oder Trekkingrad** ist am besten geeignet für Touren, die teils über befestigte Straßen, teils über Feld- und Waldwege führen. Die breiteren Reifen und die robuste Ausstattung bei Felgen und Speichen erlauben es, auch auf holprigen Wegen zu fahren, die Gangschaltung mit ihren Mehrfach-Kettenblättern und -Zahnkränzen ermöglicht schnelles, bequemes Fahren auf Straßen und erleichtert das Bewältigen von Steigungen. Das Tourenrad verfügt (genauso wie das Mountainbike) über einen stabilen, aber nicht zu schweren Rahmen, der auch mit etwas mehr Gepäck nicht ins Schlingern kommt.

Beim **Kauf eines Fahrrads** sollte man sich überlegen, daß ein Fahrradfachhändler auch Servicearbeiten ausführt, wobei er seine Stammkunden in der Regel bevorzugt. Außerdem wird er die richtige Rahmenhöhe und -länge bestimmen.

Wichtig ist, die **richtigen Bremsen** am Fahrrad zu haben: Rücktrittbremse und die heutzutage handelsüblichen Cantilever-Bremsen bringen das Rad auch bei Regen zum Stehen, was man von alten Felgenbremsen nicht immer sagen kann.

Pflege und Reparaturen

Robuste Fahrräder benötigen nicht allzuviel Pflege. Wer sein Fahrrad nicht ständig benutzt und dabei darauf achtet, daß die Bremsen wirken und das Licht funktioniert, sollte beides hin und wieder kontrollieren. Genauso sollte man regelmäßig nachsehen, ob die Reifen nicht spröde werden. Man sieht das an feinen Rissen, vor allem, nachdem das Rad unaufgepumpt herumgestanden hat. Man sollte dafür sorgen, daß die Schalt- und Bremszüge sowie die Mechanismen von Schaltung und Bremsen geschmiert sind und die Laufräder sich frei und ungehindert drehen. Mit einer gut geölten Kette und fest aufgepumpten Reifen hat man dann viel Freude am Fahrrad. Falls unterwegs doch eine Panne passiert, kann man sich oft selbst helfen. Im folgenden werden ein paar Handgriffe erläutert.

Das richtige Fahrrad – richtig eingestellt

Am **Sattel** lassen sich Höhe und Neigung regulieren. Je nach Modell verstellt man die Neigung unter der Sitzfläche mit einem Inbusschlüssel oder mit einem Gabelschlüssel. Die Höhe wird mit dem Klemmbolzen am oberen Rand der Sattelmuffe eingestellt. Entweder mit dem Schnellspannhebel oder einem passenden Gabel- oder Inbusschlüssel die Sattelstütze lockern und den Sattel nach oben oder unten bewegen. Die Höhe des Sattels stimmt, wenn die Ferse bei durchgestrecktem Bein auf dem Pedal ruht (das testet man, indem man sich an eine Wand stützt).

Auch der **Lenker** ist verstellbar. Als Faustregel gilt: Zwei Drittel des Körpergewichts trägt der Sattel, ein Drittel der Lenker. Sonst werden entweder die Arme schnell müde vom Abstützen oder man muß auch bei geringen Steigungen aus dem Sattel. Den Klemmbolzen des Lenkers mit Inbus- oder Gabelschlüssel lockern (vier Umdrehungen genügen oft), das Rad vorne hochheben, mit dem Hammer zur Lockerung der Klemmbolzenkeile auf den Klemmbolzen klopfen, Lenker so weit herausziehen oder hineindrücken wie nötig.

Für asphaltierte Straßen sind schmalere **Reifentypen** empfehlenswert, weil der Rollwiderstand geringer ist. Breitere Reifen sind geländegängiger und dämpfen Fahrbahnunebenheiten besser.

Werkzeug und Ersatzteile

Luftpumpe, Flickzeug mit Ersatzventil, 3 Reifen- oder Mantelheber und diverse Gabelschlüssel (auf die Größe achten) für die Räder – wenn sie nicht mit dem handlichen Schnellspannhebel ausgerüstet sind – oder einen Schlüssel für verschiedene Mutterngrößen (einen sogenannten »Knochen«) braucht man für alle Fälle. Schraubendreher, ein Speichenschlüssel, eine Kombizange und Inbusschlüssel machen das Werkzeug komplett.

Auf alle Fälle ist es praktisch, ein paar **Ersatzteile** mitzuführen, die weder schwer noch sperrig sind: Schlauch, Ersatzventil (»Blitzventile« machen das Pumpen leichter), Bremsklotz, Brems- und Schaltzug, Erste-Hilfe-Speichen mit Speichenspanner, Taschenlampe.

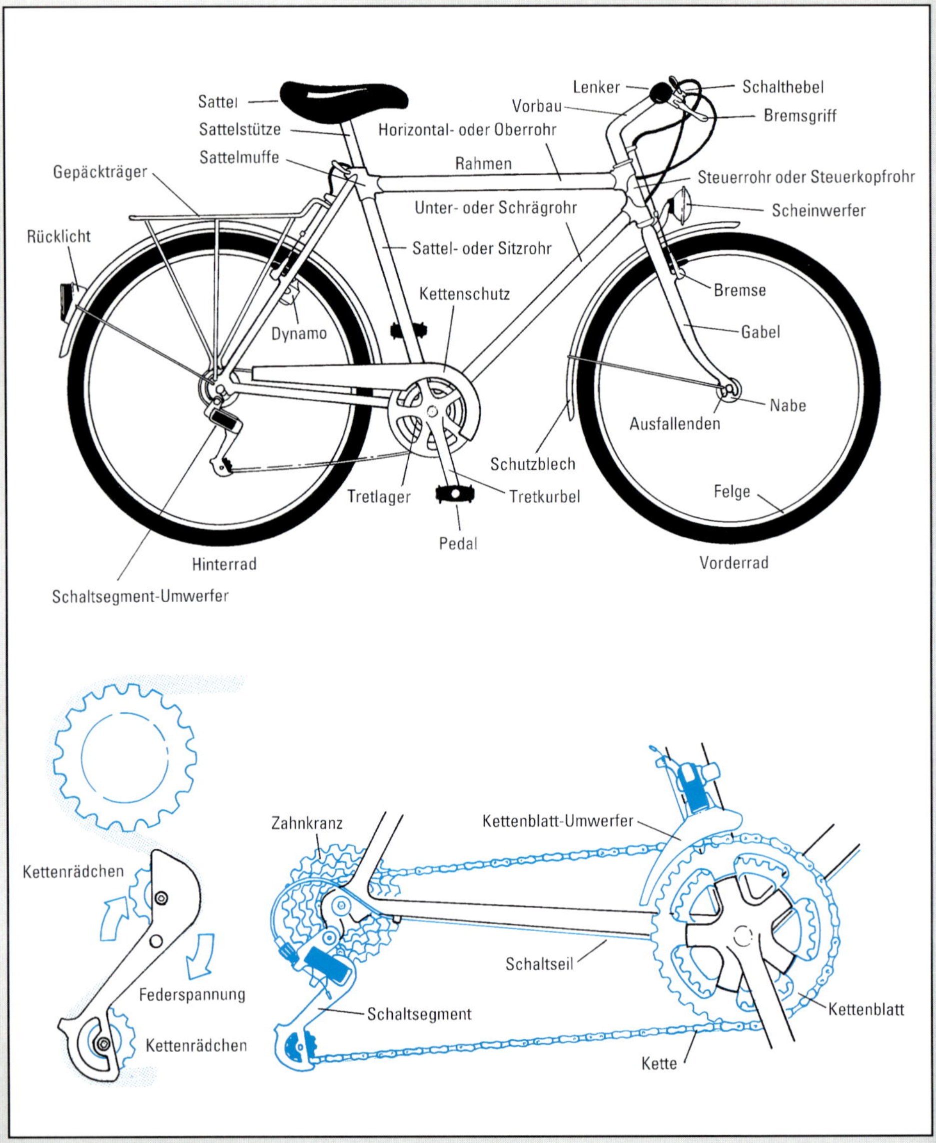

Das Fahrrad und seine Bestandteile.

Ein platter Reifen

Ein platter Reifen kommt häufiger vor, wenn Schlauch und Mantel schon etwas älter sind. Zur Vorsorge sollte man vermeiden, über spitze Gegenstände zu fahren. Auf den Landstraßen fliegen alle kleinen Glassplitter und Eisenteile an den Straßenrand – fahren Sie also mit einem halben Meter Abstand vom Bordstein. Damit bringen Sie die Autofahrer auch weniger in Versuchung, Sie auf engen Landstraßen trotz Gegenverkehr zu überholen.

Wenn der Reifen platt ist: *Zuerst* nachsehen, ob das Ventil nicht lose ist. Bildet sich bei aufgepumptem Reifen eine Blase am Ventil, nachdem man es (mit Spucke) angefeuchtet hat, sollte man den Ventilschlauch (oder das Ventil) auswechseln. Bleibt der Reifen platt, stellt man das Fahrrad auf den Kopf und sucht bei erneut aufgepumptem

Reifen nach der undichten Stelle. Haben Sie die schadhafte Stelle gefunden, markieren Sie sie. Dann hebeln Sie den Reifen aus der Felge, wie im nächsten Absatz beschrieben. Zupfen Sie das Stück Schlauch, in dem das Loch ist, heraus und flicken Sie das Loch wie beschrieben. Ist die Stelle nicht zu finden, muß das Rad abmontiert werden.

Rad abmontieren

Bevor Sie anfangen, suchen Sie sich eine Stelle aus, an der Sie auch die Muttern und Schrauben wiederfinden, die sonst wegkullern. Legen Sie abmontierte Kleinteile in die Haube der Klingel oder in eine Mütze. Lösen Sie erst die Felgenbremse, stellen Sie dann das Fahrrad auf den Kopf. Zur Schonung der Bremsgriffe kann man Badezeug oder Regenjacke unter den Lenker legen.

Vorderrad: Moderne Räder haben einen Schnellspanner mit einem Hebel, den man nur umzulegen braucht, und schon kann man das Rad aus seiner Halterung nehmen. Bei älteren Rädern muß man beidseitig die dicke Mutter lösen (nicht abschrauben; Schlüssel in der richtigen Größe einpacken), um das Rad abzunehmen.

Hinterrad: Wie beim Vorderrad Hebel umlegen oder Muttern lösen. Bei Kettengangschaltung schaltet man zuerst die Kette auf das kleinste Ritzel, dann biegt man den Kettenstraffer nach vorn, so daß man genügend Spiel hat, die Kette vom Zahnkranz abzuheben und so über die Achse zur Seite zu schieben, daß das Rad abgenommen werden kann. Bei Nabenschaltung muß man die Kette über das Ritzel drücken, um die Kette hinten von der Achse lösen zu können.

Haben wir das Rad lose in der Hand, pumpen wir es ein bißchen auf. Mit dem Mantel- oder Reifenheber fahren wir vorsichtig unter den **Mantel** *(Reifendecke)* und hebeln ihn über den Felgenrand. Mantelheber haben meistens eine Öse, mit der man sie an einer Speiche einhängen kann. Mit dem zweiten Mantelheber wiederholen wir dasselbe 10 cm weiter, dasselbe mit dem dritten Mantelheber. Den mittleren Mantelheber können wir jetzt abnehmen und wieder ein Stückchen weiter die Reifendecke über den Felgenrand heben – bis sich der Mantel auf der einen Seite lockert und von Hand von der Felge zu ziehen ist.

Jetzt können wir den Schlauch unter dem Mantel hervorschieben und -ziehen, bis er nur noch am Ventil in der Felge hängt. Ventil abschrauben und den Schlauch abnehmen. Ventil wieder aufsetzen, aufpumpen und nach dem Loch suchen. Feine Löcher findet man nicht so schnell mit bloßem Auge. Den Luftzug der entweichenden Luft spürt man am besten, wenn man den Schlauch nahe an das eigene Auge hält. Mit einem feuchten Handrücken kann man ebenfalls den Luftzug erfühlen. Schneller geht es in einer Schüssel Wasser, die in der Natur allerdings nicht zur Hand ist. Aber vielleicht ist in der Nähe ein

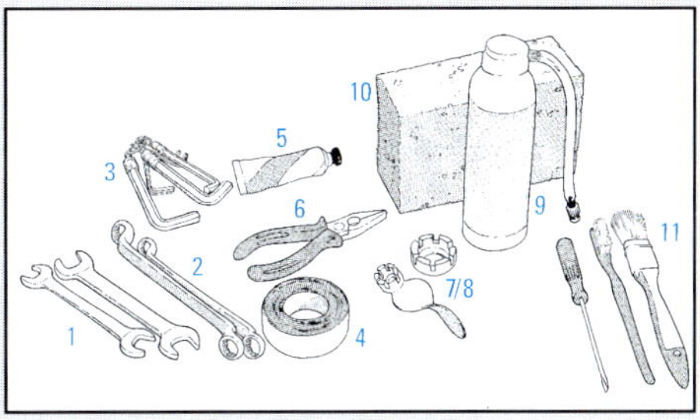

Werkzeug zur Pflege des Fahrrades.

1 Gabelschlüssel
2 Rundschlüssel
3 Inbusschlüssel
4 Reifen-Klebeband
5 Reifenkitt
6 Kombizange
7/8 Speichenschlüssel
9 Reifenflickspray
10 Schwamm
11 Alte Pinsel und Zahnbürsten

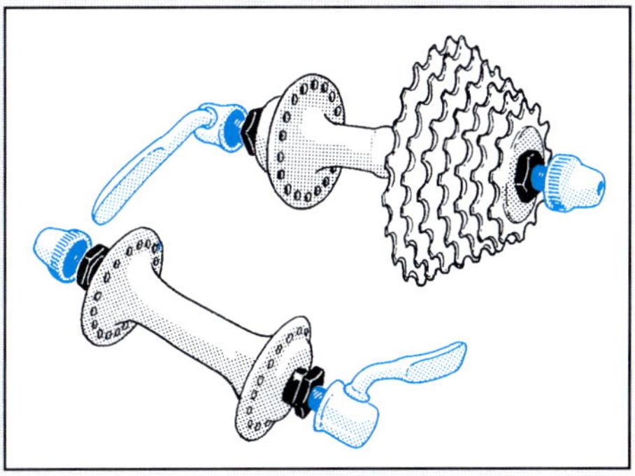

Vorderradnabe und Hinterradnabe mit Siebenfachzahnkranz, jeweils mit Schnellspannvorrichtung.

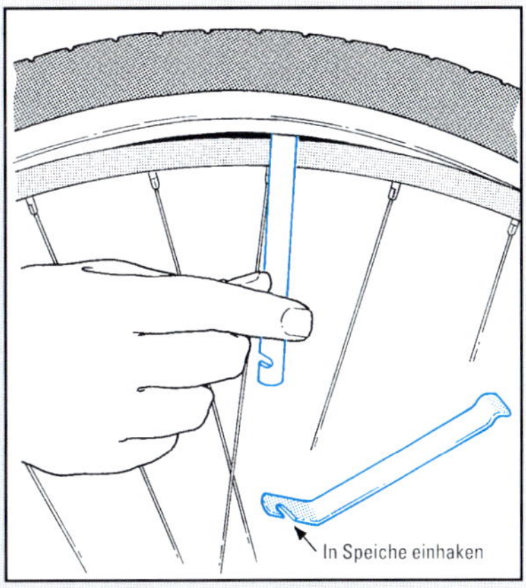

Einsatz des Mantel- oder Reifenhebers.

Bach, ein Teich oder eine tiefe Pfütze. Das Loch verrät sich durch Luftblasen.

Um das Loch herum den Schlauch leicht aufrauhen (beim Flickzeug gibt es dafür ein durchlöchertes Blechstück oder Sandpapier), Gummierlösung dünn auftragen, warten, bis die Lösung grifftrocken ist, Flicken vom Schutzpapier abziehen, auflegen und festdrücken. Schlauch wieder einlegen (beim Ventil anfangen) und unter den Mantel schieben, leicht aufpumpen, damit er schön gerade liegt, und den Mantel wieder auf die Felge drücken. Wenn es nicht anders geht, wieder mit dem Mantelheber. Vorsicht: dabei nicht neue Löcher in den Schlauch quetschen! Reifen aufpumpen. Wenn Sie noch Pause machen wollen, lassen Sie das Rad solange abmontiert – falls es nicht geklappt hat, müssen Sie nicht noch mal von vorne anfangen.

Eine Bremse versagt

Bei Nässe ist der Bremsweg länger als bei Trockenheit! Abgenützte Bremsklötze daher rechtzeitig ersetzen. Dabei soll die offene Seite des Bremsklotzhalters nach hinten weisen, damit der Klotz nicht bei der ersten Bremsung herausrutscht.

Ist der Bremsweg immer noch zu lang, stellen Sie die Bremse nach. Drücken Sie die beiden Bremsbacken so zusammen, daß noch 3 mm Abstand zur Felge bestehen, damit die Bremsen nicht zu hart greifen. Dann die beiden Muttern der Nachstellvorrichtung am Seilzug so drehen, daß die Bremsbacken sich allein da halten, wo Sie sie zuerst hingedrückt haben. Da die Bremssysteme je nach Fabrikat verschieden sind, sollte sich jeder sein eigenes Fahrrad-Bremssystem ansehen.

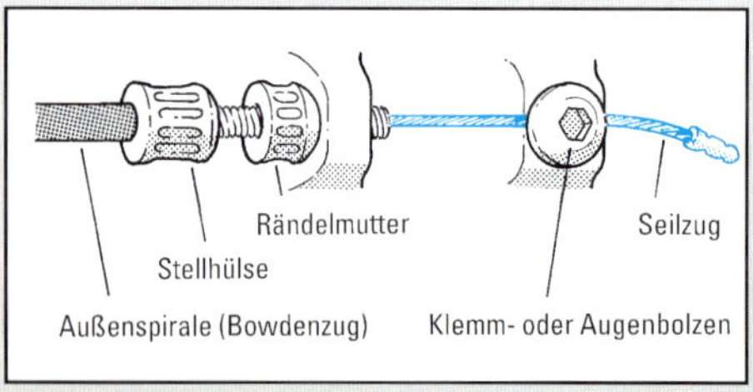

Nachstellen des Seilzuges.

Die Kette

Eine verdreckte oder angerostete Kette ist starr und kostet unnötig viel Kraft. Regelmäßiges Schmieren oder Ölen beugt vor. Ein Bad in Petroleum (die Kette vom Zahnkranz in eine Schale mit Petroleum hängen lassen, wenn Sie nicht montieren wollen) löst den Dreck. Mit einer alten Zahnbürste säubern. Anschließend mit Kettenfett Glied für Glied behandeln.

Bevor Sie losfahren, vergewissern Sie sich, daß die Kette die **richtige Spannung** hat. Bei einer Kettengangschaltung überprüft man das nach folgenden Kriterien: Hängt die Kette vorne auf dem kleinen Kettenblatt und hinten auf dem kleinsten Ritzel, soll sie nicht durchhängen. Hängt die Kette auf dem jeweils größten Kettenblatt und größten Ritzel, soll sie trotzdem noch S-förmig durch den Schaltarm mit seinen beiden Kettenrädchen verlaufen, um ihn nicht zu überdehnen. In diesen Positionen sollten Sie nie fahren!

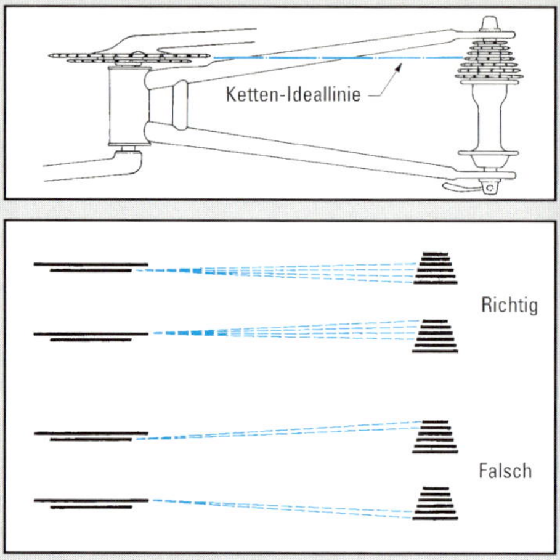

Richtige und falsche Art der Schaltung (Kettenlinie).

Schaltung

Die Größe der Kettenblätter und die Abstufung des Zahnkranzes mißt sich nach der Anzahl der Zähne. Die **Übersetzung** ist um so größer, je größer der Unterschied zwischen Kettenblatt und Ritzel des Zahnkranzes in Zähnen ist. Das heißt, pro Tretkurbelumdrehung ist der zurückgelegte Weg am größten, wenn die Kette auf dem größten Kettenblatt vorne und auf dem kleinsten Ritzel am Hinterrad liegt. Die vielen Gänge, die ein Rad hat, differenzieren die Übersetzung zumeist zu einer kleinen Übersetzung hin und erleichtern so das Bergauffahren.

Wenn Sie extreme Bergtouren vorhaben, können Sie das kleinere Kettenblatt austauschen und eines mit weniger Zähnen einsetzen. Anhand der Zeichnung sehen Sie, wie Sie nicht schalten sollten: größtes bzw. kleinstes Kettenblatt und größtes bzw. kleinstes Ritzel soll man nicht kombinieren. Solche »Extrem«-Schaltungen verursachen Reibungswiderstände und überbeanspruchen dadurch das Material.

Mit dem **Kettenblatt-Umwerfer** bewegen Sie die Kette von einem Kettenblatt zum anderen. Wenn Sie nur noch das mittlere und ein äußeres Kettenblatt erreichen oder die Kette am Umwerfer schleift, müssen Sie nachjustieren. Der Umwerfer soll hoch genug angebracht sein, damit er nicht das große Kettenblatt berührt.

Mit dem Schaltarm am hinteren Schaltwerk transportieren Sie die Kette über die Ritzel unabhängig von der Stellung der Kette auf den Kettenblättern.

Das Licht fällt aus

Als Lichtanlage haben die Hersteller alle möglichen Konstruktionen entwickelt. Das Prinzip ist immer dasselbe: Der Dynamo stellt den Strom her, der über Kabel zum Glühbirnchen geleitet wird. Ein Massekabel entfällt, dazu ist der Rahmen da. Als erstes nach der **Glühbirne** sehen. Bleibt es trotz intakter Birne dunkel, die **Kabelverbindungen** im Lampengehäuse und am Dynamo überprüfen (Wackelkontakt? Kann man mit einer Batterie prüfen). Leuchtet das Licht, liegt es am Dynamo, leuchtet es nicht, liegt es an den Kabeln, die man überprüfen und notfalls ersetzen muß. Hat der **Dynamo** genügend Reibung am Reifen? Eventuell befestigen. Ein lockerer Dynamo kann außerdem in die Speichen fallen und einen Unfall verursachen.

Wenn das alles nichts nützt, und Sie stehen bei Dunkelheit am Straßenrand, dann lassen Sie Ihre Tourenbegleiter mit funktionierendem Licht vor und hinter sich fahren. Besonders für den nachkommenden Verkehr ist es wichtig, daß Sie **von hinten gesehen werden**. Sind Sie allein und ohne Taschenlampe, mit der Sie nach hinten leuchten können, dann weichen Sie nach Möglichkeit auf den Gehsteig aus.

Fahrtechniken

Der **Fußballen** liegt über der Pedalachse. Daß Sie beim Heruntertreten des Pedals die meiste Kraft aufwenden und beim Steigen des Pedals die geringste, ist klar. Rennradler haben mit Rennhaken und Pedalklammer die Möglichkeit, das Pedal aufwärts zu ziehen und nach vorn zu schieben. Normale Radler können sich von den Rennradlern immerhin abschauen, wie sie das Pedal unten nach hinten drücken und dazu den Fuß mit der Spitze abwärts kippen (»runder Tritt«).

Wiegetritt nennt man die Technik, bei Steigungen, die trotz kleinen Gangs nicht mehr zu schaffen sind, aus dem Sattel aufzustehen und das jeweils obere Pedal mit dem Körpergewicht und Zug am Lenker nach unten zu stemmen.

Ein weiteres Detail der Fahrtechnik ist die **Auswahl der Übersetzung**. Die Gänge sind vor allem dazu da, den Bewegungsablauf gleichmäßig zu halten. Zu kleine Übersetzung bekommt der Muskulatur genauso wenig wie zu große Übersetzung. »Weiches Pedalieren« ist der schöne Ausdruck für diesen Vorgang.

Aus mechanischen Gründen soll man **nicht in Extremschaltungen** fahren, also kleines Kettenblatt und kleinstes Ritzel am Zahnkranz oder großes Kettenblatt und größtes Ritzel kombinieren. Die Kette liegt dann schräg und produziert anstrengende Reibungswiderstände. Ideal ist es, wenn die Kette gerade verläuft.

Bremsen sollte man stets gleichzeitig hinten und vorne. Besonders bei Bergabfahrten kann zu abruptes Bremsen zu Stürzen führen. Ebenso sollte man schon vor und nicht erst in einer Kurve bremsen, weil man in der Kurve das Gleichgewicht verlieren kann. Bei Nässe gilt dies erst recht. Nehmen Sie in Kurven das innere Pedal nach oben – wenn in der Kurve ein Pedal den Boden berührt, berührt der ganze Radler den Boden.

Gepäck/Zubehör

Praktisch ist die traditionelle **Hinterradtasche** auf dem Gepäckträger über dem Hinterrad. Diese Tasche kann man als Doppeltasche oder als Einzeltasche erhalten. Auf jeden Fall sollte die Innenseite (zum Rad hin) verstärkt sein, damit es keine Ausbeulungen gibt, die die Fahrt behindern. Zugleich sollte die Tasche nicht zu weit vorn hängen, weil sie sonst die Fersen stört.

Für die Karte ist die kleine **Lenkertasche** nützlich. Genausogut können Sie aber auch vorne einen Gepäckträger anbringen (lassen) und einen **Korb** darauf befestigen, in den Sie Karte, Führer, Flasche, Pullover, Badezeug und was sonst schnell zur Hand sein soll, hineinlegen. Bei viel Gepäck ist ein **Doppelständer** sinnvoll. Luftpumpe und Trinkflasche im Trinkflaschenhalter haben ihren festen Platz am Sattel- oder am Unterrohr.

Schutz vor Diebstahl: Am sichersten ist das massive Bügelschloß aus Stahl, aber das wiegt auch viel. Spiralkabel mit eigener Halterung unter dem Sattel sind praktisch, man muß lediglich die Zugkraft der Spirale überwinden. Um das Vorderrad zu sichern, kann man es abnehmen und an das Hinterrad schließen. Auf alle Fälle ist es gut, sein Rad an einen Laternenpfahl oder etwas Ähnliches anzuschließen.

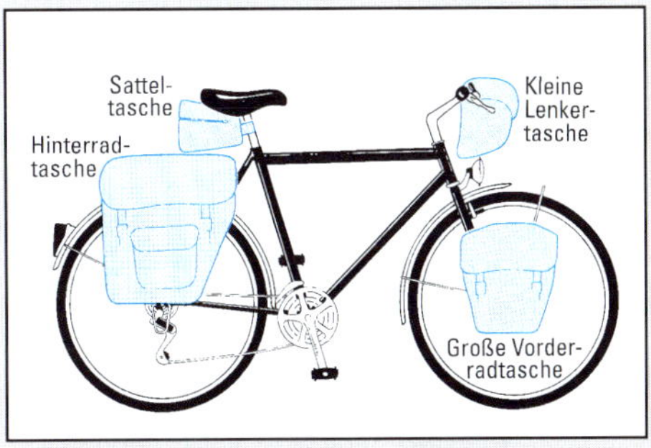

Das bepackte Fahrrad mit Gepäckstücken zur Auswahl.

Anhang

Empfehlungen der Autoren zum Rad

Radfahren im Schwarzwald, das bedeutet Steigungen, und das bedeutet auch Fahren auf Waldwegen, die z.T. mit feinem Splitt bestreut sind, sogenannte »naturbelassene Wege«, und auf geschotterten Wegen in den Auwäldern in der Rheinebene. Denn in diesem Radführer wurde bewußt versucht, die Strecken so zu legen, daß stark befahrene Straßen nach Möglichkeit gemieden werden. Für die Wahl des richtigen Fahrrads bedeutet das in diesem Fall, daß Rennräder mit schmalen Reifen für die hier vorgeschlagenen Touren nur bedingt geeignet sind. Mountainbikes können verwendet werden, sind allerdings nicht notwendig, da nur befestigte Wege befahren werden. Am besten eignen sich Trekking-Räder mit möglichst vielen Gängen (21 oder 24), mit leichtem, aber stabilem Rahmen und Reifen mit griffigem Profil. Die Gangschaltung sollte leicht zu handhaben sein und auch das Schalten unter Pedalbelastung erlauben. Und für die Abfahrten, die teilweise recht steil sind (bis zu 16%), sind zuverlässige Bremsen unbedingt erforderlich, am besten Cantilever-Bremsen, die, korrekt eingestellt, eine gute Bremswirkung haben.

Ausrüstung und Kleidung

Voraussetzung für eine erfolgreiche Radtour ist in erster Linie ein funktionstüchtiges und verkehrssicheres Rad. Stattet man außerdem sein Rad noch mit einigen Extras aus, können Sicherheit und Genuß noch erhöht werden:

Hier eine Vorschlagsliste:

- Flickzeug (einen Hebelsatz, um den Reifen von der Felge zu lösen, einen sogenannten »Knochen« zum Lösen der Schraubenmuttern; einen Schraubendreher) und einen Ersatzschlauch.
- Luftpumpe.
- Stahlseilschloß zur Absicherung des Rads bei Pausen.
- Behältnis auf dem Gepäckträger für Regenzeug, Pullover, Badesachen, ein Handtuch bei extrem heißem Wetter oder trockene T-Shirts, Proviant: entweder ein Korb, der mittels eines Gummispanners festgehalten wird oder zwei festverschraubte, je nach Bedarf aufklappbare Körbe oder Satteltaschen.
- Gepäcktasche am Lenker für Karte, Papiere und sonstige nützliche Kleinigkeiten wie Sonnenbrille, Sonnenschutzmittel, kleine Apotheke, feuchte Papiertücher.
- Ein Kilometerzähler, der Ihnen erleichtert, die Tourenbeschreibungen nachzuvollziehen.

Bei der Kleidung sollten Sie darauf achten, daß Sie mehrere Lagen tragen – »Zwiebelprinzip« –, so daß Sie je nach Körper- oder Außentemperatur ein Kleidungsstück aus- bzw. anziehen können. Da Sie bei Radtouren im Schwarzwald häufig ins Schwitzen geraten, empfiehlt sich vor allem *Unterwäsche*, die schnell wieder trocknet. Denn auf einen Anstieg folgt meist eine Abfahrt, und mit nasser Unterwäsche kann der Fahrtwind sehr unangenehm werden. Naturfasern wie Baumwolle und Wolle saugen zwar die Körperfeuchtigkeit auf, doch sie geben sie nur ganz langsam wieder ab, d.h. die Wäsche bleibt feucht. Besser geeignet sind hier Wäschestücke aus Microfasern, d.h. feinsten synthetischen Fasern, die zwar selbst keine Feuchtigkeit aufnehmen können, aber bewirken, daß die Feuchtigkeit nach außen gelangt, wo sie verdunstet.

Als nächste Lage empfiehlt sich ein *Polo- oder T-Shirt* mit kurzem Arm und, wenn das Wetter es erlaubt, kurze Hosen, da sie mehr Beinfreiheit gewähren und am Knie nichts scheuert oder drückt. Für Anfänger oder Dauerradler gibt es spezielle Hosen, in die zum Schutz des empfindlichen Hinterteils ein Leder oder gepolstertes Fleece eingenäht ist, doch meistens genügt die Normalausstattung. Sollten Sie kein Fan der farbenfrohen, eng anliegenden Radler-Hosen sein: Es gibt auch Bermuda-Hosen in unauffälligeren Farben. Bei Fahrten im zeitigen Frühjahr oder Herbst bewähren sich leichte, bequeme Outdoor- oder Trekkinghosen, deren Saumweite sich am Beinabschluß regulieren läßt und die einen elastischen Bund haben. Auch hier gilt: Schnelltrocknende Materialien sind vorzuziehen. Achten Sie bei den T-Shirts darauf, daß diese so lang sind, daß sie auch in gebückter Fahrhaltung in die Hose oder über den Bund reichen.

Als dritte Schicht sollten Sie ein *wärmendes Kleidungsstück* dabei haben, das Sie bei einer Pause oder bei einer Wetterverschlechterung überziehen können. Extrem leicht und hervorragend isolierend sind Fleece-Pullover aus aufgerauhten Microfasern. Auf dem Markt gibt es spezielle Fleece-Pullover, deren Vorderseite mit einem Windschutz verstärkt ist. Bei mehrtägigen Touren haben übrigens die Kleidungsstücke aus synthetischen Fasern den Vorteil, daß sie sehr leicht und außerdem pflegeleicht sind, so daß sie zwischendurch rasch einmal ausgewaschen werden können.

Noch ein paar Tips: Als *Regenbekleidung* sind Regenhosen und -jacken den flatternden Ponchos und Capes vorzuziehen. Zum Schutz gegen die Sonne empfehlen sich gutsitzende Schildmützen und, bei heißem Wetter, Schweißbänder an den Handgelenken, vor allem für Brillenträger. Schuhe sollten so bequem sein, daß man in ihnen auch über eine längere Distanz schieben kann.

Ein *Sturzhelm* empfiehlt sich auf jeden Fall für Kinder. Für Erwachsene ist er bei den hier vorgestellten Touren nicht unbedingt erforderlich, obwohl er natürlich die Verletzungsgefahr im Straßenverkehr mindert.

Proviant: Getränke – ca. ein Liter pro Person – sollten Sie immer dabei haben, obwohl an jeder Radstrecke zahlreiche Einkehrmöglichkeiten liegen. Es empfehlen sich isotonische Flüssigkeiten, als Pulver in mehreren Geschmacksrichtungen erhältlich, kohlensäurearmes Mineralwasser, evtl. gemischt mit Fruchtsaft, oder kalter Tee. Selbst wenn Sie beabsichtigen, zum Essen einzukehren, sollten Sie nahrhafte Energiespender wie Schokolade, Müsliriegel oder Trockenobst als Reserve bei sich haben.

Kartenmaterial und Literatur

Karten

Das Landesvermessungsamt Baden-Württemberg (im folgenden abgekürzt: LVA-BW) veröffentlicht ausgezeichnete Karten und Kartenserien:

- »Übersichtskarten Baden-Württemberg« im Maßstab 1:200000 (4 Blätter) und 1:500000.

- »Radwanderkarte« im Maßstab 1:100000 (Blatt Schwarzwald Nord, Schwarzwald Süd, Bodensee; mit Radwanderwegen).

- »Topographische Karten« im Maßstab 1:50000 (mit Wander- und Radwanderwegen; gut geeignet als Radwanderkarten, obwohl nicht ersichtlich wird, ob es sich um markierte Radwege oder um bloße Vorschläge handelt; im Buchhandel überall erhältlich).

- »Topographische Karten« im Maßstab 1:25000 (ohne Wanderwege).

- Die Bielefelder Verlagsanstalt veröffentlicht die »ADFC-Radtourenkarte«, 1:150000 (Blatt 20 Rhein-Neckar und Blatt 24 Schwarzwald-Oberrhein; offizielle Karten des Allgemeinen Deutschen Fahrrad-Clubs e.V.; brauchbar).

- Der RV Reise- und Verkehrsverlag veröffentlicht die Serie »Regio-Cart, Radwanderkarte«, 1:50000 (7 Blätter; sehr nützlich aufgrund der unterschiedlich dargestellten Wegbeschaffenheiten und der Kennzeichnung von Steigungen und Gefällstrecken; im Buchhandel überall erhältlich).

- Im Heinz Fleischmann – Geographischer Verlag erscheint die Serie »Kompaß Wanderkarte – mit Radwanderwegen«, 1:30000 (mehrere Blätter mit Informationen zu Landschaft und sonstigen Themen, die für die betreffende Region von Bedeutung sind; für Radwanderungen nur bedingt geeignet aufgrund der Eintragung zahlreicher Wanderwege, worunter die Übersichtlichkeit leidet, und aufgrund der nur sehr schwer erkennbaren Höhendifferenzen; im Buchhandel erhältlich).

- Der G. Seeger-Verlag für Landkartenwerbung veröffentlicht Karten zu einzelnen Regionen (zahlreiche Einzelkarten mit touristischen Informationen in unterschiedlichen Maßstäben; brauchbar trotz der Eintragung touristischer Symbole und dadurch bedingter Unübersichtlichkeit; jeweils vor Ort im Buchhandel, häufig auch in den Verkehrsämtern erhältlich).

Freizeitkarten

- Das LVA-BW veröffentlicht eine Reihe von Karten zu verschiedenen Themen, z.T. mit einem Beiheft, das nähere Informationen gibt:

»Wandern und Radwandern in Baden-Württemberg«, 1:200000; »Archäologische Denkmäler in Baden-Württemberg«, 1:200000; »Schlösser, Burgen, Kirchen und Klöster in Baden-Württemberg«, 1:200000; »Museumskarte Baden-Württemberg«, 1:200000; »Kunst und Kultur – Museen im Dreiländereck«, 1:250000. Diese Karten sind in größeren Buchhandlungen erhältlich.

- In Zusammenarbeit des LVA-BW mit dem Schwarzwaldverein bzw. dem Schwäbischen Albverein erschien die Serie »Wanderkarte mit Radwanderwegen«, 1:50000 (mit Parkplätzen, Grillstellen, Einkehrmöglichkeiten, Wanderheimen etc.; im Buchhandel erhältlich).

Zusatzkarten

- »Geologische Übersichtskarten von Baden-Württemberg«, 1:200000 (4 Blätter) und 1:500000, Hrsg.: Geologisches Landesamt B.-W.

- »Geologische Karten von Baden-Württemberg«, in den Maßstäben 1:100000, 1:50000 und 1:25000, Hrsg.: Geologisches Landesamt B.-W.; die Karten aller drei Maßstabsgrößen gibt es nur für wenige Regionen.

- »Vegetationskarten« in den Maßstäben 1:50000 und 1:25000, Hrsg.: LVA-BW; die Karten beider Maßstabsgrößen gibt es nur für wenige Gebiete.

Einzelkarten

Alle regionalen und nahezu alle lokalen Fremdenverkehrsämter verfügen über besondere Einzelkarten und/oder Broschüren mit Tourvorschlägen, Beschreibungen und Kartenskizzen, die auf Anfrage erhältlich sind (s. Seite 188, Informationsmaterial zu weiteren Radtouren). Einzelne Landkreise haben eigene Radkarten herausgegeben, die in den örtlichen Buchhandlungen erhältlich sind.

Straßenkarten

Für Baden-Württemberg oder Süd- bzw. Südwestdeutschland sind im Buchhandel verschiedene Straßenkarten in unterschiedlichen Maßstäben erhältlich. Sehr anschaulich ist »Die Generalkarte«, 1:200000, Blatt 21/24 Schwarzwald und Bodensee, Hrsg.: Mairs Geographischer Verlag.

Kartenbeschaffung

Die vom Landesvermessungsamt Baden-Württemberg oder vom Geologischen Landesamt Baden-Württemberg herausgegebenen Karten – auf Anfrage wird ein Kartenverzeichnis zugeschickt – können direkt bezogen werden bei: Landesvermessungsamt Baden-Württemberg, Kartenverkaufsstelle, Postfach 102962, 70025 Stuttgart, Tel. (0711) 1232831, Fax (0711) 1232979.
Ansonsten können diese Karten auch bezogen werden von: GeoCenter, Internationales Landkartenhaus, Schockenriedstraße 40 a, 70565 Stuttgart, Tel. (0711) 7889340, Fax (0711) 7889354.
Gebräuchliche Karten sind überall im Buchhandel erhältlich (s.o. die entsprechenden Angaben bei den aufgeführten Karten).

Literatur

Das Angebot an Reiseführern zum Schwarzwald ist groß, jedoch wurden hier nur solche Führer aufgenommen, die über die Grundfakten hinaus – diese sind ja bei den einzelnen Touren schon angegeben – informieren:

- Knaurs Kulturführer in Farbe »Schwarzwald«, Droemer Knaur, Hrsg. M. Mehling; eignet sich aufgrund seines handlichen Formats und des festen Einbands zur Mitnahme für Kunstinteressierte; stichwortartige, gedrängte Information.

- DuMont Kunst-Reiseführer »Der Schwarzwald und das Oberrheinland« von Karlheinz Ebert; etwas »gewichtiger«, aber auch ausführlicher, eher geeignet zum Nachlesen.

- »Das große Buch vom Schwarzwald«, von Haubrich, Hug, Lange, Theiss-Verlag; schön bebildertes Buch für denjenigen, der sich umfassend über geographische, geschichtliche und kulturelle Aspekte informieren möchte; als Vor- oder Nachbereitung zum Schmökern zu Hause.

- Meyers Naturführer in zwei Bänden, »Nordschwarzwald« und »Südschwarzwald«; handliche kleine Bücher mit Beiträgen zu den geographischen Besonderheiten; nur für besonders Interessierte.

- Hoggenmüller/Hug, »Die Leute auf dem Wald«, Theiss Verlag; Untertitel »Alltagsgeschichte des Schwarzwalds zwischen bäuerlicher Tradition und industrieller Entwicklung«; ein Lesebuch für denjenigen, der über die Fakten hinaus etwas über die Entstehung dieser Kulturlandschaft und das Leben der Schwarzwaldbewohner im 18./19. Jh. im südlichen Schwarzwald erfahren möchte.

Klima und Reisezeit

Über 1000 m beträgt der Höhenunterschied zwischen der Rheinebene und den höchsten Gipfeln des Schwarzwalds. Dementsprechend unterschiedlich ist das Wetter, das kurz und knapp auf folgenden Nenner gebracht werden kann: In der Rheinebene ist es trocken und warm, auf den Höhen des Schwarzwalds frisch und kühl.

Das sonnenscheinreichste Gebiet Deutschlands ist die *Oberrheinische Tiefebene*, und hier vor allem der Kaiserstuhl. Die durchschnittliche Jahrestemperatur liegt deshalb bei 10,3 °C (zum Vergleich: in den anderen Teilen Deutschlands bei 9,1 °C), weshalb das Frühjahr hier und in den ebenfalls begünstigten Lagen der *Vorberge*, wie z.B. im Markgräflerland, 3–4 Wochen früher einsetzt.

Etwa ab Mitte April blühen die Obstbäume zu Tausenden. Im Sommer hingegen kann es drückend heiß werden. Ist der Himmel auch noch bedeckt, kann es gar schwülwarm und manchmal unangenehm sein. Auf jeden Fall empfiehlt es sich, bei Radtouren in dieser Gegend im Sommer früh zu starten und während der Mittagshitze eine längere Pause einzulegen. Aufgrund des milden Klimas und des spät einsetzenden Herbstes ist der Aufenthalt im Freien bis in den November möglich, was sich günstig auf die im Herbst (September/Oktober) zahlreich stattfindenden Winzerfeste auswirkt.

Auf den *Höhen des Schwarzwalds*, d.h. etwa ab 600 m Höhe, setzt das Frühjahr erst Mitte/Ende Mai ein, vorher ist durchaus noch mit Kälteeinbrüchen zu rechnen. Doch gegen Ende Mai bessert sich das Wetter, so daß bereits Radtouren bei angenehmen Temperaturen möglich sind. Die höchsten Temperaturen werden meist Ende Juli gemessen; trotzdem ist es, im Vergleich zur Rheinebene, immer frisch, die Luft windbewegt und dadurch nie drückend heiß. Bei Touren, die von der Rheinebene oder den Tälern auf die Höhen hinaufführen (z.B. Touren 29 und 30), sollte deshalb bei der Auswahl der Kleidung bedacht werden, daß die Temperatur alle 100 Höhenmeter um 0,6 °C abnimmt, was einen Unterschied von 6–7 °C zwischen Ebene und Gipfel ausmachen kann. Von August bis September sind die Temperaturen während des Tages so hoch, daß man gut radfahren kann. Ab Ende Oktober allerdings setzen Nachtfröste ein, und es kann auch tagsüber schon empfindlich kühl werden, es sei denn, es entsteht eine Temperaturumkehr. Kalte Luftmassen in den Tälern und warme Luftschichten ab 500–800 m bewirken, daß es auf den Höhen um einige Grade wärmer und sonnig ist. Die Fernsicht ist dann meist hervorragend, genauso wie nach Regen, mit dem man in der Gegend um den Feldberg dreimal häufiger rechnen muß als in der Rheinebene.

Trockener ist es auf den *östlichen Ausläufern*, die im Regenschatten des Schwarzwalds liegen, aber auch kälter. In der Baar, einer 700 m hoch gelegenen Senke zwischen Schwarzwald und Schwäbischer Alb, fließt Kaltluft nur zögernd ab, so daß Frost besonders früh im Jahr auftritt und sich auch im Frühjahr lange hält.

Benutzung öffentlicher Verkehrsmittel

Die Bahn transportiert Räder ohne vorherige Anmeldung, wenn die Gruppe nicht mehr als 6 Personen umfaßt. Reservierungen sind generell nur für Inter-Regio-Züge notwendig. Zusätzlich zur Fahrkarte muß eine Radkarte gelöst werden: Preis bei Strecken unter 100 km DM 5,40. Die Räder müssen selbst verladen werden und werden auf den bei Radfahrern beliebten Strecken (z. B. der Radel-Expreß im Murgtal) in einem Gepäckwagen (in Fahrplanunterlagen mit Fahrradsymbol gekennzeichnet) oder in den Einstiegsbereichen untergebracht. Weitere Information siehe Touren 7, 8, 10, 21 und 30.

Radverleih vor Ort

Beinahe in allen Ausgangsorten der hier beschriebenen Touren können Fahrräder ausgeliehen werden, entweder am Bahnhof, beim Fremdenverkehrsamt oder bei privaten Firmen. Adressen siehe »Nützliche Informationen« zu jeder Tour. Bei der Ausleihe wird häufig – an Bahnhöfen immer – die Vorlage eines Personalausweises verlangt. Hinterlegung einer Kaution wird kaum gefordert. Die Preise liegen bei privaten Verleihern und Verkehrsämtern zwischen DM 5 und DM 15 pro Tag, bei der Bahn bei DM 9, wenn man mit dem Zug anreist, ansonsten bei DM 13. Ein Service ganz besonderer Art ist der kostenlose Radverleih durch den Städtischen Radverleih Offenburg gegen eine Kaution von DM 20.

Achten Sie bei der Auswahl des Rades auf die Sitzposition. Der Sattel sollte so eingestellt sein, daß Sie, auf dem Rad sitzend, bei ausgestrecktem Bein mit der Ferse auf dem Pedal stehen können. Am häufigsten werden Räder mit 3–7 Gängen angeboten; bei den meisten Radtouren – Ausnahme in der Rheinebene – empfehlen sich die Räder mit mehreren Gängen. Überprüfen Sie, bevor Sie losfahren, ob die Bremsen, das Profil und der Reifendruck in Ordnung sind.

Unterkunftsmöglichkeiten

Da die hier vorgestellten Tagesrundtouren immer in einer Stadt oder einem Dorf beginnen und der Schwarzwald außerdem ein traditionelles Urlaubsgebiet ist, gibt es keine Schwierigkeiten, am Ausgangspunkt einer Tour ein Hotel oder einen Gasthof zu finden. Auch bei den hier vorgeschlagenen mehrtägigen Touren ist die Auswahl der Übernachtungsmöglichkeiten groß. Selten am Weg liegen die Übernachtungshäuser der Naturfreunde und des Schwarzwaldvereins, da diese meist in den höheren Regionen abseits der Straßen zu finden sind. Wo Jugendherbergen an der Strecke liegen, wurde unter »Nützliche Informationen« darauf verwiesen. Informationen sowie Hilfe bei der Buchung von Hotel- und Gasthofübernachtungen geben die überregionalen Fremdenverkehrsgemeinschaften (s. u.) oder die zahlreichen Informationsbüros vor Ort. Auskunft zu den anderen Unterkunftsmöglichkeiten erhalten Sie bei:

- Schwarzwaldverein, Hauptgeschäftsstelle, Bismarckallee 2a, 79098 Freiburg, Tel. (0761) 22794.
- Naturfreunde, Landesverband Baden, Alte Weingartener Str. 37, 76227 Karlsruhe, Tel. (0721) 405096.
- DJH-Landesverband Baden, Weinweg 43, 76131 Karlsruhe, Tel. (0721) 96210-0.

Info-Adressen

Unterstützung bei den Urlaubsvorbereitungen, Prospektmaterial sowie Buchung der Unterkünfte durch die überregionalen Verkehrsbüros:

- Gebietsgemeinschaft Nördlicher Schwarzwald, Am Waisenhausplatz 26, 75106 Pforzheim, Tel. (07231) 17929.
- Tourist-Info Mittlerer Schwarzwald und Ortenau, Badstr. 20, 77652 Offenburg, Tel. (0781) 805-439.
- Tourist-Info Südlicher Schwarzwald Hochrhein-Hotzenwald, Kaiserstr. 110, 79761 Waldshut-Tiengen, Tel. (07751) 86444.

• Verkehrsgemeinschaft Breisgau-Hochschwarzwald, Stadtstr. 2, 79104 Freiburg, Tel. (0761) 2187-304.

• Verkehrsgemeinschaft Südlicher Schwarzwald Wiesental-Markgräflerland, Postfach 1248, 79537 Lörrach, Tel. (07621) 410439.

Informationsmaterial zu weiteren Radtouren

ist erhältlich bei folgenden Verkehrsämtern:

Nördlicher Schwarzwald

• Stadtinformation, Marktplatz 1, 75175 Pforzheim, Tel. (07231) 392190; Karten und Beschreibungen zu mehreren markierten Rad-Rundtouren in Pforzheim und Umgebung.

• Ferienkreis Freudenstadt, Postfach 364, 72233 Freudenstadt; Radwanderkarte Freudenstadt sowie Kurzbeschreibungen von Rad-Rundtouren.

Mittlerer Schwarzwald

• Verkehrsamt, Gärtnerstr. 6, 77652 Offenburg, Tel. (0781) 82253; Faltblatt mit 16 Radtourvorschlägen in der Umgebung von Offenburg.

• Verkehrsamt, Postfach 1261, 78196 Bräunlingen; Radwegekarte der Südbaar.

• Stadtinformation, Im Rathaus, 78713 Schramberg; Broschüre mit 16 ausführlich beschriebenen Vorschlägen für Tagesrundtouren.

Südlicher Schwarzwald

• Fremdenverkehrsstelle des Landkreises Breisgau-Hochschwarzwald, Stadtstr. 2, 79104 Freiburg i.Br., Tel. (0761) 2187-304; Broschüre »Radtouren zwischen Oberrhein und Hochschwarzwald«, Kurzbeschreibung von 10 markierten Touren, die teilweise miteinander kombinierbar sind.

• Tourist-Info Südlicher Schwarzwald, Postfach 1642, 79744 Waldshut-Tiengen; Kartenset mit 33 Karten und Kurzbeschreibungen zu markierten Radtouren im Kreis Waldshut, DM 15,-.

• Kur- und Bäderverwaltung, Herbert-Hellmann-Allee, 79189 Bad Krozingen; Broschüre mit ausführlicher Beschreibung von 10 Radtagestouren in der Vorbergzone und Rheinebene um Bad Krozingen.

• Fremdenverkehrsgemeinschaft Südlicher Schwarzwald Wiesental-Markgräflerland, Postfach 1428, 79537 Lörrach; Broschüre mit Kartenskizzen und Beschreibungen zu 18 Rundtouren.

Fernradwege

Der Baden-Württembergische Radwanderweg führt durch die schönsten Landschaften Baden-Württembergs und ist in Etappen eingeteilt, die man so miteinander kombinieren kann, daß der Schwarzwald umrundet wird. Der Weg bedient sich der vorhandenen verkehrsarmen Straßen und befestigten Feld- und Waldwege. Er wurde nicht speziell ausgebaut und ist auch nicht durchgehend markiert. Gesamtlänge der hier vorgeschlagenen Kombination: ca. 655 km.

1) *Heidelberg-Schwarzwald-Bodensee-Weg:*
Pforzheim – Calw – Oberndorf a.N. – Rottweil – Villingen-Schwenningen – Donaueschingen – Tengen – Schaffhausen; ca. 220 km.

2) *Hochrhein-Hotzenwald-Weg:*
Schaffhausen – Waldshut – Bad Säckingen; ca. 75 km.

3) *Oberrhein-Kaiserstuhl-Weg:*
Bad Säckingen – Lörrach – Breisach; 130 km.

4) *Breisgau-Weg:*
Breisach – Freiburg – Kenzingen – Herbolzheim; ca. 60 km.

5) *Ortenau-Weg:*
Herbolzheim – Lahr – Offenburg – Achern – Ettlingen; ca. 140 km.

6) *Bergstraße-Rhein-Weg:*
Ettlingen – Karlsruhe-Durlach; ca. 10 km.

7) *Stromberg-Enztal-Weg:*
Karlsruhe – Neulingen; ca. 20 km.

8) *Heidelberg-Schwarzwald-Bodensee:*
Neulingen – Pforzheim; ca. 10 km.

Literatur: Wandern und Radwandern in Baden-Württemberg, Hrsg. Landesfremdenverkehrsverband Baden-Württemberg.

Radwandern ohne Gepäck

• Auf den Spuren der Flößer: Komb. Wanderung/Radwanderung von Loßburg entlang der Kinzig bis Straßburg; Fahrradverleih. Information bei Kurverwaltung Loßburg, Tel. (07446) 18348.

• Durch Schwarzwald, Baar und Wutach: Rundstrecke mit 5 Tagesetappen ab Donaueschingen, Fahrt mit der Museumsbahn Wutach; Fahrradverleih. Information bei Städt. Verkehrsamt, Karlstr. 58, 78166 Donaueschingen, Tel. (0771) 857221-223.

• Im südlichen Schwarzwald: 6tägige Rundfahrt ab Grafenhausen über Todtmoos, Höchenschwand und Bonndorf; Fahrradverleih. Information bei Kurverwaltung, 79863 Grafenhausen, Tel. (07748) 52041.

• Rund um den Feldberg: 6 Strecken- und Rundtouren ab Feldberg-Bärental, ohne Führung; Fahrradverleih; Information bei Tourist Information, 79868 Feldberg, Tel. (07655) 80143.

• Rund um den Kaiserstuhl: 3 Tagesetappen von Freiburg über den Kaiserstuhl nach Breisach und in die Weinberge des Markgräflerlands; Information bei Velotours, Mainaustr. 34, 78464 Konstanz, Tel. (07531) 9828-0.

• Die Rheinebene: 3 Tagesetappen von Freiburg nach Colmar und durch die Weinberge des Markgräflerlands; Information bei Velotours s. o.

Ortsregister

Die gerade stehenden Ziffern verweisen auf Textseiten, **fette** Ziffern bedeuten, daß hier ausführlicher auf das Stichwort eingegangen wird; die *kursiven* Ziffern verweisen auf Seiten mit Abbildungen.